Bauernhöfe
Zeugnisse bäuerlichen Lebens

Edgar F. Warnecke

***Bauernhöfe
Zeugnisse bäuerlichen Lebens
im Land von Hase und Ems***

H. TH. WENNER

Alle Fotos, Karten und Skizzen lieferte der Autor mit Ausnahme von
138: Drepper
169, 170, 171: F. R. Künker, Münzenhandlung
81o, 106u: Dipl.-Ing. Kaspar Müller
118: Dr. E. H. Segschneider
26, 61, 68u, 69, 70, 71, 74u, 75, 77, 98, 108, 113, 133: Christian Grovermann, Foto Strenger GmbH.
80: H. Th. Wenner, Antiquariat

ISBN 3 87898 253 4
Dieses Werk ist urheberrechtlich geschützt. Die dadurch begründeten Rechte, bes. die des Nachdrucks, Kopie, Bildentnahme bleiben, auch bei Verwertung von Teilen des Werkes, dem Verlag vorbehalten.
Printed in Germany.
© H. Th. Wenner, Osnabrück 1984

Inhalt

Vorwort	6
Einleitung	7
Zur Siedlungsgeschichte	10

Siedlungsentwicklung im altbesiedelten Land
Frühe Formen der Einzelsiedlung
Neugewonnener Siedlungsraum — Vom Schafstalldorf zur modernen Siedlung

Jahrhundertealte Höfe	15

Das Ankerbalkenhaus
Das Dachbalkenhaus — Zweiständerreihenhaus, Dreiständerhaus, Vierständerhaus
Das ostfriesische Gulfhaus

Heuerhaus und Heuerlingswesen	44
Haus und Brauchtum	55

Symbolischer Hausschmuck
Fensterbierscheiben
Wel Gott vertrauwet heft woll gebowet — Hausinschriften
Kamin und Ofen
'n Schapp ut Eekenholt, 'n Schapp mit Eekendör — Bäuerliches Möbelgut
Tracht und Schmuck
Küchen- und Hausgeräte

Wirtschaftsgebäude	90

Der Nothelfer — Steinwerke und Fachwerkspeicher
„Wiehnachten backet jedermann" — Backhaus
Schafstall
Wagenschuppen
Scheune
Torfscheune
Dreschhaus und Göpelwerk

Wasser- und Windmühlen	103
Arbeit in Haus und Hof	111

S' dages geht et den klipper, den klapp — Holzschuhe
Flachs zu bracken, zu racken und zu schwingen — Die Leinengewinnung
Vierhundert Fuder Plaggen für 1 ha Ackerland — Der Ackerbau
„Die Viehweide ist das wahre Verderben und die Pest der Forstwirtschaft" — Der Wald
Pfennigsucher und Immen — Grasland und Heide
Das Moor
Garten und Park

Hof und Recht	143

„Dit is min Mark, mit egen Handt getrocken" — Hausmarken und Wappen
Hofname und Anerbenrecht
Auffahrt, Sterbefall und Freikauf — Freie und eigenbehörige Bauern

Maße und Münzen	168

Das Geldsystem

Worterklärungen	171
Heimatmuseen	173
Quellen und Literatur	173
Namen und Ortsregister	175

Vorwort Die folgenden Darstellungen liefern einen Beitrag zur Volkskunde des nordwestdeutschen Raumes. In umfangreicher und langjähriger Kleinarbeit sind Dokumente bäuerlicher Wirtschaft und Kultur gesammelt und durch intensive mündliche Befragung überliefertes Gut zur Geschichte der einzelnen Höfe ergänzt und weitergeführt worden.

Bereitwillig haben beim Aufspüren materieller Überlieferungen und Gewohnheiten, die heute dem Gedächtnis der Zeitgenossen entschwunden sind, sachverständige Freunde mitgeholfen. An dieser Stelle möchte ich Herrn Staatsarchivdirektor i. R. Dr. Penners in Osnabrück und Herrn Oberstudienrat i. R. Wimmer in Hasbergen sowie Herrn Johannes Rötterink in Bentheim herzlich danken. Für weiterführende Hinweise bin ich den Landwirten Herrn Landrat a. D. Lüdeling in Groß Mimmelage, Herrn Meyer zu Wehdel in Wehdel und Herrn Meyer-Wellmann in Lorup zu Dank verpflichtet.

Einleitung

Das Land zwischen Hase und Ems gehört von Natur aus nicht zu den gesegnetsten. Doch künden immer noch prächtige Höfe von einem kraftvollen Bauernstand, der sich hier seit Jahrhunderten bewährt hat. Viele Bauerngeschlechter blicken auf eine lange Überlieferung zurück, deren Wertschätzung sich in mächtigen alten Hofgebäuden und in einem oft reichen Inventar widerspiegelt.

Die heile Welt des Dorfes, seine historisch gewachsene Einheit, die in der Geschlossenheit der Nachbarschaft und der dörflichen Gemeinschaft ruhte, gibt es nicht mehr. Veränderungen der sozialen Gemeinschaft, mitbedingt durch die Entwicklung der landwirtschaftlichen Wirtschaftsmethoden, den Zuzug von Gewerbetreibenden und Neubauern, die oft keinen Bezug zu der überlieferten ortseigenen Arbeitswelt haben, verändern das überkommene dörfliche Siedlungsbild. Sie schaffen Baugebiete mit städtischen Haustypen. Dieser Fortschritt weist den Weg zur völligen Trennung von der Vergangenheit.

Die Mobilität unserer Zeit hat selbst den abgelegensten Winkel unseres Betrachtungsgebietes erreicht und führt zur unaufhaltsamen Anpassung.

Wir leben in einer Zeit, in der kein natürliches Verhältnis mehr zur Kulturgeschichte unseres Landes besteht. Zu lange ist die Geschichte verdrängt und jeder Tradition abgeschworen worden. Die Umwelt, in der wir leben, ist jedoch nur schwer zu verstehen, wenn wir nicht wissen, wie sie entstanden ist. Hier und dort mag es gelingen, einen Einblick in die Welt unserer Altvorderen zu gewinnen. Der Betrachter kann den vorkragenden Giebel eines „up hauge Weige" gezimmerten Hallenhauses bewundern oder einen Blick auf die alte Herdstelle werfen, an der einst der Altbauer „einen frien Setel am Hale" behalten wollte. Der Besucher entdeckt vielleicht im Unterschlag eines Bauernhauses den „Prahlhans", eine Anrichte, in der die „Dröppelminna" auf den Gast zu warten scheint, oder er bestaunt eine Kufentruhe, neben der ein Spinnrad mit eingestecktem Wrocken an eine früher selbstverständliche hausfrauliche Arbeit erinnert.

Hier stellen sich Fragen nach kulturgeschichtlichen Zusammenhängen, die nicht ohne weiteres aus der bloßen Anschauung zu beantworten sind. Die folgenden Ausführungen mögen mithelfen, typische Bilder und Eigenarten des heimatlichen Raumes besser zu erschließen, Zusammenhänge zu erkennen und damit auch Verständnis zu wecken für Wirken und Werk der Vorfahren.

Erbwohnhaus Budke (Kleine Wollermann) in Grönloh (Artland) 1753

Typische Anlage eines mittleren Hofes des Artlandes. Haupthaus, Nebengebäude und Bohlenscherwand bilden ein Rechteck. Die in der inneren Dielentoreinfahrt eingeschnittene Jahreszahl 1584 weist auf einen Vorgängerbau hin, dessen Bauhölzer teilweise übernommen worden sind.

Zur Siedlungsgeschichte
Siedlungsentwicklung im altbesiedelten Land

Die Entwicklungsgeschichte der bäuerlichen Siedlungen unseres Betrachtungsgebietes geht gewöhnlich von Höfen aus, die als lockere Gruppensiedlung am Rande des zugehörigen Ackerlandes lagen. Meist gehörten zum ältesten Wohnplatz drei bis zehn Höfe. Diese besaßen die volle Berechtigung in der Gemeinen Mark, der Allmende, die anfangs aus dem natürlichen Wald, aus Heide, Grasanger und Moor bestand; sie diente als Viehweide, lieferte Plaggen als Düngematerial und nicht zuletzt das notwendige Bau- und Brennholz.

In dem schon frühgeschichtlich besiedelten Raum entstanden vorwiegend in sächsischer und karolingischer Zeit Urdörfer. Aus der Sicht der hier siedelnden Altbauern, später aus fiskalischen Gründen Vollerben genannt, entwickelte sich allmählich bis nach 1200 eine neue Siedlungsschicht, die Halberben. Während jene vollwertig an der Gemeinen Mark berechtigt waren, hatten sie geringere Nutzungsrechte. Dies wurde bei der steuerlichen Veranlagung, d. h. bei der Heranziehung zu den öffentlichen Lasten, berücksichtigt. Ein Teil der Halberben entstand durch Teilungen eines Vollerbenhofes auch noch in späterer Zeit, wie 1384 die beiden Höfe Gr. und Kl. Brömstrup in Gaste, Gemeinde Hasbergen, oder als Abspliß vom alten Hofland. Noch im 16. Jahrhundert lassen sich Teilungen aus Vollerben nachweisen.

Eine weitere Siedlungsschicht folgte mit den Erbkötter. Diese waren in der Regel abgehende Söhne von Altbauern, die ein Stück Hofland erhielten. Sie errichteten ihre Höfe in unmittelbarer Nähe der Voll- und Halberben und zeigten damit deutlich ihre Bindung an die alten Erbhöfe. Sie hatten jedoch nur geringen oder gar keinen Anteil am Esch. Nicht selten kam es vor, daß ein Voll- oder Halberbe amtlich „wegen erlittenen Schadens" den Erbkötter gleichgesetzt wurde, wie der Halberbe Rodenkamp (heute zum Hof des Vollerben Waldmann gehörig) in der Schledehauser Waldmark, der weniger Berechtigungen in der Mark erhielt und auch steuerlich nicht mehr so hoch belastet wurde.

Viele Altbauern haben ihren Besitz im Laufe der Zeit durch Zuschläge in der Gemeinen Mark erweitern können. Diese erwarb man ursprünglich durch einen Hammerwurf. Der Markgenosse stand mit einem Bein auf eigenem Besitz und stellte das andere in die Mark hinein; dann schleuderte er durch die Beine hindurch den „Harhammer" seiner Sense in den Markengrund. Dort, wo er niederfiel, war die Grenze des neuen Grundstücks.

Die gewonnenen Anteile mußten durch Wall und Graben geschützt werden. Das gemeine Landrecht forderte „zweye spalte deep und drie spalte weit und darauf gefatz ein Taun von Schweigen".

Zur früheren gemeinen Mark hin sind die Wälle steil, zur Innenseite dagegen flach geböscht. Der Steilabfall verhinderte ein Übertreten des in der Mark weidenden Viehs auf das Feld. Noch heute sind in den Waldungen im Bereich des alten Hochstiftes Osnabrück zahllose Erdwälle als ehemalige oder auch heute noch geltende Besitzgrenze zu

Erdwall, sogenannter Öiwer, am Fuß des Hohlen Berges in Natrup-Hagen, Gem. Hagen a. T.W.

Wallhecken sind charakteristisch für den gesamten maritim beeinflußten Klimabereich Nordwestdeutschlands, vor allem im Bereich der Geest. Als Behegungsmittel entstanden sie während eines Jahrhunderte dauernden Kultivierungsvorganges. Sie sollten das frei in der Mark (Allmende) weidende Vieh vom Ackerland fernhalten. Die letzten zusammenhängenden Wälle von landschaftsprägendem Charakter schuf man nach den Gemeinheitsteilungen im 19. Jahrhundert zur Sicherung neu erworbener Besitzparzellen. Heute haben sie keine Bedeutung mehr. Anstelle des ursprünglichen Buschwerkes hat sich Baumwuchs gebildet.

sehen. Auf den landwirtschaftlich genutzten Flächen sind sie verschwunden.

Eine Nachsiedlungsschicht von größerer Bedeutung wurden die Markkotten, im Lingenschen „Brinksitter" genannt, nicht zu verwechseln mit den viel später im Osnabrücker Land erscheinenden Brinksitzern. Sie treten erstmalig in der ersten Hälfte des 15. Jahrhunderts auf. Die außergewöhnliche Bevölkerungszunahme um 1500 führte zu einem starken Anwachsen der Markkotten. Da die Weidewirtschaft vorherrschte, wurde die Ansetzung der Kotten in der Gemeinen Mark oder an deren Rand zuerst begünstigt, doch forderte sie mit der Zeit den erbitterten Widerstand der Altbauern heraus, die um die Verkleinerung ihrer Markengründe fürchteten. Mit der Markensiedlung entstand das Bild der Streusiedlung, das von nun an das Gesicht der bäuerlichen Kulturlandschaft beherrscht.

Die Markkötter waren in erster Linie abgehende Söhne der Altbauern. Ihre Betriebsflächen blieben gering, doch gelang es den Neusiedlern schließlich, Mitglieder des Markenverbandes und damit an der Nutzung der Mark beteiligt zu werden. Viele konnten sich anfangs kaum durch eigene Land- und Viehwirtschaft ernähren. Sie mußten nicht nur durch Spinnen und Weben hinzuverdienen, sondern oft noch zusätzlich ein Handwerk betreiben. Namen früherer Markkötter, wie Schmet auf der Heide in Hesepe, Timmermann in Pente, Schröder (Schneider) in Epe, Bödeker (Böttcher) in Achmer, weisen auf das einstmals betriebene Handwerk hin.

Nur selten blieben Höfe auf Dauer wüst liegen. Einen größeren Wüstungsprozeß, wie er im südniedersächsischen Bergland stattfand, wo auch geschlossene Dörfer verschwanden, hat es hier nicht gegeben.

Speicher auf dem Gelände des Kirchhofes, die ursprünglich nur als Sicherungswerk gedacht waren — es gehörten weder Hofraum noch Gartenland dazu —, wurden im Laufe der Jahrhunderte zu Wohnzwecken umgestaltet. Die Insassen waren gewöhnlich Handwerker wie Holzschuhmacher, Seiler oder Krämer, die „geringe mercutare" trieben (1666 in Alfhausen), ledige Frauen oder Witwen, die sich „mit spinnen und nehen vor andere leute" (1651 in Engter) ernährten, und schließlich Tagelöhner. In Badbergen waren die Wohnstätten der Kirchhöfer 1688 „mehrentheilß von armen leuten, so der Almosen leben, bewohnt, haben nicht Viehe". Von den 1508 „in eynem Kreise belegen(en)" Speichern um die Kirche in Alfhausen sind heute noch die an der Südseite des Kirchhofes gelegenen und zu Wohnungen umgebauten zu sehen. Die Speicher um die Westbeverner Kirche wurden in einem fast geschlossenen Kreis errichtet. Sie sind, soweit sie zu Wohnbauten umgestaltet wurden, erhalten geblieben.

Im 17. und vor allem im 18. Jahrhundert traten, meist in enger Nachbarschaft zu den Markkotten, die Brinksitzer im Siedlungsbild in Erscheinung. Sie nannten lediglich einen Kotten und einen kleinen Brink ihr eigen.

Kirchhöfersiedlungen in Alfhausen (oben) und Buer (unten)

Um die Jahrhundertwende und vor allem nach dem Ersten Weltkrieg kamen vielerorts, besonders im Landkreis Osnabrück, Splittersiedlungen auf, die das Bild des alten Siedlungsgefüges langsam verwischten.
Eine fast explosionsartige Ausweitung und Verdichtung der Wohnbauten erfolgte vor allem in den Kirchorten in den Jahrzehnten nach dem Zweiten Weltkrieg als Auswirkung eines allgemeinen wirtschaftlichen Aufschwungs.

Frühe Formen der Einzelsiedlung

Neben den Gruppensiedlungen, die am Anfang der bäuerlichen Kulturlandschaft stehen, erscheinen Einzelhöfe, sogenannte Kamphöfe, inmitten ihrer Nutzungsflächen. Justus Möser meinte noch 1768, daß „die wahren Landeseinwohner insgesamt noch einzeln auf abgesonderten und rings umher aufgeworfenen Höfen" lebten. Tatsächlich entstanden zwar schon in frühgeschichtlicher Zeit echte Urhöfe als Einödsiedlungen mit Einzelblockflur — ein Teil wurde in fränkischer Zeit als Meyer- oder Schultenhof geschaffen —, doch in größerem Umfang kam es zu ihrer Bildung erst nach der Altbauernzeit um 1200. Durch Teilungen und Erweiterung des frühen Ackerlandes hat sich aus manchem Einzelhof im Laufe der Jahrhunderte eine Gruppensiedlung entwickelt.

Einzelhöfe treten besonders häufig auf im später besiedelten Hügel- und Bergland, wo die Reliefverhältnisse eine Gruppenbildung von landwirtschaftlichen Betrieben erschwerten, und in den feuchten Talsandgebieten der Ebene sowie in den Bruchräumen der Ems, Vechte und Hase. Hier wird die Lage auf flachen Bodenwellen, auf Vorschüttsanden und selbst auf Dünen bevorzugt. Hin und wieder bestimmen Bachläufe eine sehr lose Aneinanderreihung, so längs des Goldbaches in der Gemeinde Hagen a. T. W. Fast immer wird in den Orten mit den größten Gemarkungsflächen, soweit sie heute nicht industriell genutzt werden, das Siedlungsbild von den Einzelhöfen beherrscht. Diese sind mit ihren zugehörigen Heuerhäusern, den früheren Mietwohnungen für die zum Hof verpflichteten Heuerleute, stets von ihrem geschlossenen Besitz umgeben.

Eine Besonderheit unter den alten Höfen bilden die meist außerhalb des Urdorfes liegenden Meyerhöfe. Ein Teil dieser Anlagen wird als ursprünglicher Besitz sächsischer Edelinge angesehen. Von den in fränkischer Zeit geschaffenen nimmt man an, daß sie als Wehrhöfe mit besonderen Aufgaben an strategischen Plätzen im eroberten Land gedient haben. Die in nachfränkischer Zeit errichteten Höfe wurden in der Regel zu rein wirtschaftlichen Zentralhöfen weltlicher und geistlicher Grundherren. Sie hatten als Oberhöfe die Aufgabe, die grundherrlichen Einkünfte von den Eigenbehörigen einzuziehen.

Im Osnabrücker und Schaumburger Land setzte sich die Bezeichnung Meyerhof (lat. maior domus = größerer Hof mit zentralen Funktionen) durch, im benachbarten Westfalen, in der Grafschaft Bentheim und in den Osnabrücker Grenzgebieten der Name Schultenhof (Hof, der das dem Grundherrn Geschuldete heischte).

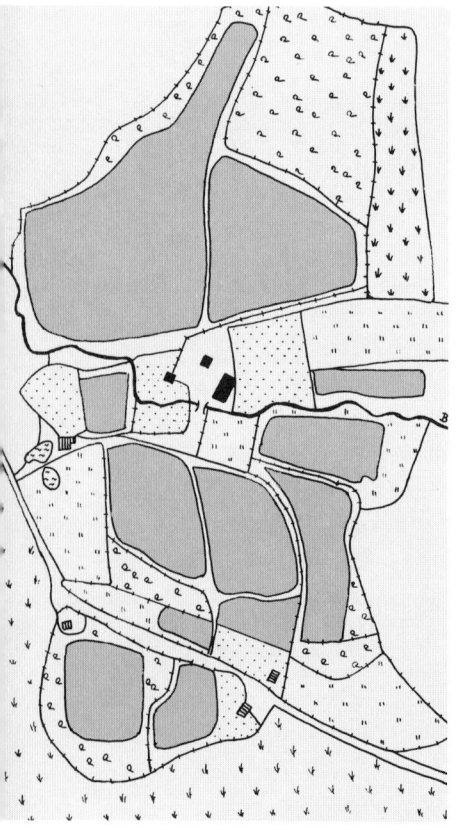

Kamphof Stramann Natrup Kspl. Hagen a. T. W. 1787

- Acker
- Garten
- Grünland
- Wald
- Heide
- Teiche
- Hofgebäude
- Heuerlingskotten (zum Hof gehörig)
- Umwallungen

Die Schultenhöfe im benachbarten Münsterland hatten in den Bauerschaften kleine Rechtsangelegenheiten zu regeln — für jede Bauerschaft gab es nur einen Burrichter. Über Jahrhunderte blieben die Aufgaben mit diesen Höfen verbunden.

Zum Verband des Meyerhofes zu Starten gehörten zwölf abgabepflichtige Höfe, zum Meyerhof zu Bergfeld (Brunswinkel) deren zehn, zu Meyer zu Wehdel acht. Der schon 948 in einer Schenkungsurkunde Kaiser Ottos des Großen erwähnte Meyerhof zu Dielingdorf im früheren Kreis Melle war über Jahrhunderte Vogteihof, ebenso der im selben Jahr unter den Kaiserschenkungen an das Stift Enger genannte Meyerhof zu Westram. Als klassisches Beispiel eines Wehrhofes dürfte der auch 948 erwähnte Meyerhof zu Gerden angesehen werden. Abgesetzt von der Ursiedlung am Rande des Elsebruches liegend, konnte er das Gelände leicht überschauen.

Im Süden unseres Betrachtungsgebietes sowie im Emsland und im Artland treten vereinzelt Gräftehöfe in Erscheinung.

Sie gehören zu den ins Auge fallenden großen bäuerlichen Besitzungen und konzentrieren sich im Kernmünsterland, wo viele Schulten- und auch Pfarrhöfe von Wassergräben umwehrt sind. 1820 gab es in den Rodungslandschaften des Landkreises Münster noch 92 Gräftehöfe von Großbauern, die nach dem Vorbild adeliger Gräftehäuser im späten Mittelalter angelegt wurden.

Als typische Anlage erscheint der Gräftehof Erpenbeck in Ringel, nordöstlich Ladbergen, im südlichen Vorland des Teutoburger Waldes. Der Besitz entstand als Haupthof des Grafen von Tecklenburg in anmoorigem Gelände. Die Prunkpforte von 1766 hinter der Graft — diese wurde, wie aus dem Hofnamen ersichtlich, von einem Bach gespeist — sichert noch immer den Zugang zum Hofgelände. Hier präsentiert sich ein stattlicher Vierständerbau aus dem Jahre 1791. Ein Fachwerkspeicher mit angebautem Backofen von 1791, Wagenschuppen und ehemaliger Schweinestall vervollständigen den älteren Hofbereich. Später entstandene Scheunen stehen außerhalb des Wassergrabens.

Auch der Hof Kohnhorst, 1149 erstmals urkundlich erwähnt als Codenhorst, in der Gemeinde Ladbergen war ursprünglich ein Gräftehof. Ausgrabungen auf der Eschparzelle „im alten Hof" förderten eine kleine Gräfteanlage zutage, die vermutlich um eine Motte, einen wasserumfriedeten wehrhaften Erdhügelhof, geschaffen wurde, mit Scherbenmaterial des ausgehenden 9. bis 11. Jahrhunderts. Der Hof dürfte als ehemaliger Adelssitz anzusprechen sein.

Von der Graft, die ursprünglich die gesamte Hofstätte Hillebrand (Klinker) in Lengerich-Aldrup umzog, ist nur noch der westliche Teil erhalten geblieben. Das heutige Erbwohnhaus wurde 1777 nach einem Brande anstelle eines 1558 geschaffenen Baus, von dem wesentliche Teile des Holzwerkes übernommen werden konnten, aufgezimmert.

Auch im Emsland sind eine Reihe von Großhöfen bekannt, die von Wall und Graben umgeben waren, wie der Stammhof, aus dem der

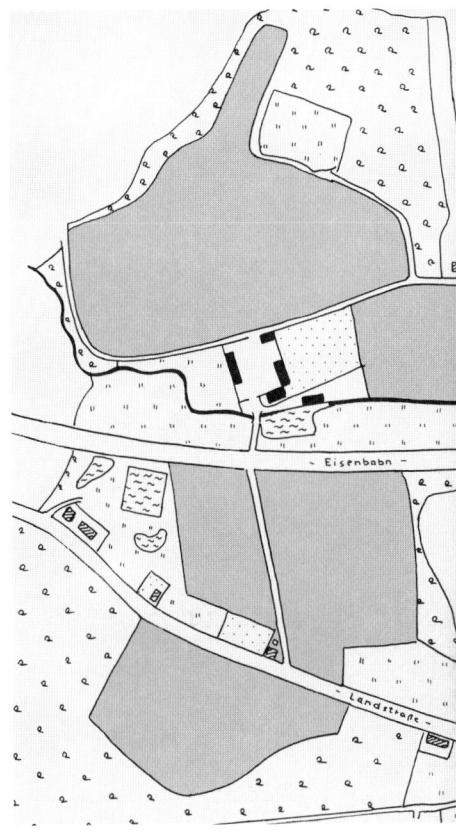

*Kamphof Stramann
Natrup-Hagen a. T. W. heute*

- Acker
- Garten
- Grünland
- Wald
- Teiche
- Hofgebäude
- ehemalige Heuerlingskotten (zum Hof gehörig)

Grundbesitz Schulte Brock in Bernte mit den Höfen Berning und Frehren hervorging. Reste der Graft sind hundert Meter östlich der heutigen Hofstätte Schulte Brock zu erkennen. Eine Reihe der bewehrten emsländischen Höfe befand sich einst in adeligem Besitz.

Als ursprünglicher Herrensitz, der einst von einer Graft umzogen war, ist der Hof Elting in Vehs im Kirchspiel Badbergen anzusprechen. Der 1585 in einer Urkunde des Quakenbrücker Gerichts erwähnte „Hoifgraven" ist noch heute im Rest eines bogenförmig verlaufenden flachen Grabens nordwestlich der Hofstelle zu erkennen.

Neugewonnener Siedlungsraum

Vom Schafstalldorf zur modernen Siedlung

Die Siedlungsentwicklung in den weiträumigen Ödlandgebieten des ehemaligen Bourtanger Moores begann, im Gegensatz zur Geest und dem Hügel- und Bergland unseres Betrachtungsgebietes, erst sehr spät. Jahrhundertelang bildete das Bourtanger mit dem Bentheimer Moor einen unüberschreitbaren Grenzraum.

Die holländische Aufbereitung des Moores begann mit großem Kapitalaufwand schon 1599 (Oude Pekele). Die deutschen Erschließungsarbeiten gingen wesentlich langsamer voran; sie fingen im Süden an, wo Graf Ernst Wilhelm von Bentheim 1663 „Ernstdorf" anlegen ließ. Zu Ehren des holländischen Arztes Piccardt aus Coevorden, der den entscheidenden Anstoß gab, wurde der Ort in „Piccardie" umbenannt.

Nur vereinzelt zogen in den folgenden Jahrzehnten Siedler ins Moor, meist ohne Erlaubnis des Landesherrn und Grundbesitzers. Buchweizenanbau und Schafzucht genügten nicht zur Existenzsicherung. Kapitalmangel und nicht zuletzt schlechte Wegeverhältnisse führten schließlich zur Verminderung der bäuerlichen Stellen.

Es dauerte noch hundert Jahre, bis es zu weiteren Siedlungen im Moor kam. Die Nachbarn der ersten Moorbauern waren anfangs besorgt, daß ihr Wirtschaftsraum durch die Siedler beeinträchtigt würde. Die Äbtissin vom Stift Wietmarschen bemerkte in einem Schreiben von 1763: „Knechte und Mägde, welche träge und den Bauern zu dienen zu stolz sind, langen um Wohnplätze auf der Neuen Piccardie an; haben sie diese erhalten, vermeinen sie, das Brot gekauft zu haben."

Da die Erschließungsarbeit des Moores fast ausschließlich vom einzelnen Siedler, gewöhnlich einem armen ehemaligen Heuerling, in der Frühzeit ohne Unterstützung durch den Landesherren ausging und keine planmäßige und großräumige Verfehnung wie in den Niederlanden erfolgte, blieb das Ergebnis der Mühen äußerst bescheiden. Ende des 18. Jahrhunderts entstand eine Reihe neuer Dörfer. Nach einem Kultivierungsplan von Flensberg wurden im Amt Meppen links und rechts der Ems 1789 und im folgenden Jahr dreizehn Moorkolonien angelegt.

Der Kolonisationswelle in den letzten Jahrzehnten des 18. Jahrhunderts schlossen sich im 19. und vor allem im 20. Jahrhundert weitere an. Die Landnot nach dem Ersten Weltkrieg führte zu einer intensiven

Ankerbalkenzimmerung mit einfachem Zapfenohr

Moorerschließung. Der Staat kaufte bis 1932 rund 30 000 ha Moor für Siedlungszwecke auf. Gemeinnützige Siedlungsunternehmen nahmen sich der Kultivierung an, gründeten Einzelsiedlungen und schufen neue Gemeinden. Im Bereich der Gemeinden Kalle, Tinholt, Hoogstede, Bathorn, Scheerhorn und Neugnadenfeld sind allein von der Emsland-GmbH 50 Vollbauernhöfe und über 250 Landarbeiterstellen geschaffen worden. Nach einem 1950 aufgestellten Zehnjahresplan sollten auf der 17 230 ha großen Staatsmoorfläche 1600 Neubauern- und Kleinstellen errichtet werden.

Mit der fortschreitenden technischen Entwicklung entstanden Moorhufendörfer mit schmalen, langgestreckten Hufen — dem zugehörigen Nutzland —, der Fehnkolonie vergleichbar. Zur Gründung von Fehnkolonien mit Entwässerungskanal, die jenseits der Grenze und in Ostfriesland auf abgetorften Hochmoorböden geschaffen wurden, kam es jedoch im emsländischen Teil des Bourtanger Moores nicht. Die notwendige natürliche Vorflut war nur auf der niederländischen Seite vorhanden. Das Schoonebeker Diep entwässert ins Nachbarland. Auch der stark wellige Untergrund erschwert die Entwässerung.

Während im Nachbarland jeder Quadratmeter nutzbaren Bodens bestellt ist, nehmen bei vielen deutschen Moorsiedlungen die genutzten Flächen mit der Entfernung vom Hof ab und die Moor- und Heideflächen zu.

Im Gegensatz zu den alten Reihensiedlungen liegen die neuen Höfe mit zugehörigen Blockfluren in lockeren Gruppen.

Frühgeschichtliches, dreischiffiges Pfostenhaus mit Sparrendach. Innenraum durch zwei Pfostenreihen gegliedert — Mensch und Vieh unter einem Dach. Das Haus weist eine geringere Höhe auf als das mittelalterliche Hallenhaus. Der Mittelraum ist noch schmal.

Jahrhundertealte Höfe
Das Ankerbalkenhaus

In unseren Tagen wird der Respekt vor dem großartigen Baugedanken des niederdeutschen Hallenhauses wieder spürbar. Wir erkennen staunend das hohe Alter, die Kraft und die natürliche Sicherheit, mit der Bauern und Zimmerleute ein Haus schufen, in dem Wohnraum, Stall und Scheune und damit Menschen, Tiere und Ernteertrag sich unter einem Dach befinden.

Aus dem frühgeschichtlichen dreischiffigen Hallenhaus mit tief in die Erde eingegrabenem Zweipfostengerüst entwickelte sich in unserem Betrachtungsgebiet im Laufe des Mittelalters ein quer- und längsverspannter Ständerbau, der frei auf Steinen oder Schwellen steht.

Die sogenannten Plaggenhäuser, Zweipfostenbauten, wie sie im 18. Jahrhundert und auch noch später von Neubauern im Hümmling errichtet wurden, dürften ein ähnliches Aussehen gehabt haben wie die Vorformen des niederdeutschen Hallenhauses. Ein Reisebericht aus dem Jahre 1794 gibt eine anschauliche Vorstellung eines solchen Baues.

„Ich sah solche Plaggenhäuser bei den Neubauern im Kirchspiel Börger. Ein solches Haus ist einem Dache ohne unterstützende Wände ähnlich. Die Holzpfähle sind in die Erde gesteckt und stoßen im Giebel zusammen. Der Zwischenraum wird statt Steinen mit Plaggen, die wie Backsteine aufeinander liegen und worüber andere dünnere wie Pfan-

Ankerbalkenzimmerung mit eingehälstem Balken

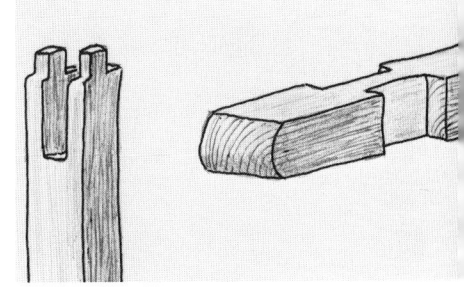

Prunkpforte des Hofes Erpenbeck (Ringel, nordöstlich Ladbergen) unmittelbar vor der Graft, die die Hofanlage umschließt. Die leichte Möglichkeit von Bächen Wasser abzuleiten, das in Gräben aufgestaut werden konnte, führte zur Anlage von Gräftehöfen. Der Hofname Erpenbeck weist auf die unmittelbare Nähe eines Wasserlaufes hin.

Ankerbalkenkonstruktion eines Hofgebäudes zwischen Laar und Emlichheim. Querbalken durchgezapft und mit Holzpflöcken (Holtpluggen) verankert. Im Verlauf der Zeit — vom 17. bis zum 19. Jahrhundert — wanderte der Ankerbalken zum Ständerkopf, bis er schließlich zum aufgehälsten Ankerbalken wurde.

nen hergelegt sind, ausgefüllt. An einem Ende des Hauses ist der Feuerherd und oben im Dach ein Loch zum Abzuge des Rauches. Noch gibt es ein oder ein paar Löcher zur Seite, die statt Fenster dienen und zuweilen auch Glas enthalten. Dieses Haus hat zwei Abteilungen der Quere nach. Die eine ist die Diele, die andere die Küche. Zwischen beiden Abteilungen befinden sich zwei Bettladen, zwischen welchen ein Gang die beiden Abteilungen miteinander verbindet. Die oberhalb der Diele befindlichen und mit Brettern belegten Querbalken machen den Boden aus. Die Kornfrüchte und der Torf, für welchen im Hause kein Platz mehr übrig ist, werden in besonderen Scheunen aufbewahrt. Rings um das Haus ist ein schmaler Graben gezogen, um dasselbe trocken zu erhalten."

Eine Frühform des heutigen niederdeutschen Hallenhauses erscheint im Ankerbalkenhaus, einem dreischiffigen Zweiständerbau, der im hohen Mittelalter im niederländisch-niederrheinischen Raum entwickelt und im größten Teil Westfalens und in Niedersachsen heimisch wurde. Es ist ein Einheitsbau, in dem Wohnung, Groß- und Kleinvieh, ebenso die Ernte unter einem Dach geborgen sind.

Zweiständerbau. Erbwohnhaus Hußmann (Schmitte) in Lienen-Meckelwege, 1707. Speicher vermutlich aus gleicher Zeit.

Durchgezapfte, seltener eingehalste Ankerbalken kennzeichnen die Zimmerung. Die an ihren beiden Enden halsartig verjüngten Balken sind durch die Ständer gesteckt und durch Holznägel gesichert, oder sie sind in die aufgeschlitzten Ständer eingesenkt und treten außerhalb als verstärkter Kopf hervor. Durch diese Verankerung wird das Holzgerüst des Hauses zusammengehalten. Der geschwächte Balken läßt keine stärkere Belastung zu. Daher wird es notwendig, zusätzlichen Bergungsraum zu gewinnen, der gewöhnlich in Gestalt eines „Vierrutenberges", eines offenen Stapelplatzes, durch ein bewegliches Dach geschützt, geschaffen wurde.

Auf den Ständern liegen in Längsrichtung des Hauses die Rähme oder Plauten als Grundlage für die Dachsparren. Gegen Winddruck und Schubkraft versteifen schräge Strebehölzer das ganze Gerüst.

Heute ist das Haus mit Ankerbalken nur noch in Restbeständen und in einzelnen Elementen im Hümmling sowie im Tecklenburger Land, im Emsland und in stärkerem Umfang in der Grafschaft, hier vor allem in der Niedergrafschaft, erhalten geblieben. In den benachbarten niederländischen Provinzen Drenthe und Twente hat sich das Ankerbalkenhaus behaupten können. Wir erkennen Ankerbalkenkonstruktionen noch an alten Nebengebäuden, wie Scheunen, Speichern und Backhäusern. Mark- und Heuerlingskotten des 17. und 18. Jahrhunderts, die zwar als Dachbalkenhäuser zusammengefügt sind, zeigen häufig Hillenbalken, den Zwischenboden, die in die Außenständer unterhalb der Kübbung eingehalst sind.

Seltener treten an einem Erbwohnhaus Formen des Stilüberganges auf. Der Hauptbau des Hofes Verwold in Samern südöstlich Schüttorf zeigt in seinem Wirtschafts- und Stallbereich noch die ursprüngliche Ankerbalkenkonstruktion, während der Wohnteil als Ziegelbau zweistöckig aufgeführt ist.

Das Dachbalkenhaus Zweiständerreihenhaus

Das niederdeutsche dreischiffige Hallenhaus ist im Betrachtungsgebiet zwischen Ems und Hase sowie östlich und nordöstlich der Hase allgemein verbreitet. Es zeigt zwar nicht mehr die reine Form, wie sie Justus Möser in seinen „Patriotischen Phantasien" so klassisch beschreibt. In seiner Ausprägung als Dachbalkenhaus gelangte es aus dem Gebiet der Oberweser zunächst in das Osnabrücker, Tecklenburger und Oldenburger Land und setzte sich seit dem 16. Jahrhundert allmählich durch. Kennzeichnend ist sein breites und hohes Mittelschiff sowie sein tragfähiges Ständergerüst. Zwei Reihen Eichenständer, die auf durchlaufenden untermauerten oder mit Feldsteinen zur Abwehr der Bodenfeuchtigkeit unterlegten Holzschwellen stehen, tragen über verbindenden Rähmen die wuchtigen Querbalken, kurz Balken genannt. Der Balken mit aufgelegten Brettern war und ist zum Teil noch heute Lagerplatz für ungedroschenes Korn, für Stroh und Heu. Durch eine Luke über der Diele gelangt es nach oben.

Nur bei den älteren, vereinzelt im Emsland zu finden Bauten sind die sich gegenüberstehenden Ständer unmittelbar durch die Dachbalken zu einem Joch verbunden. Auf den überstehenden Balkenenden liegt eine Sparrenschwelle, auch Fußschwelle oder Fußrähm genannt, auf welche die Dachsparren gesetzt sind.

Nie fehlt der Kehlbalken und bei großer Spannweite der darüber liegende Hahnenbalken, der den Sparren der einen Seite mit dem der anderen unterhalb des Firstes versteift. Als Windverstrebung dienen schräg von einem Sparren zum anderen reichende Windrispen, meist kaum bearbeitetes Holz.

Die Standfestigkeit des Hauses wird durch Windbänder (Kopfbänder) zwischen Ständer und Balken gesichert. Bevor das Kammerfach eingerichtet wurde, hatten die Bauernhäuser, je nach der rechtlichen Qualität des Besitzes, eine unterschiedliche Länge, die man nach dem „Fach", dem Abstand zweier Binnenständer, berechnete. Nach Jostes standen dem Vollerben bis zur Feuerstelle zehn Fach, dem Halberben sieben bis acht und dem Kötter vier Fach zu. Ende des 18. Jahrhunderts hatten im Stift Leeden, um ein Beispiel zu nennen, die Vollerbenhöfe bis zu elf Fach, die Halberbenhöfe („halbe Wehre") bis zu neun und die Kötter ($1/4$ bis $1/8$ Erbe) zwischen vier und sechs Fach. Da die Balken gewöhnlich um etwa 2,30 Meter auseinanderlagen, ergab sich beim Haus des Vollerben eine Länge von rund 23 Metern.

Das Erbwohnhaus war wie die übrigen Hofgebäude stroh- oder riedgedeckt. Nach Möglichkeit wurde das Dach mit Ried geschützt, das meist über ein Lebensalter und doppelt so lange hielt wie ein Strohdach. 50 bis 60 Bund handgedroschenes Stroh konnte ein Mann an einem Tage, d. h. in 12 Stunden, verarbeiten und damit etwa 15 Qua-

Kleinbauernhaus in Gr. Berßen (Hümmling) 1930, Zweiständerhaus mit Vollwalm, rechts eine Wagenscheune.

Hallenhaus (Zweiständerhaus mit Kübbung in Breddenberg (Hümmling). Die Aufnahme zeigt den Ansiedlerhof Rohjans (früher Hömmshus) im Jahre 1930. Auf dem vorderen Giebel ein Storchennest. Die äußerst bescheidenen Ansprüche an Haus und Garten sind augenscheinlich.

Dachbalkenkonstruktion eines Zweiständerreihenhauses mit Kübbung (Meyer zu Hage in Belm-Vehrte) aus dem 18. Jahrhundert. Dachbalken mit Kragarm auf Ständerkopf mit Längsrähm, dessen Ende eingehälst ist. Windbänder in Quer- und Längsrichtung zur Aussteifung.

Zweiständerreihenhaus mit Dachbalken. Die Dachbalkenkonstruktion wird auch Unterrähmzimmerung genannt, weil das Rähm unmittelbar unter dem Dachbalken liegt.

1 Ständer
2 Deelenschwelle
3 Langholz (Platen, Rähm)
4 aufgelegtes Querholz (aufgerähmter Dachbalken)
5 Sparren
6 Kehlbalken
7 Wandständer der Kübbung
8 Wandschwelle der Kübbung
9 Hillenbalken, eingehälst in der Wandständer
10 Wandrähm
11 Zusparren (Auflanger)
12 Aufschiebling
13 Kopfband (Windband)

dratmeter Dachfläche bedecken. Die wegen der vorherrschenden Westwinde besonders anfällige Seite mußte häufiger abgenommen und neu aufgelegt werden. Die Erneuerung nahm man gewöhnlich stückweise vor, so daß ein Dach oft wie gelappt aussah. „'N Stroadach dat is nett ass ne aule buske", meinte der Bauer aus der Niedergrafschaft, „et hang van Stücken anmekbaar" (Ein Strohdach ist wie eine alte Hose, es hängt wie aus Stücken angeflickt).

Wenn Stroh oder Ried durch den schweren Ziegel ersetzt werden sollte, vermehrte man meist Balken und Sparren oder richtete nachträglich einen Dachstuhl ein. Das wird verständlich, wenn der Betrachter erfährt, daß beispielsweise auf dem Dach des Erbwohnhauses Berner (früher Wonunger) in Wehdel, Gemeinde Badbergen, nach der Ersetzung des Strohdaches im Jahres 1978 Ziegel mit einem Gesamtgewicht von 900 Zentnern lasten.

Heute sind nur noch vereinzelt ried- oder strohgedeckte Hofbauten zu finden. Die größere Feuergefährlichkeit gegenüber dem Pfannendach und die hohen Versicherungsprämien haben zum Verschwinden der Strohdächer geführt. Gelegentlich entdeckt man im Emsland noch ein Heuerhaus, dessen Strohdach mit Heidekraut durchwirkt ist. Ein Zeichen, wie sparsam einst mit dem Stroh umgegangen werden mußte.

Anstelle des heutigen Steilgiebels hatte das Dachbalkenhaus ursprünglich einen bis auf den tragenden Balken herabgezogenen Schleppwalm oder den auf vorspringendem Kragbalken ruhenden Steckwalm. Auch der Kübbungswalm war eine Vorform der heutigen Gestalt. Um 1600 begann sich bei den Erbwohnhäusern im Hochstift Osnabrück der Steilgiebel durchzusetzen, der heute im gesamten Betrachtungsgebiet vorherrscht. Nach der Beseitigung des Walmdaches wurde der Giebel zunächst mit Brettern verschalt. Der „hölten giewel" wurde später in Fachwerk ausgeführt. Im Tecklenburger Land, im Raum nördlich des

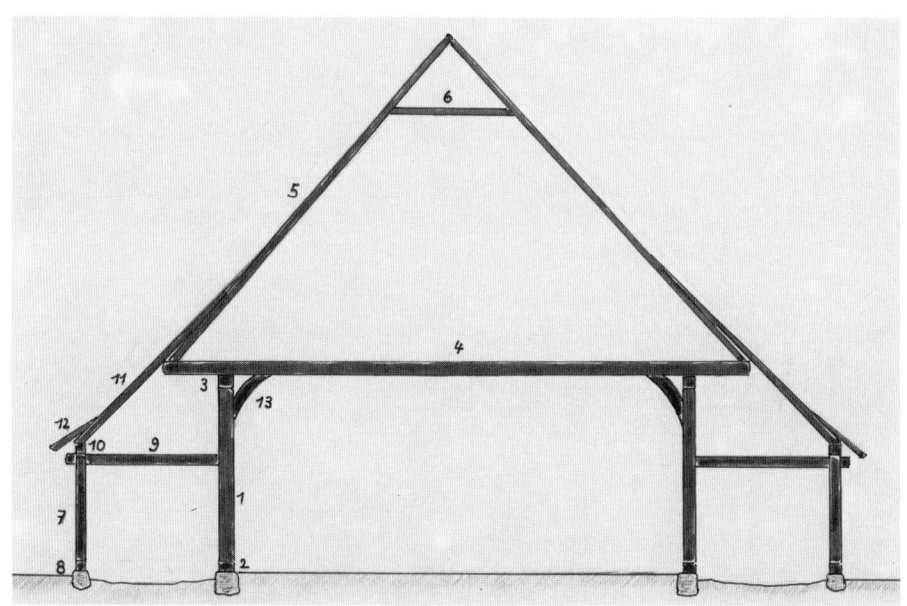

Erbwohnhaus Wonunger (heute Berner) von 1751 mit vierfach vorkragendem Giebel (Wehdel, Gem. Badbergen).

*Giebelwand einer Scheune (Hof Kühle-Fange in Hekese, Gem. Berge)
In den einzelnen Gefachen des im 18. Jahrhundert errichteten Baus ist das sorgfältig gearbeitete Flechtwerk noch gut erhalten. Gewöhnlich wurden die einzelnen Gefache „bestakt" und mit Weiden durchflochten, dann beiderseits mit Lehm beworfen und anschließend mit dem gleichen Material verputzt oder mit Kalkmilch getüncht.*

Wiehengebirges und im Emsland verbretterte man auch in jüngster Zeit stets einen Teil des Giebels.

Kennzeichnend für die frühen Hofbauten mit Steilgiebel und weit heruntergezogenem Dach erscheint das 1707 aufgerichtete Erbwohnhaus Hußmann (Schmitte) in Meckelwege, Gemeinde Lienen. Das Ständerriegelgitter des dreifach vorkragenden Giebels ist weitmaschig, doch ohne Streben. Die Knaggen unter der Giebelvorkragung zeigen einfache Schweifungen. Das Haus ist kein Prunkbau, doch sind die Maßverhältnisse wohltuend ausgewogen. Im übrigen beschränkte sich der Zimmermann auf sorgfältige Ausführung der einzelnen Bauteile. Erstaunlich sind die Einkerbungen am unteren und oberen Ende der Windbänder im Dielenraum. Diese Schmuckformen sind meist nur bei großen Hofgebäuden üblich.

Um ein möglichst wirkungsvolles Aussehen zu erreichen, sind über das konstruktiv notwendige Maß hinaus Scheinständer und entsprechende Querriegel sowie Balkenköpfe mit Knaggen eingebaut worden. Ein holzreicher Giebel erfüllte den Bauherrn mit besonderem Stolz. Es sei hier nur an den bekannten Wettkampf der Höfe Wehlburg und Wonunger (heute Berner) in Wehdel hingewiesen. Als der Bauherr der 1750 geschaffenen Wehlburg und der Konkurrent um die Erstellung des holzreichsten Giebels wetteiferten, benutzte der Baumeister des erstgenannten eine List. Er ließ außer den Bohrlöchern, die neben den Riegeln erscheinen, auch solche anbringen, die einen weiteren Abstand der Ständer und Riegel vortäuschten. Nach dieser Anordnung wäre eine Giebelwand mit nur fünf Ständern links und rechts der Toreinfahrt geschaffen worden. Der Giebel wurde nach der Abbindung wieder auseinandergenommen und neu gezimmert. Damit präsentiert sich die Wehlburg heute beiderseits des Tores mit sieben Ständern.

Die vordere Giebelseite eines Dachbalkenhauses ist die eigentliche Schauseite. Der Giebel ragt von Stockwerk zu Stockwerk weiter hinaus. Die einzelnen überkragenden Geschosse des Giebels ruhen auf Schwellhölzern, die von Stickbalken getragen und diese wiederum von Knaggen gestützt werden. Ihre Ausbildung ist recht unterschiedlich. Sie reicht von den Bohlenknaggen über einfache Knaggen in Kopfbandform bis zu den mehrfach geschweiften, mit Taustäben geschmückten und den barock geschwungenen Konsolenknaggen.

Die beiden Seitenschiffe des Hauses sind vom Bau konstruktiv losgelöst und an das Hauptgerüst nur angeküßbt. Auflanger oder Kübbungssparren reichen von der niedrigen Außenwand auf die Dachsparren und erlauben damit eine eigene Bedeckung. Die beiden außen abschließenden Ständerreihen haben keine weitere tragende Funktion. Meist ist der Übergang außen in einem Dachknick zu erkennen.

Die Gefache waren ursprünglich mit lehmverstrichenem Flechtwerk oder aufrechtstehenden Holzscheiten ausgefüllt und mit einer Kalkschicht überstrichen. In jüngerer Zeit erfolgte die Ausmauerung mit Ziegelsteinen.

In den beiden Seitenschiffen, deren Boden tiefer liegt als der Lehm- oder Steinboden der Diele, haben Kühe und Pferde ihre Stallungen. Da dieser Bereich durch den Einzugsbalken geteilt wird, ist er niedriger als der Dielenraum. So wird den Kühen und Pferden ein warmer Rücken bereitet. Die sogenannten Hielen, die Zwischenböden über diesem Balken, bergen Rauhfutter und Stroh für den laufenden Gebrauch.

Das große Einfahrtstor, die am niedrigsten Punkt des Hauses eingerichtete „Niendör" oder „Missendör", bildet den eigentlichen Zugang ins Haus. Bei Hofbauten des Artlandes und der Grafschaft Bentheim liegt sie oft nicht in der Giebelwand, sondern einige Meter zurück und läßt einen Vorraum, das sogenannte Vorschauer, frei, hinter dem sich rechts und links Gelasse für Großvieh, gewöhnlich für Pferde, befinden.

Durch die Dielentür tat die Braut den ersten Schritt ins Haus, durch das Tor wurde der Täufling zur Kirche gebracht und der Tote zu Grabe getragen.

Die Diele beeindruckt durch ihre große Breite, die bequem das Hineinfahren und auch das Wenden des Erntewagens in ihr erlaubt. Breit genug, um bei Festlichkeiten „von de Kausied nao de Persied" (von der Kuhseite nach der Pferdeseite) zu tanzen, erschien sie wohl jedermann. Die auf der Kuhseite sitzenden „Fruslü" (Frauensleute) hatten die „Mannslü" auf der Pferdeseite sicher im Auge. Die Diele war der Platz, wo die großen Feste gefeiert wurden, und der Ort, an dem die Familie von ihren Toten Abschied nahm. Der Tod wurde nicht verdrängt, man hatte keine Scheu vor ihm. Jedes Mitglied des Hofes wurde an die Endlichkeit des eigenen Lebens erinnert.

Die Diele geht in das die ganze Breite des Hauses einnehmende Flett über. Hier bildete die Herdstelle den eigentlichen Mittelpunkt des Hauses. Das Feuer brannte dort den ganzen Tag. Während der Nacht hielt man es unter der Asche glimmend. Um zu verhindern, daß Katzen, die die Wärme suchten, ein Feuer entfachten, wurde darüber ein durchbro-

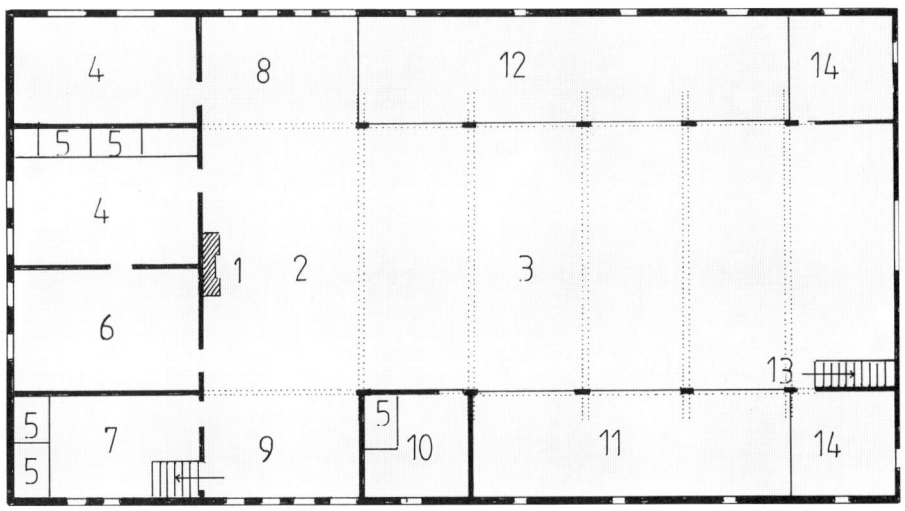

Typ eines Erbwohnhauses (Zweiständerreihenhaus) des Osnabrücker Landes um die Mitte des 18. Jahrhunderts
1 Feuerstelle (Kamin), 2 Flett, 3 Deele, 4 Kammer, 5 Durk (Bettschrank), 6 Spinnstube, 7 Upkammer, darunter Keller, 8 Eßecke, 9 Waschort, 10 Mägdekammer, 11 Jungviehstall, 12 Kuhstall, 13 Zugang zur Knechtskammer über dem Pferdestall, 14 Pferdestall. Die gepunkteten Linien geben den Verlauf der Querbalken (Dachbalken) und der Langhölzer (Platen, Rähm) wieder.

Erbwohnhaus Ellinghaus in Uphausen (Gem. Bissendorf) ein Zweiständerbau von 1818. Der Giebel zeigt neben der üblichen Gefachausbildung ein „Brettergeschoß" und ein sogenanntes Rautenkipp mit diagonal überlegten Latten.

chener Eisenhut gestülpt. Auch in der weiteren Umgebung des Herdes war es warm, nicht zuletzt, weil die Kühe mitheizten. Die mit Stroh oder Heu bepackten Hielen und die mächtige Strohdecke des Daches halfen ebenfalls. So wärmend es im Winter war, so kühl im Sommer.

Von der Feuerstelle aus konnte die Bäuerin alles Geschehen überwachen. Am Herd wurde der neue Bauer vom Grundherren in seinen Besitz eingeführt und ihm dieser übergeben. Am Herd liefen hier und dort auch politische Grenzen zusammen, wie auf dem Meyerhof zu Starten, wo der Herd die Grenze zwischen Westerholte und Tütingen bildete.

Der offene Herd behauptete sich über Jahrhunderte. Selbst in der Residenzstadt Osnabrück war er noch Ende des 18. Jahrhunderts auf jeder dritten Diele anzutreffen.

Am Herd saß nach des Tages Mühe der Hausvater im Kreise seiner Familie. Hier wollte auch der Altbauer „einen frien Setel am Hale" (freien Sessel am Hal) behalten. Das war ein Sitz entweder vor der Wand zur Stube oder ein gewöhnlich dreibeiniger Stuhl mit Armlehne, der besser auf dem lehmgestampften Boden stehen konnte als ein vierbeiniger Sitz. Saß vor dem Herd die Witwe des Bauern, mochte es geschehen, daß bei der Übernahme des Hofes der Erbe ihr „den Stuhl vor die Tür setzen" ließ. Es blieb dann nur der Weg zur Leibzucht, ins Altenteil.

Anfangs gab es keinen Schornstein im Haus. Der Rauch über dem Feuer mußte durch die Diele zum Tor und zum Uhlenloch des vorderen Giebels nach draußen entweichen. 1755 schreibt der Bauer Rittmann in Hörstel im Kirchspiel Riesenbeck in sein Tagebuch „... habe ich in unser wohnhauß die alte Lucke (!) außnehmen lassen, und einen neuwen schornstein darein machen laßen, welcher an steinwagens, steine und Kalck und Arbeitslohn gekostet dreitzig rthlr facit 30 rl (Reichstaler)."

Die Heuerlingshäuser und kleinen Kotten waren noch Mitte des vorigen Jahrhunderts selbst im wohlhabenden Artland durchweg ohne Schornstein.

Vor 1800 begann sich der Bau eines Wandkamins mit Rauchfang durchzusetzen.

Die Errichtung einer Trennwand zwischen Diele und Flett nach dem Schornsteineinbau war der nächste Schritt zum heutigen Zustand. Noch Ende des 19. Jahrhunderts war im Osnabrücker Land eine Scheidung von Diele und Herdraum keineswegs selbstverständlich.

Während die Diele der kleineren Höfe noch in jüngerer Zeit häufig einen Lehmfußboden besaß, hatten die Höfe der Erben schon im 18. Jahrhundert Sandsteinplatten oder Ziegel als Unterlage. 1747 heißt es im Tagebuch des oben Genannten „... habe ich ein newe delle (Diele) gemachen laßen an steine gekostet drey rthlr (Reichstaler)", und drei Jahre später wird bemerkt „... habe ich an die osterseiten binnen ihm Hause von neuwen mit steinen gründen laßen."

Vorkragungen am Erbwohnhaus Meyer zu Wehdel (Artland) aus dem Jahre 1792. Die Vorkragungen oberhalb des Dachbalkens täuschen eine Geschoßbildung nur vor. Hinter dem Giebel ist der Dachraum offen.

Im niedrigen Unterschlag (Nische), nach dem Herdraum hin begrenzt durch den in Längsrichtung der Ständer laufenden mächtigen Unterschlagsbalken, befand sich der „Waskoot" (Waschort) mit Geschirrbord oder Anrichte. Rechts die Eßnische oder umgekehrt. In strenger hierarchischer Ordnung saßen hier Familie und Gesinde um den Tisch. Erst mit Einrichtung einer eigenen Küche und der Übernahme bürgerlicher Haushaltsführung trennten sich meist Familie und Gesinde. Im Waschort der großen Erbwohnhäuser war allgemein schon vor 1900 eine Pumpe angebracht, im Gegensatz zu den Kotten der Kleinbauern, die noch immer das Wasser aus dem nahen Brunnen schöpfen mußten. Die Wasserleitung kam erst in den letzten Jahrzehnten ins Haus. So konnte es geschehen, daß ein Häuslerkind beim Besuch eines großen Hofes im Osnabrücker Bergland überrascht ausrief: „Mamme, kiek es, hie kümpt dat Water ut de Wand" (Mama, guck, hier kommt das Wasser aus der Wand).

Um 1500 kam es in den Häusern der Großbauern im nordwestlichen Niedersachsen zu Neuerungen im Wohnbereich. Hinter dem Herdfeuer wurde in einem Kammerfach, das sich vom ursprünglichen Bau abhob, eine heizbare Stube, die sogenannte Dönz, eingerichtet; in manchen Orten baute man Stuben mit Bettschränken oder nur diese auch links oder rechts des Fletts ein. Der Ofen — eine gußeiserne Anlage mit Plattenwänden, ursprünglich im süddeutschen Raum beheimatet — wurde durch die Herdwand hindurch vom Flett aus befeuert.

Später stattete man den Wohnteil des Hauses mit mehreren Stuben links und rechts der Dönz aus. Gewöhnlich waren in zwei Kammern Schlafschränke (Durke) eingebaut, die sich in jüngerer Zeit oft hinter kunstvoll gestalteten und farblich behandelten Wandvertäfelungen verbargen. Bemerkenswert ist im Bereich des Kammerfaches der Einbau von einer oder seltener zwei Upkammern über einem halbhohen Keller, der vom Flett aus betreten wird. Auf der „Bühne" über den Stuben des Kammerfaches, die um 1700 als zweites Geschoß geschaffen wurde, war Platz für ausgedroschenes Korn, für Flachs, wie auch für Brot und andere Eßwaren.

Mit steigenden Ansprüchen wurden die Seitenwände am Flett hochgezogen. Im Flettdeelenhaus mit abschließendem Kammerfach hat das niederdeutsche Hallenhaus den Höhepunkt seiner Entwicklung erreicht.

Schlafkammern für Knechte lagen über den Pferdeställen, die der Mägde neben den Unterschlägen. Die niedrigen Knechtskammern waren über eine Leiter oder hölzerne Treppe zu erreichen. Von hier aus konnten die Pferdeställe leicht überwacht werden.

Es erscheint erstaunlich, daß namhafte Zeitgenossen, wie der Schweizer Gelehrte und Dichter Albrecht von Haller, die klare Konstruktion und Raumverteilung, die den Bedürfnissen der Wirtschaft voll entsprach, sowie die unlösliche Einheit von Familie und Wirtschaft des Hallenhauses nicht erkannt haben. Haller schreibt in seinen „Tagebüchern"

Bettenschrank (Durk, Durtich) mit Schiebetür (Hof Meyer zu Wehdel, Gem. Badbergen). Charakteristisch sind die Achtecktür- und Wandfüllungen sowie die Spitzkissenauflagen. Der Durk wurde 1792 dem Altbau entnommen und im gleichen Jahre an die jetzige Stelle im neu errichteten Erbwohnhaus eingebaut.

Gerüst eines Zweiständerhauses (Teilansicht). Am 1983 restaurierten Giebel des Erbwohnhauses Thoben in Herbergen (Gem. Menslage) ist zu erkennen, daß hinter den oberen Vorkragungen kein Geschoß eingerichtet ist.

Hof zu Drehle in Groß Drehle (Artland). Erbwohnhaus von 1731 und Scheune links im Bild von 1820 in einer für das Artland kennzeichnenden Anordnung.

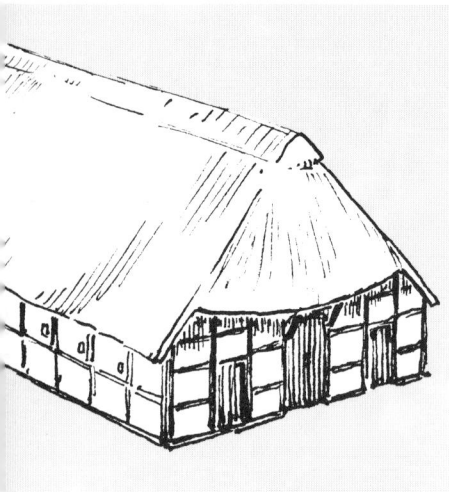
Kübbungswalm

Steckwalm

über eine Reise, die ihn 1726 nach Osnabrück führte: „Hierum leben die Leute recht säuisch; Menschen, Schweine, Pferde, alles untereinander geht zu einer Tür ein, und das Haus ist nie reine, als wenn es neu gemacht wird."

Der französische Gesandte Augustin Blondel, der 1744 als Gast des Kurfürsten und Erzbischofs Clemens August dessen Jagdschloß Clemenswerth im Hümmling besuchte und noch weniger Sachkenntnis als Haller besaß, berichtet in einem Brief über die Höfe des angrenzenden Ortes Sögel: „18 armselige Strohhütten, schlimmer als die erbärmlichsten in Frankreich, bilden das ganze Dorf... Die Hütten sind alle gleich gebaut: eine Halle, in die sie die Karren stellen, rechts und links davon Gitter, die auf der einen Seite die Ställe für die Schweine, auf der anderen für die Pferde und Kühe absperren, am Ende der Halle, ohne Abtrennungen, ein Kamin, oder eher eine Feuerstelle ohne Abzug, wo man nur Torf verbrennt, dessen Rauch den ganzen Schuppen füllt. Hinter diesem Kamin sind zwei etwas höher gelegene Kammern, deren Gestank Sie sich leicht vorstellen können, ausgestattet mit ein paar Stühlen und einem Tisch, als Betten haben sie nur Gestelle mit Strohsäcken..."

Wesentlich freundlicher urteilt Graf Beugnot, der als Beamter Napoleons I. die westfälischen Verhältnisse näher kannte: „Man hat oft gesagt, daß die westfälischen Bauern zusammen mit ihrem Vieh unter demselben Dach hausten, und das ist in gewissem Grade richtig. Aber diese altgermanische Sitte ist nicht so widerwärtig, wie wir Franzosen in unserer Empfindlichkeit glauben. Das Erdgeschoß eines westfälischen Bauernhauses ist in seiner Anlage bequemer und oft sauberer als der stallartige Raum, in dem die meisten französischen Bauern, wenn auch von ihren Herden getrennt, zusammengepfercht wohnen. Das westfälische Bauernhaus ist wie das Zelt der Patriarchen des Alten Bundes. In jenen alten biblischen Zeiten lebten die Menschen, offensichtlich in Erinnerung an die glückseligen Tage des Paradieses, in trauter Gemeinschaft mit den Tieren, die noch etwas von ihrer ursprünglichen Sanftmut bewahrt hatten."

Zu einer großartigen Ausbildung gelangte das Zweiständerreihenhaus im Artland. Hier kam es vor allem Mitte und Ende des 18. Jahrhunderts zu einer kräftigen Bauentwicklung; in ihr spiegelt sich die günstige wirtschaftliche Lage dieses fruchtbaren Landstrichs wider. Der Anbau neuer und ergiebiger Futterpflanzen (Klee), die Einführung der Fruchtfolge und der Stallfütterung brachten eine erhebliche Steigerung der landwirtschaftlichen Erzeugnisse. Gleichzeitig kam es zu Anhebungen der Roggenpreise, die von 5,8 Reichstaler für 1 Malter (ca. 5 Zentner) um 1700 auf 10,6 Ende des Säkulums stiegen.

Der Besucher eines typischen Artländer Hofes gelangt durch einen überdachten Torbau zum geräumigen Hofplatz, der vom Erbwohnhaus beherrscht wird. Links und rechts von ihm liegen Wirtschaftsgebäude. Während die Höfe im Osnabrücker Hügelland meist von einer

Bruchsteinmauer, hier und dort auch von einer Wallhecke eingefriedet sind, begrenzt im Artland manche Hofstelle eine stattliche Scherwand, ein Fachwerk mit lehmbedecktem Geflecht oder mit Ziegeln ausgefüllt. Diese schützt ein schmales pfannengedecktes Dach. Noch eindrucksvoller erscheinen Trennwände aus aneinandergestellten starken Eichenbohlen. Nach der Überlieferung sollte in der Zeit der Salier, also im 11. Jahrhundert, der Hofzaun einem Manne mittlerer Größe bis an die Brustwarzen reichen. Die Höhe der Einfriedigungen müßte demnach erheblich niedriger gewesen sein, wenn wir davon ausgehen, daß die Größe der Menschen seitdem gestiegen ist.

Im Artland suchen wir zwar weniger Prunkpforten solcher Art, wie sie im reichen ‚Alten Land' an der Unterelbe zu bewundern sind, doch bilden die überdachten Hoftore ausdrucksvolle und symbolische Zeichen für Selbstbewußtsein und für das Verlangen nach Abgeschlossenheit.

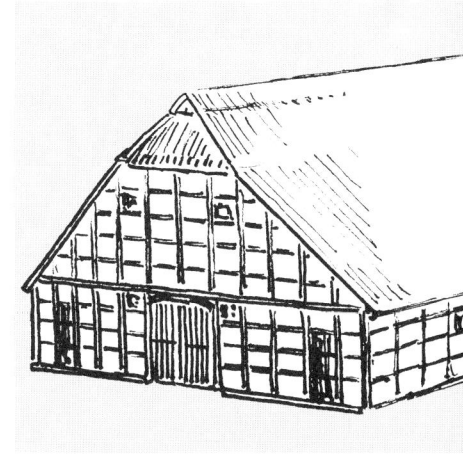

Krüppelwalm

Das Torhaus des Meyerhofes zu Bergfeld (heute Brunswinkel) in der Gemeinde Badbergen aus dem Jahre 1738 mag hier stellvertretend genannt werden. Der vermutlich schon in karolingischer Zeit angelegte Hof gehörte 1240 zu den Tafelgütern des Osnabrücker Bischofs und war Sammelstelle für Abgaben, die weiter an den Schultenhof zu Rüssel geliefert wurden. Der Meyerhof besaß auch das Recht, landesherrliche Höfe im Kirchspiel Badbergen den neuen Besitzern anzuweisen. Eine Festmahlzeit und ein Taler waren das Entgelt.

Torhäuser wurden auch auf Gräftehöfen nach dem Vorbild der Wasserburgen geschaffen. Das Torhaus des ehemaligen Haupthofes Erpenbeck des Grafen von Tecklenburg in Ringel südlich Lengerich ist ein überzeugendes Beispiel.

Steilgiebel

Zu den schönsten Höfen des Artlandes gehört der Meyerhof zu Wehdel. Am Giebel über der Toreinfahrt erkennen wir das Wappen des Geschlechtes, das bis ins 13. Jahrhundert zurückverfolgt werden kann. Der Besitz ist aus einer curtis, einem vielleicht königlichen Gut, entstanden, das König Otto II. 977 auf Bitten des Osnabrücker Bischofs an dessen Lehnsmann Herigis als freies Eigentum übertrug.

Das Erbwohnhaus wurde 1792 innerhalb von fünf Monaten gezimmert. Die Eichenstämme bearbeitete man derzeit auf dem Hofgelände mit Axt und Breitbeil. Balken, Bretter und Dachlatten sägten zwei Männer, der eine auf dem Block, der andere unten in einer Sägekuhle stehend, mit einer zwei Meter langen Zugsäge von oben nach unten zurecht. Nach dieser Arbeit wurde das gesamte Fachwerk zuerst auf der Erde als sogenanntes „Gebinde" zusammengesetzt und dann das ganze Haus aufgerichtet. Man begann mit den Ständern und Balken, zuletzt kam der Giebel an die Reihe. Dessen oberen Teil fügte man mit dem Dachboden zusammen und richtete ihn auf einmal auf. Eine besonders schwierige und gefährliche Aufgabe. Schließlich war alles „unter Dach und Fach" gebracht. Die eigentliche „Haushebung" dauerte auf dem Meyerhof nur acht Tage. „Und Donnerstag den 5. Julius, sein

Prunkpforte von 1738 und Erbwohnhaus Meyer zu Bergfeld (Brunswinkel) in der Gemeinde Badbergen.

wir angefangen zwey Tage en Büren (heben) und den Sonnabend zu winnen (aufzuwinden) und Montag, Donnerstag, Mittwochen nachdem haben wir das Sperr (parren) wieder vertig gemacht zwey Tage und Freytags den 13., das Sperr mit Freunden aufgerichtet, glücklich."

Die Ständer und Dachbalken des Erbwohnhauses sind aus mehrhundertjährigen Eichenstämmen herausgehauen. Gewöhnlich wurden für ein großes Erbwohnhaus 50 cbm Eichenholz benötigt, die Wehlburg in Wehdel (heute im Museumsdorf Cloppenburg) beanspruchte etwa 200 cbm. Das waren rund 80 Eichenbäume.

Wenn die Zimmerung eines größeren Erbwohnhauses auch nur wenige Monate in Anspruch nahm, so dauerte der gesamte Bau vom Beginn der Steinpackung als Unterlage für die Ständer bis zur Eindeckung des Daches in der Regel zwei bis vier Jahre. Der Vierständerbau des Meyerhofes zu Malbergen, heute zu Georgsmarienhütte gehörig, nahm die Zeit von 1765 bis 1767 in Anspruch, für den gleich großen Bau des Erbwohnhauses des Meyer to Bergte in Gellenbeck im Kirchspiel Hagen, in das der Besitzer 1848 einzog, wurden vier Jahre benötigt.

Nicht bei allen Höfen ist die archivalische Überlieferung so reich wie auf dem Hof Elting in Vehs westlich Badbergen. Der Hof ist wahrscheinlich aus einem Herrensitz hervorgegangen. 1399 erklärte Wessel to Eltynk — dessen Ahnen vermutlich schon sei der Mitte des 13. Jahrhunderts den Hof bewirtschafteten — vor dem Osnabrücker Stadtrichter, daß er selbst, seine Frau und ihre acht Kinder erblichen Anspruch auf das Haus zu Eltynck hätten. Er gab den Hof, durch den er gebunden war, an seinen Grundherrn zurück als Teil eines Tauschgeschäftes, „alse vor eyne rechte wederweßle". Als Gegenleistung erklärte dieser Wessel to Eltynck mitsamt dessen Frau und den acht Kindern für frei und los von allem Eigentum, womit sie ihm bis dahin hörig gewesen waren. Eltynck kaufte nun für 60 Mark Osnabrücker Währung den Hof „mit Torve (Rasen), mit Twyghe (Zweige), mit Watere, mit Weyde, mit aller schlachte Nut (Nutzung jeder Art) und mit alle des Gudes Tobehoringe" als „vry dorslacht eghen Gud (vollfreies Eigentum)". In ununterbrochener Vater-Sohn-Folge läßt sich das Geschlecht bis zum Jahre 1808 verfolgen, dann nimmt der Tochtermann des letzten der Reihe den Namen des Hofes an. Seine Nachkommen tragen bis heute den Namen Elting.

Das heutige Erbwohnhaus ließ Heinrich Elting 1744 aufzimmern. Wie schwierig und mühselig die Haushebung gewesen sein muß, mag mittelbar aus einer Notiz im Anschreibebuch des Bauern hervorgehen. „Noch 28 Tonnen (1 Tonne ca. 150 Liter) Bir bey der Haußaufrichtung." Während der monatelangen vorbereitenden Zimmerarbeiten waren schon 55 Tonnen (!) getrunken worden.

Der dreifach vorkragende Schaugiebel erhält seinen besonderen Reiz durch das Farbenspiel von ornamentierten roten Ziegelverbänden, weißgekalkten Gefachen, ockerfarbener Schindelwand und weißgestrichenen dünnen Gitterhölzern im Giebeldreieck. Gekreuzte Schwanenhälse, die mit einem Kopf enden, ragen über den First empor. Ausdrucksvoll sind auch die Knaggen unter dem tragenden Balken. Vermutlich waren sie ursprünglich farbig behandelt. An ihrer Gestaltung konnte der örtliche Kleinschnittker seine Kunst erweisen und seiner Phantasie freien Lauf lassen.

Einen besonderen Schmuck des Hofes bildet der 1699 von „Wesel eltinck" und „Anna Hamkes" geschaffene Sandsteinbrunnen. Speicher, Backofen und eine prachtvolle Scherwand vervollständigen neben neueren Wirtschaftsgebäuden den Eindruck eines stattlichen Besitzes.

Zweiständerbau, Erbwohnhaus Elting (Bußmeyer-Elting), aus dem Jahr 1744 in Vehs, Gem. Badbergen.

Scherwand des Hofes Elting, die das Hofgelände vom übrigen Besitz abtrennt, und Backhaus. Dessen Gerüst wurde 1787 unter Verwendung von Balkenteilen des abgenommenen alten Erbwohnhauses errichtet.

Erbwohnhaus Kl. Somberg (Rott) in Gildehaus-Achterberg, Altbau von 1673, Umbau 1936. Kennzeichen der alten Fachwerkbauten im Bentheimischen und im Emsland ist der herabgezogene Brettergiebel. Auch die jüngeren mit Ziegelsteinen verblendeten Erbwohnhäuser weisen häufig verbretterte Steilgiebel auf.

Die Bauernhäuser des Landkreises Grafschaft Bentheim und des Emslandes, meist mittleren Betrieben zugehörig, sind im allgemeinen schlicht gestaltet. Im Gegensatz zu den holzverschwendenden Giebeln im ehemaligen Fürstbistum Osnabrück zeigt sich hier nur sparsam verstrebtes Fachwerk. Die älteren Zweiständerbauten haben eine geringere Höhe und reichen mit ihren Kübbungen tief hinab, so daß die Seitenwände kaum über Mannshöhe kommen. Die einst mit Heidekraut bedeckten Dächer sind verschwunden, und nur vereinzelt sieht man noch ein Strohdach. Anstelle des verbretterten Giebels tritt die massive Backsteinwand. Die früher aus Flechtwerk geschaffenen und mit Lehm verstrichenen Außenwände und aus „Weißtorfbroten" errichteten Innenwände sind dem Fachwerk mit Backsteinausfachung und diese wiederum in unserer Zeit der massiven Backsteinwand gewichen.

An der Backsteinbauweise, den Hohlziegeln und den hohen Schiebefenstern, auch an Inneneinrichtungen, wie kachelgeschmückten Wandkaminen, ist holländischer Einfluß unverkennbar.

Das große Tor wird in der Mittel- und Niedergrafschaft oft ins Haus eingezogen. An den Wänden des entstandenen Freiraums, der „Unnerschur", hingen Pferdegeschirr und leichte Ackergeräte. Das Tor wird oft durch einen Anschlagständer gehalten. Dieser sogenannte Stiepel oder Stiel darf als das besondere Merkmal der Gehöfte in Gildehaus, Neuenhaus und Lage angesehen werden. Als letzten Handschlag beim Bau eines Hauses brachte der Zimmermann am Stiepel gewöhnlich ein Zeichen an. Malkreuz, Raute, Sonnenrad und Kreuz waren die häufigsten Figuren.

Oft läßt sich an eingelassenen Tafeln an der Giebel- und auch an der Längsseite des Erbwohnhauses die Entwicklung des Baus buchstäblich ablesen. Hierfür mag das Hauptgebäude des Hofes Joosberndt in Gilde-

Hof Tymann in Wilsum (Grafschaft Bentheim) mit übergroßer Bovenkammer, Aufnahme von 1896. Da in der Niedergrafschaft nur geringer Holzbestand vorhanden war, verwendete man ähnlich wie im waldarmen Ostfriesland als Baumaterial Backstein. Holz wurde nur für das Gerüst des Hauses gebraucht. „Kaum hat die Niedergrafschaft noch Holz genug, um ein halbes Dutzend Bauer-Häuser bauen zu können" heißt es bezeichnenderweise in einem offiziellen Bericht über die wirtschaftlichen Zustände im Gerichtsbezirk Neuenhaus aus dem Jahre 1807.

haus-Achterberg bezeichnend sein. Aus einem ursprünglichen Schafstall des 18. Jahrhunderts wurde im frühen 19. Jahrhundert ein Heuerhaus, das 1866 ein Kleinbauer als Eigentum erwarb. 1893 erfolgte ein Umbau, und 1921 wurde das Haus schließlich auf seine heutige Länge gebracht. Erbwohnhäuser und Nebengebäude mittlerer und größerer Höfe unseres Betrachtungsgebietes sind oft schon im 18. Jahrhundert um einige Fache verlängert, und ihr Giebel ist neu gestaltet worden.

Das Erbwohnhaus des heute 18 ha großen Hofes Kl. Somberg (seit 1890 Rott) in Gildehaus-Achterberg — vom Hof Gr. Somberg (heute Milkmann) abgespalten — ließen, wie der im Haus später eingepaßte Torbalken aussagt, 1673 B (Bernd) S (Somberg) und G (Gerken) F K (Fennekort) aufzimmern. 1936 wurde das Haus um einige Meter verlängert und der jetzige Giebel eingerichtet mit der Balkenüberschrift „Der Herr behüte Deinen Ausgang und Eingang von nun an bis in Ewigkeit" Ps. 121,8. Hausinschriften sind in der Grafschaft Bentheim, im Gegensatz zum Osnabrücker und Tecklenburger Land, äußerst selten. Der Zug zum einfachen Leben als Ausdruck reformatorisch-calvinistischen Geistes mag hier seine Auswirkung gefunden haben.

Erbwohnhaus Aalmink in Gr. Ringe östlich Emlichheim mit einst für die Niedergrafschaft typischer Frontseitengestaltung.

Charakteristisch für die großen Höfe der Grafschaft Bentheim sind die Erbwohnhäuser mit unmittelbar daneben gesetztem „Messhus" (Misthaus). Es entstand aus der ursprünglichen Düngerstätte. So stehen heute zwei Giebel als Zwillingsgiebel nebeneinander. Man setzte das Düngerhaus entweder an die Außenwand der Kübbungen oder errichtete sein Dach auf der Plate und damit auf der Ständerreihe des Haupthauses. Der Bau dient heute allgemein als Viehstall.

Den Herdraum trennte man schon früh von der Diele und wandelte ihn zu einer Wohnküche um. Die Feuerstelle rückte an die Trennwand zwischen Küche und Diele. Nach dem Vorbild des Bürgerhauses wurde in einigen Gemeinden (Tinholt, Kalle, Bahne, Wilsum) vor allem im frühen 19. Jahrhundert sehr häufig an der Giebelseite des Wohntraktes ein Vorbau mit einer „Bovenkammer" angesetzt. Die Ausbauten besaßen zwei oder mehrere kleine Kammern. Ein eigener Kamin sorgte für die nötige Wärme. Der Zugang erfolgte gewöhnlich durch eine Seitentür von außen. Mancher Bauer hat hier den „Neegendendeel", seinen Lebensabend, verbracht.

Dreiständerreihenhaus mit aufgerähmtem Dachbalken und Sparrenschwelle.

Das Dreiständerhaus

Das Dreiständerreihenhaus mit Dachbalken, Kragarm und einseitiger Kübbung tritt als Zwischenform von Zweiständer- und Vierständerbau auf. Seine Entstehung dürfte mit der windigen Lage eines Hofes zusammenhängen. Wo man etwa aus Gründen des besseren Wetterschutzes die Kübbung einer Seite nicht aufgeben wollte, wurde das Haus „up hauge und seige Weige" (auf hoher und niedriger Wand) errichtet. Im südlichen Teil des Osnabrücker Landes zeigt sich der Dreiständerbau erst um 1750, im Norden schon ein halbes Jahrhundert früher. Man findet ihn hier nur vereinzelt, im Bentheimischen überhaupt nicht.

Dreiständerreihenhaus (Holterdorf, Neuenkirchen b. Melle).

Sein Hauptverbreitungsgebiet liegt im lippischen Bergland und im Sauerland.

Der Grundriß gleicht dem eines Zweiständerbaus, doch kragt der Balken nicht mehr symmetrisch über die Ständerreihe. Bei diesem Hallenhaustyp tragen die beiden inneren Ständerreihen, die die Diele begrenzen und die Ständer einer höher gezogenen Seitenwand.

Das Gefüge des Dreiständerhauses umschließt Wohnteil und Wirtschaftsraum mit Stallungen. Unter der Kübbung steht auch bei diesem Haustyp das Großvieh.

In Erpen, Gemeinde Dissen, hat der Meister Temme neben den beiden Dreiständerbauten Schulte (1821) und Kollmeyer (1822) — die Kübbungen sind zur Wetterseite orientiert — auch den Zweiständer des Hofes Frahlmann (1806) und ein Vierständerhaus des Hofes Eickmann (1845) geschaffen. Die einzelnen Gebäude nehmen etwa die gleiche Grundfläche ein. Es darf daher angenommen werden, daß wirtschaftliche Gründe bei der Aufzimmerung nicht die entscheidende Rolle gespielt haben.

Das Vierständerhaus

Intensivierung der bäuerlichen Wirtschaft und damit verbunden höhere Ernteerträge sowie die Vergrößerung des Viehbestandes führten im 18. Jahrhundert zu einer Weiterentwicklung des Hallenhauses. Aus dem Zweiständerbau wurde das Vierständerhaus. Vom südlichen Weserbergland kommend, fand dieses Haus im Laufe des 18. Jahrhunderts Eingang im Raum westlich der Weser. Es wurde auf den größeren Höfen im Ravensberger und Osnabrücker Land vor allem nach der Markenteilung beherrschender Haustyp.

Vierständerbau in Holzhausen, Gem. Lienen i. W., 1813. Erbwohnhaus Baumhöfener (Niemöller). Giebelfronten mit senkrechter Holzverschalung sind im südlichen Tecklenburger Land besonders häufig.

Die Außenwände erreichen die gleiche Höhe wie die Ständerreihe, die die Diele begrenzen. Das Dach ruht jetzt auf vier Ständern, „up hauge Weige" (Wand), wie der Landmann sagt. Der Bodenraum, nun über die gesamte Grundfläche des Hauses sich ausdehnend, kann erheblich größere Erntemengen aufnehmen. Vom Zweiständerbau wird unverändert die Unterrähmkonstruktion übernommen. Doch trennt von Anfang an eine Scherwand Flett und Diele. Das Flett wird gewöhnlich in Küche und Vorraum getrennt. Der Kammerteil erhält zusätzliche Zimmer.

Der auf Konsolen ruhende weit ausladende Giebel des 16. und 17. Jahrhunderts tritt zurück. Nur schwach vorkragende „Brustbalken" mit aufstehendem Bretter- oder Fachwerksteilgiebel, kurze Balkenstücke, aus der Giebelwand herausragend und von geschnitzten Knaggen gestützt, bestimmen wie beim Zweiständerbau das Bild der Schauseite des Hauses.

Muster eines Vierständerbaus ist das 1813 errichtete Erbwohnhaus Baumhöfner (früher Niemöller) in Holzhausen, Gemeinde Lienen. Der kunstvoll abgezimmerte Brettergiebel kragt dreifach vor, ihn schmücken stabverzierte Knaggen. Der Bau beeindruckt durch seine

*Erbwohnhaus Lansmann in Gildehaus-Achterberg von 1903 (1913 verlängert) mit „Messhus"
(Misthaus).*

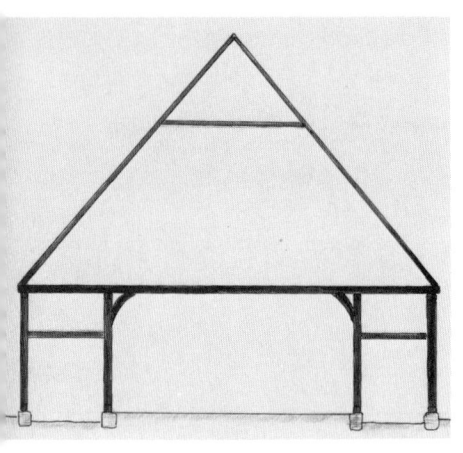

Vierständerreihenhaus mit aufgerähmten Dachbalken. Alle 4 Ständer tragen jeweils einen Balken. 17./18. Jahrhundert.

Erbwohnhaus Wienecke in Lienen-Meckelwege. Vierständerbau von 1811 mit holzverschalter Giebelwand und Geck.

klaren Maßverhältnisse. Zum Besitz gehörten zur Zeit der Hausaufrichtung eine große und kleine Wassermühle, eine Roßmühle, die heute im Museumsdorf Detmold steht, sowie eine später abgerissene Windmühle. „Die Niemölle neben einer Windmollen" waren jahrhundertelang Besitz der Grafen von Tecklenburg, die auch die erste Wassermühle anlegten. Außerdem bestand auf dem Hof eine Brauerei. Eine Wassermühle ist heute stillgelegt, die andere wird von Zeit zu Zeit noch betrieben.

Zu den stattlichen bäuerlichen Anwesen des gleichen Raumes gehört der 1811 geschaffene Vierständerbau auf dem Hof Wieneke in Meckelwege, Gemeinde Lienen. Seine ungewöhnlichen Ausmaße von fast 40x14 m erinnern an den Umfang der Erbwohnhäuser großer Marschhöfe. Die Giebelfront ist ebenfalls verbrettert. Als ungewöhnliche Giebelzier erscheint ein Geck, der sonst nur in weiter nordöstlich gelegenen Landkreisen gebräuchlich war.

Besitzerweiterungen, vor allem nach den Markenteilungen und nach der Bauernbefreiung zwischen 1815 und 1835, sowie steigende Getreidepreise und niedrige Löhne wirkten sich in einem Bauaufschwung aus. So ist es nicht erstaunlich, daß vor allem die Vierständerbauten dieser Zeit großzügig gestaltet wurden.

Zu den hervorragenden Vierständerbauten gehört das Erbwohnhaus Meyer to Bergte in Hagen-Gellenbeck. Der Hof wird 1251 erstmalig erwähnt, als von ihm der Ritter Hermann Hake die Zehntlöse dem St. Katharinenaltar im Kloster Iburg überträgt.

Der mächtige Vierständerbau wurde 1844 in Höhe der Tenne des abgebrochenen Zweiständerhauses errichtet. Der Schaugiebel kragt nur einfach über den Dachbalken vor, doch kommt er durch die Menge der verwendeten Ständer und Riegel sowie durch den Kontrast des dunklen Holzwerkes mit den weißgekalkten Gefachen zu großartiger Wirkung.

Vielfalt der Schmuckformen und Farbenfreudigkeit zeichnen auch noch im frühen 19. Jahrhundert manches Erbwohnhaus aus. Der Schaugiebel des 1819 aufgezimmerten Haupthauses des Hofes Ellinghaus in Uphausen, Gemeinde Bissendorf, ist dafür kennzeichnend.

Reizvolle Giebelfronten werden durch Ziegelausmauerungen der Gefache — wahrscheinlich nach städtischem Vorbild — erreicht, insbesondere durch den Wechsel von waagerechter, senkrechter oder schräger Stellung der Ziegel, durch geometrische Muster oder Ornamentbildung. Ziegelausmauerungen weisen auf Wohlstand hin. Trotz vorhandener Ziegeleien in greifbarer Nähe ging man mit Ziegelsteinen noch im vorigen Jahrhundert sehr sparsam um; daher wurden häufig nur Teile des Giebels mit Steinen ausgefüllt.

Hier sei als hervorragendes Beispiel der Schaugiebel des Erbwohnhauses Wibbelsmann in Hagen a. T. W. genannt. Die einzelnen Gefache des 1830 errichteten Giebels wurden ein Jahr später mit Backsteinornamentik geschmückt. Ständer und Riegelwerk des 1750 geschaffenen Zweiständerhauses waren beim neuen Bau mitverwendet worden.

Der Betrachter mag selbst entscheiden, ob er am Giebel Verzierungen mit Sinnbildwert entdecken kann — so sollte der „Donnerbesen" den Blitz abwehren — oder nur Spielereien des phantasiebegabten Baumeisters.

Die außerordentlich einheitliche Wirkung des Hallenhauses, und zwar aller Typen, wäre undenkbar ohne planmäßige Regelung geometrischer Grundformen. Nach Schepers bestimmten bis zum späten 18. Jahrhundert sogenannte Schlüsselfiguren das „rechte Maß". Danach gab bei dem Ankerbalkengerüst die halbe Kerngerüstbreite das Grundmaß, beim zwei- und dreiständigen Dachbalkenhaus die halbe Länge des (überstehenden) Balkens und schließlich bei den Bauten mit Vierständergerüst die halbe Giebelbreite. Da alle Abmessungen des Hauses zu einer Verhältniseinheit gebunden werden, entsteht der Eindruck einer klaren und harmonischen Schöpfung.

Die vergleichbaren Beziehungen im Hausgefüge änderten sich in der Folgezeit wegen Änderung der wirtschaftlichen Verhältnisse. Markenteilung, Fruchtwechsel, Stallfütterung, verbesserte Dungwirtschaft, Anbau neuer Pflanzensorten wirkten sich in Erhöhung der Ernteerträge aus. Damit wurde der Bau neuer und größerer Wirtschaftsgebäude notwendig. In jüngerer Zeit entstanden als Folge erhöhter Wohnbedürfnisse Ausbauten am Giebel des Stubenfaches, oder man errichtete reine Wohnbauten, die meist quer an das alte Erbhaus als sogenannte „Ohren" angesetzt wurden.

Die sehr hohen Kosten für fachgerechte Sanierungsarbeiten, der geringe Bestand an gutem eigenen Bauholz sowie der preisgünstige und leicht zu bearbeitende Kunststein führen dazu, daß heute Fachwerkbauten nur noch selten restauriert werden.

Wiederholt versuchte die Regierung im Bereich des Hochstiftes Osnabrück schon Mitte des 18. Jahrhunderts durch steuerliche Vergünstigung zum Steinbau anzuregen, aber ihre Bemühungen waren vergeblich. Abgesehen von einigen Steinbauten des Landadels und einzelnen öffentlichen Gebäuden, sind Erbwohnhäuser erst nach 1800 hier und dort aus Bruchstein erbaut worden (Hof Tiemann, Icker, 1811; Hof Meyer zu Belm, 1818/21; Hof Voß, Gretesch, 1827 u. a.). In größerem Umfang setzte der Steinbau in der zweiten Hälfte des 19. Jahrhunderts ein. Im Berg- und Hügelland, wo die Möglichkeit der Natursteingewinnung günstig ist, werden bis in die neueste Zeit ganze Hofanlagen aus Bruchstein errichtet (Hof Stramann, Natrup-Hagen). In Gebieten des Neokom- und Buntsandsteins wird der Sandstein (Hasbergen, Grambergen), im Bereich des Unteren und Oberen Muschelkalks (Harderberg, Mündrup) der Kalkstein als Baustein verwendet. Jener wechselt infolge der bunt durcheinandergewürfelten Gesteinsmassen im mittleren Bergland des Teutoburger Waldes selbst innerhalb einzelner Bauerschaften.

Mit dem vermehrten Auftreten des Massivbaus in Ziegel- und Naturstein beginnt der Rückzug des Fachwerkes. Bei manchen alten Fach-

Backsteinornamentik im Giebel des Erbwohnhauses Wibbelsmann in Hagen a. T. W., das im Jahre 1831 als Vierständer unter Verwendung von Bauholz des abgenommenen Altbaus von 1750 errichtet wurde.

Erbwohnhaus Meyer to Bergte in Gellenbeck (Hagen a. T. W.), 1844.
Der mächtige Vierständerbau wurde auf der Höhe der Tenne des abgebrochenen Zweiständerreihenhauses aufgezimmert. Der Schaugiebel kragt nur einfach vor, doch kommt er durch die Menge der verwendeten Ständer und Riegel großartig zur Geltung.

es uns nützt, und Dier gefällt, Daß wir die Schätze jene
M: Fischer.
1

Erbwohnhaus Bodemann (Krümberg) in Rüsfort (Artland), 1796. Eine Allee führt auf das stattliche Vierständerhaus mit den rechts und links vorgelagerten Wirtschaftsbauten zu. Die gesamten Hofanlagen wurden 1796 nach einem Brande neu errichtet und zwar auf künstlich erhöhtem Gelände. Die Ausmaße des Erbwohnhauses sind die gleichen wie beim Quatmannshof, der 1805 in Elsten errichtet wurde und heute im Museumsdorf Cloppenburg steht.

Erbwohnhaus Vegesack in Schleptrup (Bramsche-Engter). Als Vierständerbau 1924 und 1930 neu aufgebaut. Ihn zeichnen wohlausgewogene Maßverhältnisse aus.

werkbauten täuscht das äußere Bild darüber hinweg, daß innerhalb des Wohn- und Stallteils erhebliche Umbauten erfolgt sind. Anstelle der mächtigen Eichenständer ist teilweise Mauerwerk getreten, oder Längsbalken werden durch Eisenträger abgefangen. Neue Bauten im Stil des niederdeutschen Hallenhauses entstehen heute nicht mehr. Doch errichtet man neben Neubauten, die in keiner Weise mehr Bezug auf die alten nehmen, auch Gebäude, die dem Vierständerhaus nachempfunden sind, zumindest wird eine Giebelfront geschaffen, die mit reichgeschnitzten und bemalten Vorkragungen an die Altbauten erinnert. Der seit fast 800 Jahren im Besitz der Familie befindliche Hof Möllmann (Wehrriede) in Kl. Mimmelage, Gemeinde Badbergen, der während des letzten Krieges zerstört und 1954 als Ziegelbau wieder erstand, zeigt eine starke Bindung an die frühere Bauweise. Der Neubau des Hofbesitzers Lüdeling in Gr. Mimmelage, 1950 anstelle des abgebrannten niederdeutschen Hallenhauses errichtet, nahm auf Wunsch der einheiratenden Frau, die aus dem friesischen Wehde kam, die Tradition des ostfriesischen Gulfhauses auf. Das ursprünglich 55 Quadratmeter große Flett wurde auf 12 Quadratmeter zusammengedrängt. Diese Raumersparnis wird den wirtschaftlichen Ansprüchen der Zeit gerechter.

Die Zahl der überkommenen Hofbauten wäre beträchtlich größer, wenn nicht in den vergangenen zwei Jahrhunderten jedes dritte bis zweite Erbwohnhaus einem Brand zum Opfer gefallen wäre.

Das kräftige Eichengerüst der Hallenhäuser übersteht Jahrhunderte. Vielfach wurde das gesamte Gerüst bei Umbauten wiederverwendet oder, falls das Gebäude aus wirtschaftlichen Gründen von seinem Platz verschwinden mußte, an anderer Stelle neu errichtet.

Torbalken und Ständer des 1607 erbauten Erbwohnhauses des Bauern Albrandt (Enneker) in Haltern, Gemeinde Belm, haben 1805 bei der Aufzimmerung einer heute noch benutzten großen Scheune mit Wagenschuppen Verwendung gefunden. 1828 gelangte das 1794 in der Bauerschaft Aldrup im Kirchspiel Lengerich gezimmerte Erbwohnhaus des Bauern Averesch auf den vier Kilometer weiter nördlich im Stift Leeden gelegenen Vollerbenhof Schulte-Herkendorf (70,6 ha), wo es bis heute in gleicher Weise in Anspruch genommen wird. Zwei amtlich bestellte Taxatoren nahmen seinerzeit an dem mächtigen Bau mit 13 Gefachen Maß — das nach 1790 abgerissene Wohnhaus war 10 Fach groß. Sie stellten eine Länge und Breite von 110×44 Fuß (32,12×12,84 m) fest. Das folgende Gutachten besagte: „Dasselbe ist von Holz und Ziegelsteinen erbaut, und sind die Materialien noch recht gut. Es enthält eine große Diele mit Viehställen auf beiden Seiten, eine davon abgesonderte Küche, drei Kammern und zwei Stuben und einen nichtgewölbten Keller." Das Haus ist nach 1828 als Vierständerbau errichtet und um ein Gefach vergrößert und damit auf 40 m verlängert worden. In der Breite kam es zu einer Erweiterung um einen Meter. Die Anzahl der Kammern ist entsprechend den gestiegenen Anforderungen im Wohnbereich von drei auf sechs, die der Stuben von zwei auf fünf erhöht und die große Küche in zwei Räume aufgeteilt worden. Ein 1764 etwa 1,5 km nordwestlich der Hofstelle geschaffenes Heuerhaus des Bauern Elting zu Vehs, Gemeinde Badbergen, ist um 1900 auf dem Hof wieder aufgebaut worden und dient als Scheune.

Im Zuge der Nostalgiebewegung unserer Zeit werden mehr und mehr Hallenhäuser niedergelegt und an anderer Stelle als reiner Wohnbau ohne Stallbereich wieder errichtet. Ein Paradebeispiel ist der Ortsteil Brock in Westbevern, wo in den letzten Jahren Zwei-, Drei- und Vierständerbauten von Höfen aus Lienen, Lengerich, Sudenfeld, Kloster Oesede, Bad Laer, Hopsten und anderen Orten zu reinen Wohnzwecken neu aufgezimmert wurden. In manchen ländlichen Gemeinden wird bei Neubauten der Giebel in der Tradition des niederdeutschen Hallenhauses gestaltet, wie etwa der Kindergarten und die Sporthalle in Alfhausen oder die Friedhofskapelle in Bad Laer.

Das niederdeutsche Hallenhaus hat nicht nur das Land sondern auch die Stadt erobert. Aus dem Dachbalkenhaus des Bauern hat sich das Haus des Ackerbürgers in der Stadt entwickelt. Die Giebelfront ist hier nur geringfügig geändert worden, doch sind die Wohnräume, die beim Bauernhaus auf der Rückseite liegen, an die Straßenfront gerückt. Das giebelständige Haus mit seiner zum Verkehrsweg gerichteten Schmalseite ist charakteristisch für die mittelalterliche und spätmittelalterliche Stadt des deutschen Nordens geworden.

Das ostfriesische Gulfhaus

Das aus dem westgermanischen Hallenhaus entwickelte breit gelagerte ostfriesische Gulfhaus ist seit dem 16. Jahrhundert im Marschenraum von Ems und Weser vorherrschend. Mit Beginn des 19. Jahrhunderts stieß es langsam auch nach Süden in den Bereich des niederdeutschen Dachbalkenhauses, zunächst in die Räume des Hümmlings und des südlichen Oldenburger Landes vor. Die Aufgabe der Schafhaltung, Vervielfachung des Schweine- und Rindviehbestandes sowie technische Errungenschaften stellten Ansprüche, die vom Gulfhaus leichter als vom niederdeutschen Hallenhaus erfüllt werden können. In Rüschendorf bei Damme entstand um 1935 ein Wirtschaftsneubau mit Merkmalen eines friesischen Gulfhauses neben einem Dachbalkenhaus.

Wie das niedersächsische Hallenhaus ist das Gulfhaus ein Wohnstallspeicherhaus, in dem Mensch, Vieh und Ernte ihren Platz haben. Doch ist hier keine so enge räumliche Verschmelzung von Wohn- und Wirtschaftsteil erreicht wie beim Dachbalkenhaus. Viehstall auf der einen Längsseite, Dreschdiele auf der anderen und Pferdestall auf der Schmalseite ordnen sich um den Stapelplatz, den Gulf. Die riesigen Gulfbauten, wie die Haubarge auf der Halbinsel Eiderstedt, suchen wir hier jedoch vergebens.

Das Gulfhaus ist, im Gegensatz zum niederdeutschen Hallenhaus, ein reiner Ziegelbau. Das Dach hat eine geringere Neigung, um den Stürmen weniger Angriffsfläche zu bieten. Das Holzgerüst beschränkt sich

Ostfriesisches Gulfhaus (erdlastig)
1 Tenne
2 Gulfraum (Gulf ragt vom Erdboden bis zu Dach)
3 Kuhstall (gemauerter Hochstand, von Jaucherinne begrenzt)
Die Gulfständer tragen nur das Dach.

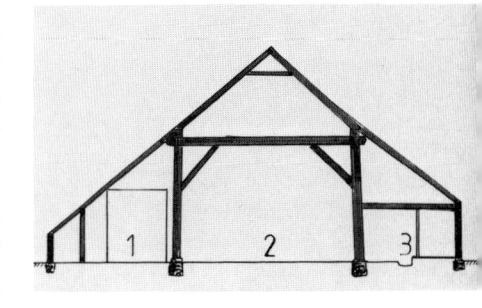

Ostfriesenhaus (Hof Lückenjans, Breddenberg, Hümmling). Das Erbwohnhaus wurde nach Kriegszerstörung 1945 als ostfriesisches Gulfhaus wieder aufgebaut.

auf das Innere. Der gesamte Bau wird geprägt durch den Stapelraum, der von vier im Rechteck stehenden hohen Ständern begrenzt wird. Der Raum reicht bis zum Dach hinauf. Die Gulfständer sind zwar untereinander mit Balken verbunden wie die Ständer des Hallenhauses, doch haben diese keine tragenden Funktionen mehr, sondern dienen allein der Verankerung.

Im Gegensatz zum Hallenbau ist der Gulfbau nicht balken- sondern erdlastig. Die Ernte wird daher innerhalb des Gulfes vom Erdboden aufwärts bis in den First hinauf gestapelt.

Wohn- und Wirtschaftsteil sind streng voneinander getrennt, was schon äußerlich an dem Zurückspringen des Wohnteils gegenüber den Seitenwänden des Wirtschaftstraktes leicht zu erkennen ist. Mit seinen höheren Seitenmauern und hohen Schiebefenstern kommt es dem Charakter eines Bürgerhauses näher.

Das große Einfahrtstor liegt nicht wie beim Hallenhaus in der Mitte, sondern ist seitlich verschoben. Wenn an der Hinterwand ebenfalls eine große Tür angebracht ist, kann der entladene Erntewagen hier herausgezogen werden. An die Küche schließt sich die Wohnstube an. Eine kleine Treppe führt von der Küche aus zur Aufkammer mit darunterliegendem Keller. Hier ist eine Lösung gefunden worden ähnlich der im Hallenhaus. Wie dort am offenen Herdfeuer, so wirkte hier die Hausfrau schon seit dem 16. Jahrhundert am Wandkamin. In einigen Orten der Grafschaft Bentheim (Josina, Quendorf) hat eine Kombination von niedersächsischem und ostfriesischem Bauernhaus Verbreitung gefunden. Eine stark eingeengte Längstenne mit Viehställen liegt neben einer breiten Quertenne mit Einfahrt für Korn und Heu.

Heuerhaus und Heuerlingswesen

Das Heuerlingssystem entstand im Osnabrücker Land um 1500 in einer Krisenzeit, als die wachsende Landbevölkerung, bedingt durch die damalige extensive Wirtschaftsweise, nicht mehr vollständig angesiedelt werden konnte. Ständige Erhöhung der Steuern als Folge großer Verschuldung des Landesherrn, Steigen der grundherrlichen Lasten, Gesindemangel, weil Knechte als Wanderarbeiter nach Holland gingen, führten schließlich dazu, daß der Bauer zur Selbsthilfe schritt. Er stellte Nebengebäude des Hofes als Wohnraum und ein kleines Stück Land von gewöhnlich 1 bis 2 ha, in jüngerer Zeit bis zu 5 ha und darüber, zur Bewirtschaftung gegen Arbeitshilfe und Entgelt zur Verfügung. Allgemein kann gesagt werden, daß die Heuerstellen wie auch Höfe im Bereich minderwertiger Böden größer waren als in Gegenden mit besseren Böden. Ursprünglich waren es abgehende Bauernsöhne, die wegen des herrschenden Anerbenrechtes den Hof verließen und sich als Heuerleute eine Existenzgrundlage zu schaffen suchten. Die meisten Heuerstellen gingen vom Vater auf den Sohn oder, falls keine Söhne zur Familie gehörten, auf die Tochter über. Noch 1946 waren im Kreis Bersenbrück von 1830 Heuerstellen 691 länger als eine Generation im

Heuerkotten des Hofes Meyer zu Wehdel (Artland). Dachbalkenkonstruktion, Zweiständerhaus mit Kübbungswalm, abgezimmert Ende 18. Jahrhundert. Ursprünglich mit Stroh gedeckt.

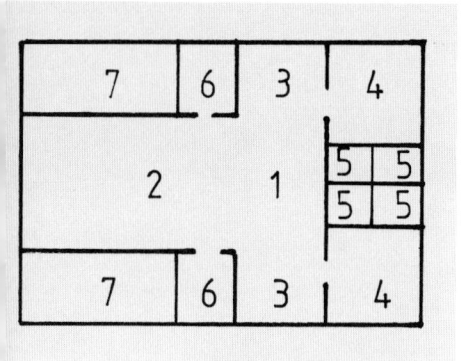

Grundriß eines Doppelheuerhauses (für 2 Familien) im Artland um die Mitte des vorigen Jahrhunderts. 1 Herdstelle, 2 Diele, 3 Waschort und Platz für Küchengeräte, 4 Stube, 5 Bettschränke, 6 Raum zum Aufbewahren von Lebensmitteln u. a., 7 Stallungen

Besitz einer Familie. Aus dem über hundert Jahre von 1761 bis 1884 geführten Rechnungsbuch des Hofes Lüdeling in Groß Mimmelage im Kirchspiel Badbergen geht hervor, daß die zugehörigen Heuerlingsfamilien jeweils — wie allgemein üblich — „auf vier nacheinanderfolgenden Jahren" verpflichtet wurden und in dauernder Verlängerung des Vertrages über Generationen ihre Pflicht und Schuldigkeit taten, wie etwa die Familien Rittmann und Sandkuhle, die von 1769 bis 1824 beziehungsweise von 1772 bis 1837 ihre Arbeits- und Wohnstätte auf dem Hof hatten. Im Jahre 1880 verheuerte der Hofbesitzer von neuem an die Familie Sandkuhl „ein Stück Ackerland im Kampe auf 4 nacheinander folgende Jahre".

Es gehörte zu den Ausnahmen, wenn der Bauer Kowert in Redecke im Kirchspiel Neuenkirchen in sein Tagebuch schreiben konnte: „... habe den 18. October (1792) die ganze Detters Heide mit dem neuen Kotten verheuret auf 30 Jahre. Die Heuerleute sind Joachim Möller und Caspar Heinrich Blomenkamp. Sie müssen jährlich an Heuer davor bezahlen 49 Thaler, wie der Contract vermeldet, den Vogt Niemann aufgesetzt hat." Zu jedem Hof gehörten im Laufe der Zeit ein oder mehrere Heuerlingsunterkünfte. Im Münsterland beschränkte sich ihre Zahl gewöhnlich auf höchstens zwei. Schon im Jahre 1609 existierten im Amt Fürstenau neben 1888 Bauernfamilien 624 Heuerlingsfamilien. Im gleichen Bereich übertraf um 1750 die Zahl der Heuerkotten die der bäuerlichen Erbwohnhäuser. Im Kirchspiel Hagen gab es 1849 79 Bauern, die 224 Heuerleute beschäftigten. In Bakelde, heute zu Nordhorn gehörig, kamen um 1800 auf acht Vollerben 54 Heuerstellen. Einzelne Höfe in den Altkreisen Lingen und Iburg und im benachbarten Ravensbergischen hatten im 19. Jahrhundert zehn Heuerleute. Die Entwicklung verlief in den einzelnen Gemeinden zwar unterschiedlich, doch gab es Mitte des 19. Jahrhunderts im Land von Hase und Ems mehr Heuerleute als Bauern.

Die meisten Heuerleute erhielten einen Kotten zur Verfügung, ein Teil wohnte in der „Leibzucht", einem kleinen Nebenhaus, das eigentlich als Altenteil des Bauern diente oder als Witwensitz, andere lebten in Speichern und manche in Backhäusern, die zu Wohnzwecken geringfügig umgestaltet wurden, etwa durch Anbau einer Kammer.

Die eigentlichen Heuerkotten waren verkleinertes Abbild der Erbwohnhäuser, gewöhnlich Zweiständerbauten mit Kübbung. Doch war ihre Länge im Verhältnis zur Breite geringer als die des Erbwohnhauses. Ein Heuerhaus des Hofes Hillebrand (Klinker) in Aldrup, zum Kirchspiel Lengerich (Westf.) gehörig, wird am 17. September 1846 von dem beeidigten Gerichtstaxator wie folgt beschrieben: „Ein Wohnhaus im Zuschlage an der Ahe, aus dem von Wienecken Colonate angekauften Colonatshause erbauet, ist 30 Fuß (ca. 9,4 m) lang 28 Fuß (ca. 8,8 m) breit, aus Holz und Lehm erbauet, enthält eine Diele mit Küche ohne Schornstein, Stallungen an der Diele für Kühe und Schweine, eine Stube, drei Kammern, ein Bühnen, der Boden der über das ganze Haus

gehet ist mit Brettern sparsam belegt, das Dach auf demselben ist mit Stroh bedeckt, und befindet sich das ganze Haus in baulichen Stande."
Das Fachgerüst eines Heuerhauses war im allgemeinen auf das Notwendigste beschränkt und damit auch der Bereich des Wohnteiles. 1815 schreibt der Amtsphysikus in Quakenbrück: „Die Stube ist Wohn-, Schlaf-, Speise-, Garderobe-, Kinder-, Wochen-, Kranken-, Spinn- und bei Professionierten Arbeitsstube und im Winter Milchkammer und Keller zugleich." Im Schlußbericht eines Arztes über den Zustand der Heuerlingshäuser im Kirchspiel Glane, Amt Iburg, aus dem Jahre 1827 heißt es: „Man findet der Heuerwohnungen, vorzüglich in den Kirchspielen Glane und Laer, sehr viele, auf deren Erbauung weniger Sorgfalt und Fleiß verwendet wird, als auf die Errichtung eines Schoppen... Es liegen eine Menge Familien in sogenannten Backhäusern, Speichern und Schoppen, oft so gedrängt, daß Alt und Jung, 6—7 an der Zahl in einem Durtig die Schlafstelle haben. Dieser ist vielleicht dabei so kurz, daß ein mittelgroßer Mensch gekrümmt darin liegen muß; zudem sind die Stuben gewöhnlich so niedrig, daß nur kleine Personen aufrecht stehen, und so eng, daß außer Tisch und Ofen kaum ein Paar Stühle stehen können." Die Fenster waren gewöhnlich nicht zu öffnen. Da ein Schornstein im Hause fehlte — in der Grafschaft Tecklenburg war noch vor gut hundert Jahren der größere Teil der Heuerlingskotten ohne Schornstein —, zog der Rauch nicht nur über die Diele nach außen, er gelangte auch in die Stuben und machte den Aufenthalt in diesen Räumen kaum erträglich. 1829 erließ die Königliche Landdrostei zu Osnabrück eine Verordnung, um den schlimmsten Übeln abzuhelfen. Es scheint wenig geholfen zu haben.

Doppelheuerhaus mit Vollwalm in Esterwegen (Kr. Emsland). Das Doppelheuerhaus wurde noch 1930 von zwei Familien (Thomes und Janßen) bewohnt. Das Haus besaß zwei Herdstellen, doch aus steuerlichen Gründen nur einen Rauchabzug.

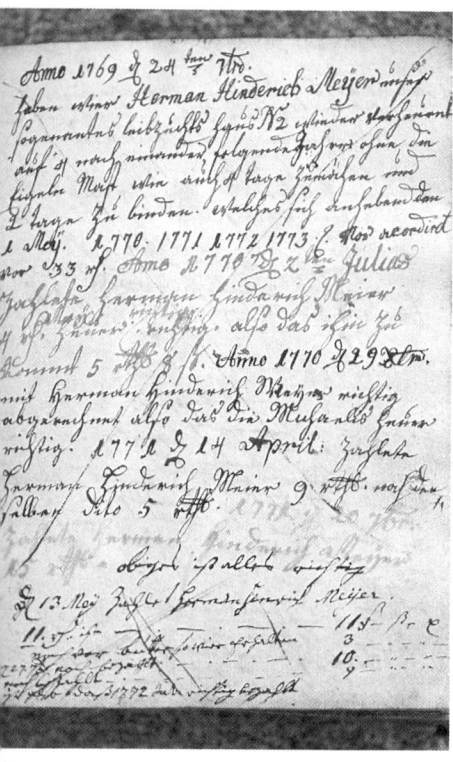

Heuerlingsvertrag zwischen H. H. Meyer und dem Bauern Lüdeling in Gr. Mimmelage im Kirchspiel Badbergen beginnend am 24. Oktober 1769.
„Anno 1769 den 24. Oktober haben wier Herman Hinderich Meyer unser sogenanntes Leibzuchts Haus Nr. 2 wieder verheuret auf 4 nacheinander folgende Jahre ohne die Eicheln Mast wie auch 4 Tage zu mähen und 2 Tage zu binden, welches sich anhebend den 1 Mey 1770. 1771 1772 1773. Vor acordirt vor 33 Reichstaler Anno 1770 den 2. Julius ..."

Noch einfacher sah es im Emsland und in der Grafschaft Bentheim aus. Hier besaßen um 1850 viele Heuerkotten noch kein Kammerfach und daher auch keine Öfen. Die Familien hielten sich im Sommer und im Winter am offenen Herd auf. Die mit Stroh ausgelegten und tagsüber geschlossenen Schlafschränke befanden sich vor der Wand auf dem festgestampften Lehmboden der Diele. Nach dem Ersten Weltkrieg wurden für die Verbesserung der Wohnverhältnisse Prämien ausgesetzt und der Abbau eines Durkes oder einer ähnlichen Schlafbutze mit 100 Mark unterstützt.

Im Kirchspiel Lengerich, im vormaligen Kreise Lingen, wurden die ersten selbständigen Heuerhäuser nach 1710 geschaffen, in der Grafschaft Bentheim lebten die Heuerleute „up dat Hürspill".

Anfangs entstanden Heuerkotten in Hofnähe. In der Folgezeit wurden sie abseits des Hofes, jedoch in Rufnähe angelegt. Nach der Markenteilung errichtete man sie auch auf ehemaligem Markengrund.

Es gab hier und dort Doppelheuerhäuser, die jeweils mit der Längswand oder mit dem Wohnteil unter einem gemeinsamen Dach aneinandergrenzten.

Das Inventar war äußerst bescheiden. Gewöhnlich mußte man sich noch bis weit in das 19. Jahrhundert hinein mit Bett, Tisch und Stühlen, einem Schrank sowie einem Beckenbord begnügen.

Die meisten Heuerleute besaßen ein oder zwei Milchkühe, mit denen sie mancherorts auch ihren Acker bestellten. In der Mark hatten sie kein Nutzungsrecht und durften sich offiziell nur holen, „was die Krähe vom Baum trat". Doch haben sie faktisch infolge der Berechtigung ihres „Grundherrn" die Mark für ihr Vieh mitnutzen können und erhielten gewöhnlich freien Plaggenstich. Grünland stand in den seltensten Fällen in genügendem Maße zur Verfügung. Noch Jahre nach dem Zweiten Weltkrieg zogen die letzten Heuerlingsfrauen Tag für Tag mit ihrer Kuh zur „Anneweide", dem Wendeplatz des Pfluges zwischen den Äckern, den Strickstrumpf in der Hand, denn mit „zwei schlicht (rechts), zwei kraus (links)" wurde die Zeit sinnvoll genutzt.

Die Arbeitsbedingungen auf den Höfen blieben über ein Jahrhundert die gleichen. Es war selbstverständlich und im Vertrag daher nicht ausdrücklich erwähnt, daß die Arbeitshilfe wöchentlich zu leisten war.

Im allgemeinen hatten die Heuerleute an zwei Tagen in der Woche auf den Höfen zu arbeiten. Falls mehr oder weniger Arbeitsstunden geleistet wurden als vertraglich vorgeschrieben, wurde dies bei der Jahresabrechnung berücksichtigt. Die Heuerleute des Hofes Kohnhorst in der Bauerschaft Overbeck im Kirchspiel Ladbergen halfen bis zur Aufgabe des überkommenen Wirtschaftssystems 100 Tage im Jahr. Die Verpflegung stellte der Hof. Für jeden Arbeitstag wurde eine bestimmte Summe vom jährlichen Pachtvertrag abgezogen. Der Bauer leistete dagegen dem Heuerling die notwendige Pferdehilfe.

In einem Gutachten des Gewerbevereins im Amt Grönenberg von 1840 heißt es, daß man die Arbeit der Heuerleute auch „Haushilfe" nenne, und daß dadurch die Dienstboten ersetzt würden. „Ein solches Verhältnis ist an und für sich kein unzweckmäßiges und kein drückendes, es wird nur durch unbillige Forderungen nicht selten dazu gemacht." Üblicherweise wurden die Heuerleute einen Tag vorher zur Arbeit bestellt, bei besonderen Gelegenheiten rief auf manchen Höfen (Musenberg in Oesede, Krützmann in Hagen, Heringhaus in Glane-Visbeck) das Horn oder die Glocke zum Beginn der Arbeit.

Die Arbeitszeit entsprach der der Dienstboten, mit denen sie anfangen und aufhören mußten. Vom 1. Mai bis zum 1. Oktober hieß es, morgens um 4½ Uhr mit dem Werken zu beginnen, um 11 Uhr aufzuhören und um 2 Uhr nachmittags wieder anzufangen und bis zum Sonnenuntergang tätig zu sein. Heuerleute wurden nicht nur für die Feldarbeit in Anspruch genommen, sie mußten nach Bedarf auch beim Dreschen helfen, Flachs brechen, spinnen und dergleichen mehr.

Das Verhältnis zwischen Barzahlung und Dienstleistung einerseits und der Größe des zur Verfügung gestellten Landes schwankte. Gewöhnlich einigte man sich durch Handschlag, seltener durch schriftlichen Vertrag. Recht versöhnlich nehmen sich die Bedingungen aus, die der Hofbesitzer Lüdeling in Gr. Mimmelage am 11. Dezember 1815 mit seinen Heuerleuten ausmachte. „Da wir am heutigen Dato eine Bedingung mit unseren Heuerleuten zu treffen wünschen, das nemlich gedachte Heuerleute uns 2mal des Jahres auf einen Tag bezahlen sollen worunter wir 2 Termine festsetzen, und wir und Ihnen dadurch ein Vergnügen der Ordnung wegen, und unsere Einigkeit und Liebe fester zu knüpfen zusammen ¼ Bier (ca. 5—6 Liter) ausleeren."

Da das Pachtland für die Bedürfnisse des Menschen und des Viehs häufig nicht ausreichte, bemühte sich der Heuermann zur weiteren Existenzsicherung vor allem um Heimarbeit, insbesondere um Leinenerzeugung. Im Artland und im Amt Grönenberg sowie in anderen fruchtbaren Gegenden, wo dem einzelnen Heuermann wenig Land zur Verfügung stand, wurden das Spinnen und Weben zum wichtigsten Nebenerwerb, oft sogar zum Haupterwerbszweig. In jedem Haus stand ein Webstuhl. Ein Teil der dem Heuermann zur Verfügung gestellten Ackerfläche war deshalb ständig mit Flachs oder Hanf bebaut. Auf den Sandböden im südlichen Teil des Amtes Iburg wurde fast ausschließlich Hanf aufgezogen.

Meist war das Weben eine Arbeit der Männer, während das Spinnen zu den Obliegenheiten der Frauen gehörte. In einer Meldung des Bentheimer Amtmannes an die Landdrostei in Osnabrück aus dem Jahre 1832 heißt es: „Sobald die Kinder weiblichen Geschlechts sechs Jahre oder sieben alt sind, fangen sie schon an zu spinnen. Das lernen sie als erstes von den Müttern." Nicht nur Heuerleute, Knechte und Kleinbauern, auch im Winter arbeitslose Steinhauer aus Bentheim und Gildehaus saßen am Webstuhl. Noch 1862 bemerkt der Amtmann in Neuenhaus: „Heuerleute und kleine Hausbesitzer verpflichten sich ihren Verpächtern gegenüber, regelmäßig für diese Garn zu verweben,

Heuervertrag Hof Lüdeling (Gr. Mimmelage) 11. Dezember 1815.
Da wir am heutigen Dato eine Bedingung mit unseren Heuerleuten zu treffen wünschen, das nemlich gedachte Heuerleute uns 2mal des Jahres auf einen Tag bezahlen sollen worunter wir 2 Termine festsetzen, und wir und Ihnen dadurch ein Vergnügen der Ordnung wegen, und unsere Einigkeit und Liebe fester zu knüpfen zusammen ¼ Bier ausleeren. Zugleich wird bemerkt, das im ohnferhofften Falle, diejenigen, so an diesen Tage zur Bezahlung nicht erscheinen, und als Ruhestörer, der Ordnung nicht genüge leisten, werden auf jeden Fall für allen Andern nachgesetzt. Und sollten Einige, wie ich nicht hoffe, sich aus dieser Ordnung nichts machen, so werden Sie, um unserer Ordnung wegen nicht zu verliehren, sich gefallen laßen, unsere Erbe zu verlaßen, und sich die Follgen daraus gewiß zuziehen. Die Termine werden auf den 1sten März auf Sancte Martin festgesetzt.
Johan Herman Rottman
Diederich Sänke
Herm Gerd Möhlman
Johann Gerdt Sandtkuhle
Johann Jürgen Meyer
Johan Wilm Osing
Herman Weßel Dammer

das in ihren Haushalten versponnen wird, und wird der Lohn entweder auf die Pacht oder auf die den Letzteren geleistete Pferdehilfe angerechnet." Manche Bentheimer Weber und auch Weberinnen, vorzüglich aus dem Emsland, gingen während der Sommermonate auch nach Holland, um dort für wohlhabende Hausbesitzer zu weben.

Mit der überhandnehmenden fabrikmäßigen Herstellung von Baumwollwaren in England, die als Massenartikel zu billigen Preisen geliefert werden konnten, begann auf den Höfen und Kotten der Niedergang der Leinenweberei und damit eine Verarmung der Heuerleute. Es setzte nun eine Abwanderung in die Textilindustrie ein.

Im Bereich der Grafschaft Bentheim, in den Räumen Lingen und Meppen sowie vor allem im Hümmling, wo der dürre Boden einen lohnenden Anbau von Flachs oder Hanf nicht zuließ — im Meppenschen wurde höchstens so viel Leinen erzeugt, wie zum eigenen Bedarf nötig —, war die Arbeit mit Wolle wichtig. Nicht nur die Heuerleute fertigten derbe Wollaken mit Leineneinschlag, den sogenannten „Wüllaken-Pie", an oder strickten. „Alles strickt hier, was nur Hände hat", schreibt 1782 der Leutnant und Fachmann für Kultivierungsarbeiten Flensberg an Justus Möser, „Bauer und Bäuerin, Kinder, Knecht und Magd vom fünften Jahr des Alters bis ins Grab. So wie die Arbeiten, die den Acker betreffen, freie Musse geben, sitzt alles beim Feuer, oder im Schatten zum Stricken. Der Knecht strickt hinter dem Mistwagen, unterwegs, wenn es zum Acker, zur Wiese, oder sonst über Land geht: So die Magd, so alle Hausgenossen; der Schäfer den ganzen Tag hinter den Schafen, und man findet selten hier den Landmann auch über Weges ohne Strickzeug. In den Bauerschaften und Dörfern versammeln sich im Winter die Stricker den Abend über 20, zu 30 in einer Stube, um bei der Wärme von einem Ofen, und beim Schein einer Tranlampe so wolfeil als möglich zu arbeiten, bis 11, 12 Uhr in die Nacht hinein. Sie stricken 60 Paar Kinderstrümpfe, wenn ein Kaufmann die Wolle dazu hergibt, für einen Reichsthaler, und spinnen dabei die Wolle ... Doch reicht bei weitem die im Lande gezeugte Wolle zu aller Arbeit nicht aus, sondern man läst aus der Fremde (aus Bremen und aus dem Hannöverschen) kommen. Die Strümpfe sind von grober Art, sie gehen gröstentheils nach Holland, wo sie die Matrosen auf den Schiffen gebrauchen. Sie werden hier Wagenweise verfahren. Auch dies ist eine Fabricke, wie die Osnabrückische Linnenfabrick, die der Landmann betreibt, wenn er von der Arbeit ruht; und die sich erhält, wenn auch mehrere Jahren auf einander schlechter Abgang ist."

Das Strümpfestricken — eine fleißige Frau konnte an einem Abend einen langen Strumpf schaffen — brachte im Hümmling noch im frühen 19. Jahrhundert das meiste Geld ins Haus. Strümpfe gingen zwar auch nach Ostfriesland und „Obersachsen", doch blieb Holland der wichtigste Absatzmarkt. Es wurde mit holländischem Geld bezahlt. Überhaupt kursierte im Emsland, im Bentheimischen und selbst noch im Amt Fürstenau die holländische Münze, meist „holländisches grob und klein Courant", mehr als die münstersche. Im Gericht Aschendorf wurde ganz nach holländischem Geld gerechnet. Der niederländische Gulden stand hoch im Kurs. Auf einen Reichstaler gingen nach dem ostfriesischen Kurs 54 Stüber, nach holländischem 37. Das Geld aus unserem Nachbarland blieb auch in der Folgezeit beliebtes Zahlungsmittel. Aus Aufzeichnungen des Hofes Garbert in Wilsum in der Grafschaft Bentheim geht hervor, daß der Großknecht bis 1911 als Lohn neben zwei Hosen und Hemden sowie zwei Paar Holzschuhen jährlich 142 holländische Gulden erhielt.

Eine nicht unwesentliche Einnahmequelle war die Gewinnung von Honig und Wachs. Zu den Heuerkotten gehörte daher meist ein Bienenstand. So konnte es vorkommen, daß einem Heuermann mehr Bargeld zur Verfügung stand als dem Bauern.

Der Besserung der wirtschaftlichen Lage diente auch die Wanderarbeit. Viele Heuerleute, aus dem Artland fast alle Heuerleute und kleinen Kötter, selbst Bauernsöhne, verdingten sich jahrelang „tüsken saen un mahen" (zwischen Säen und Mähen) für 6 bis 16 Wochen, vereinzelt auch länger, im benachbarten Holland unter oft sehr schweren Bedingungen im Akkord als Grasmäher und Torfstecher, seltener als Kanalarbeiter und Maurer oder gar als Seefischer. An ihren bischöflichen Landesherrn schrieben 1609 kleine Kötter aus der Herrschaft Vechta, um sich vor einer Strafe wegen Überschreitung der Landesgrenze zu bewahren: „Wie wir den auch nach befürdemt unser hohen Nott und Armoet gemeinlich nach Hollandt oder Friesland, umbt allda mit der Swaben (Sense) oder sonsten einen Schilling zu verdienen, pflegen zu reisen." Nach dem siegreichen Verlauf des Freiheitskrieges gegen die Spanier begann im Nachbarland ein mächtiger wirtschaftlicher Aufstieg, der zusätzliche Arbeitskräfte erforderte, die im eigenen Land nicht in genügender Zahl vorhanden und deshalb als „Gastarbeiter" aus dem Ausland erwünscht waren. 1620 beklagten sich Bauern der Kirchspiele Bramsche, Engter und Neuenkirchen, daß „unsere Kirspels Dienere, so sich bei uns diesen Sommer zu Dienste begeben haufenweise in Hollandt und andere orter, umb alda grass zu meyen und ihres furtheils zu gebrauchen, hinreisen und die zugesagte angetrettene Dienste bei uns zu verlassen vorhaben sein."

In über 350 Zügen von 30 bis 50 Mann unter Führung eines Baas, eines Vorarbeiters, marschierte man allein von Mettingen aus, gewöhnlich über Rheine und Bentheim, nach Holland. In der Ober- und Niedergrafschaft wurden im Jahre 1806 2766 „auswandernde Hollandgänger" gezählt. Aus den Ämtern Fürstenau, Bersenbrück und Vörden, „wo man mehr unfruchtbare Heide- und Moorflächen antrifft, wo nicht viel mehr als zum eigenen Bedarf gesponnen und gewebt wird", zogen Heuerleute in Massen ins Nachbarland. Vom westlichen Hümmling gingen auch Frauen zur Heuernte, zum Jäten oder als Weberinnen über die Grenze. Ende des 18. Jahrhunderts, einem Höhepunkt der Wanderarbeit, überqurten jährlich bis zu 25 000 Männer aus dem Hochstift

51

Koffertruhe von 1769 (Hof Stramann in Natrup-Hagen, Kspl. Hagen). Geschmiedete Eisenbänder auf dem gewölbten Deckel und an den Seiten. Großes Schloßblech. Stammbaum der Familie, die seit über 15 Generationen auf dem Hof sitzt.

Osnabrück, aus dem südlichen Oldenburg und selbst noch aus der Grafschaft Hoya und dem Hochstift Verden die Ems bei Lingen. Dazu kamen Männer, die an anderer Stelle über die Ems gelangten.

Der als Reiseschriftsteller bekannte Prediger Hoche aus Rödinghausen in der Grafschaft Ravensberg schreibt im Jahre 1800, daß die Hollandgänger in Groningen, Overijssel, Drenthe und Friesland Wiesen mähen, Torf stechen und „sich von jenen Bauern wie Sklaven behandeln" lassen, „die mit dem Vieh im Stalle liegen, von ihrem mitgebrachten Bonpournickel essen, stinkendes Wasser trinken und endlich mit dem sogenannten holländischen Fieber, das oft auf immer ihre Gesundheit zerstört, nach Hause kommen. Indeß ist ihnen dieser Verdienst unentbehrlich."

In Gruppen von vier Mann wurde im Akkord Torf gegraben, dieser in Soden zerlegt, zum Trockenplatz gefahren und dort gestapelt. In den sogenannten Grünlandmooren, wo der Untergrund nur aus Moorschlamm bestand, mußte gebaggert werden. Der Arbeiter stand oft bis zu den Knien im Morast und zog mit einer langen Stange das mit „Mudder" gefüllte Baggernetz empor und lagerte das Material am Rande der Gräben an einer trockenen Stelle ab, wo es in Kästen mit sechs Fächern zu ziegelsteingroßen Stücken geformt (gestrichen) wurde.

Die politische und wirtschaftliche Entwicklung im Nachbarland nach seinem Rückgang als Seemacht und nach der Trennung von den südlichen Provinzen (Belgien) führte in den 1830er Jahren zu einem geringeren Bedarf an landwirtschaftlichen Hilfskräften, oder die Holländer fingen selbst an, deren Arbeit zu übernehmen. Für die Heuerleute bedeutete dies das Verschwinden einer zusätzlichen Existenzsicherung. Es war kein hinreichender Trost zu wissen, daß sich deutsche Saisonarbeiter im Nachbarland niederlassen konnten, nicht nur der hübschen Meisjes wegen. Ihre Nachkommen mögen inzwischen wohlhabende Mynheeren geworden sein.

Im frühen 19. Jahrhundert zogen jährlich bis zu 3000 Heuerleute und Kötter aus dem Osnabrücker Land auch in nordöstliche Richtung, um als Wanderarbeiter in Dänemark oder östlich der Elbe zusätzlichen Verdienst zu finden.

Der Lohn dieser „Gastarbeiter" war jedenfalls so hoch, daß damit oft die jährliche Pacht bezahlt oder eine Kuh gekauft werden konnte. Ein tüchtiger „Torfmacher", der Anfang April loszog und zu Beginn der Ernte um Jacobi zurückkehrte, verdiente um 1800 30 bis höchstens 100 holländische Gulden. Torfstecher, die in Dänemark Arbeit fanden, brachten noch höheren Lohn nach Haus.

Es war nicht selten, daß ein Heuermann über mehr bares Geld verfügte als der Bauer. So konnten Heuerleute im Jahre 1819 dem verschuldeten Besitzer des Hofes Wehlburg im Kirchspiel Badbergen einen erheblichen Kredit, nämlich 5844 Reichstaler und 64 Groschen, gewähren. Auch der einzelne Heuerling war gelegentlich in der Lage, als Gläubiger in Erscheinung zu treten. Der Ackermann Rolf Henrich Unland, in der Leibzucht des Bauern Kammlage in der Bauerschaft Sögeln wohnend, konnte 1800 dem Vollerben Johannesmann im selben Ort 50 Reichstaler leihen. Dem Heuermann Heinrich Storck bescheinigte am 5. Januar 1844 der Colon Lütke-Stockdiek in Ladbergen, daß dieser ihm „dreizig Thaler Gold" geliehen habe.

Mangelnder zusätzlicher Verdienst, vor allem, wie schon erwähnt, wegen Fortfalls der Heimarbeit, dem Ende der Hollandgängerei und nicht zuletzt der einsetzenden Markenteilung, führte zu ständiger Verschlimmerung der wirtschaftlichen Lage. In manchen Fällen konnten zwar nach der Markenteilung, als die Ländereien der Bauern oft mehr als verdoppelt wurden, Heuerleute eine größere Stelle erhalten oder auch durch Hinzupachtung ihre wirtschaftliche Lage verbessern. In den fruchtbaren Gegenden, wo der Flachsbau gedieh und bisher sichere Heimarbeit bestand, wie im Artland und im Amt Grönenberg, war die Not jedoch groß. Von den Höfen wurde verschiedentlich Hilfe angeboten. In einem Abkommen, das zehn Bauern in Groß Mimmelage am 7. 12. 1844 schlossen, wird auf die drückend gewordene Lage der Heuerleute Bezug genommen, so daß es „wünschenswerth erschien, daß billige Prinzipien allgemein den Heuercontracten zum Grunde gelegt würden ... Bei den Heuern (= Heuerstelle), wo der Heuermann principaliter von der Heuer leben muß, da man annimmt, daß ein Mann mit Frau und 3 Kindern, um von der Heuer leben zu können und außerdem eine Kuh und ein Schwein durchzufüttern, 15 Scheffel und 40 Quadratruthen (ca. 1,7 ha) haben muß, der Normalsatz auf 15 Scheffel bestimmt, welche der Colon auf Verlangen des Heuermanns demselben zu geben schuldig ist, außerdem muß ihm soviel Wiesenwachs gegeben werden, daß er 2 Fuder Heu davon einfahren kann."

Wenn der Heuermann mit seiner Familie bestehen wollte, mußte nach der im Jahre 1840 geäußerten Ansicht des Local-Gewerbe-Vereins im Amt Grönenberg soviel „Feldland zur Verfügung stehen, daß er alle zur Nahrung der Menschen, wenigstens eine Kuh und eines Schweines nothwendige Frucht und dem zum eigenen Bedarf nothwendige Flachs auf demselben bauen kann". Sechs Grönenberger Scheffel (= drei Calenberger Morgen) sah man als ausreichend für eine kleine Heuerlingsfamilie an.

Stüve, der sich schon als Abgeordneter im Hannoverschen Landtag für die Beseitigung der erstarrten Zustände auf dem Lande eingesetzt hatte, erklärte wiederholt: „Diese Masse eigentumsloser Menschen ist ein schreckliches Übel, zumal da sie stets steigt und stets ihr Gewerbe sich mindert." Bittschriften von Heuerleuten aus den Bauerschaften Epe und Pente im Kirchspiel Bramsche haben schließlich mitgeholfen, daß 1848 ein „Gesetz betreffend die Verhältnisse der Heuerleute" erlassen wurde, das einige Mißstände beseitigte, vor allem die Dienststellung und den Zustand der Heuerhäuser betreffend.

Kleiderkiste (Hof Heckmann, Bauerschaft Wersche, Kspl. Bissendorf).
Eine typische Knechtskiste in Form einer Kufentruhe. Bescheidener Zierrat besteht nur in der Schrift „Johan Caspar WehseleR 1786" und in den eingeritzten Herzen. Der auf dem Hof Heckmann tätig gewesener Wehseler brachte die Kiste wahrscheinlich aus dem Wittlageschen mit.

Bildstock Hl. Nepomuk von 1822 in der Ohrbecker Flur. Das Osnabrücker Land ist verhältnismäßig arm an Bildstöcken. Häufiger vor der Hofumfriedigung, meist in unmittelbarer Nähe des Erbwohnhauses katholischer Bauern ein Kruzifix oder ein Standbild der Gottesmutter.

Tatsache blieb, daß im Verhältnis zum kultivierten Boden zu viele Heuerlingsstellen errichtet waren. Die Heuerlingsfrage als soziales Problem, zu allen Zeiten eine Frage des Bodens, konnte nicht gelöst werden, auch wenn immer wieder erklärt wurde, daß die besitzlose ländliche Bevölkerung eine „ackerbauende" werden müsse, „wenn sie in ihrer Heimat noch ihr Fortkommen finden will". Nur in einer Zeit, als zusätzliche Erwerbsmöglichkeiten reichlich vorhanden waren, hatten auch die Heuerleute mit geringer Ackerwirtschaft ihr Auskommen.

Die Auswanderung nach Amerika war für manchen Heuermann und Kleinbauern die letzte Hoffnung. Etwa ein Fünftel der Gesamtbevölkerung, meist nicht erbberechtigte Söhne, sogenannte „abgehende Kinder", und Heuerleute, verließ von 1839 bis 1861 das Hochstift Osnabrück. In keinem anderen Bezirk des Königreichs Hannover hat die Auswanderung diesen Umfang erreicht.

Besonders nach der Markenteilung Mitte des vorigen Jahrhunderts sind Heuerstellen vergrößert oder in der früheren Mark errichtet worden, so daß der Heuermann seine Familie, ohne auf Nebenbeschäftigung angewiesen zu sein, ernähren konnte. Da die Zahl der Arbeitstage in der Folgezeit in ein vernünftiges Verhältnis zur Größe der Pachtung gesetzt wurde, gelang es Heuerleuten mit kleiner Stelle in Stadtnähe, in der aufkommenden Industrie einen Nebenerwerb zu finden.

Die allgemeine Technisierung der bäuerlichen Betriebe nach dem Zweiten Weltkrieg und nicht zuletzt die stetig steigenden Löhne brachten das Heuerlingswesen endgültig zum Erliegen. Ehemalige Heuerleute gehen jedoch hier und da noch der Nebenbeschäftigung auf einem Bauernhof nach.

Um 1930 gab es in der Grafschaft Bentheim noch 650 Heuerlingsstellen, im Kreise Lingen 1300. Schon 25 Jahre später waren diese auf 170 beziehungsweise 740 zurückgegangen. In der Gemeinde Ladbergen, einem ehemaligen Heidedorf südlich Lengerich i. W. mit einer Gesamtfläche von 5000 ha, standen 1966 noch rund 100 Heuerhäuser, die als „Zeugen einer kargen Vergangenheit" abgerissen werden sollten. Viele Heuerkotten stehen heute leer und verfallen, manche sind in das Eigentum einstiger Heuerleute übergegangen und erfreuen den Betrachter durch ihr schmuckes Aussehen. Kotten in landschaftlich reizvoller Lage, besonders im Bereich des Teutoburger Waldes, werden mehr und mehr zu Wochenendheimen oder auch zu ständigen Wohnsitzen umgestaltet, nicht zuletzt von stadtmüden Bürgern.

Da man im allgemeinen die Wohnstätten der Heuerleute bei der baulichen Entwicklung erst zuletzt berücksichtigte, sind an ihnen die Merkmale alter Konstruktionen, wie Vollwalm, Steckwalm oder Einhälsung von Balkenenden, mancherorts erhalten geblieben. Heuerhäuser haben im Laufe der Zeit ihr ursprüngliches Gesicht durch Vorbauten links und rechts des Dielentores, seltener vor dem Kammerfach, verloren.

Eine Sonderentwicklung der Heuerhäuser ist in Mettingen zu verfolgen. Aus einer ursprünglich bäuerlichen Streusiedlung, die 1185 erstmalig erwähnt und als dem Bistum Osnabrück zugehörig bezeichnet wird, hat sich Mettingen zu einem Ort mit kleinstädtischem Charakter herausgebildet. Anstelle von bescheidenen Kotten im Stil des niederdeutschen Hallenhauses traten insbesondere im 18. und 19. Jahrhundert stattliche Bauten, in der Regel queraufgeschlossen, zweistöckig und traufenständig. Sie geben dem Ort heute entscheidendes Gepräge.

Eine ähnliche Entwicklung zeigt Hopsten, wo Sprossenwerk der Türoberlichter und hohe Schiebefenster auf holländische Einflüsse hinweisen. Delfter Fliesen am Wandkamin in Wohnhäusern lassen ebenfalls niederländische Vorbilder erkennen.

Die interessante Entwicklung in den beiden Orten ist fliegenden Händlern, den sogenannten Tödden, die anfangs Heuerleute waren, zu verdanken. Um ihre Existenzgrundlage zu verbessern, trieben sie Handel mit Beiderwand, einem Mischgewebe aus Wolle und Leinen, das sie zu Fuß in ihren Kiepen nach Holland und nach Osteuropa brachten. Sie ließen nicht nur Familienangehörige, sondern auch andere Heuerleute für sich arbeiten. Im Laufe von wenigen Generationen kamen die Tödden zu Wohlstand. Einige Geschlechter stiegen zu weltwirtschaftlicher Bedeutung auf, wie Brenninkmeyer, Hettlage und ten Brink. „Ten Brinken Stolt un ten Brinken Geld, dat geit tohaupe dör de heile Welt" (ten Brinken Stolz und ten Brinken Geld, das geht zusammen durch die ganze Welt).

Haus und Brauchtum
Symbolischer Hausschmuck

An der Giebelwand eines Erbwohnhauses werden die vielseitigen Möglichkeiten der Schmuckgestaltung sichtbar.

Gern schmücken Blumen, insbesondere Stern- und Sonnenblumen sowie Lilienmotive und Blumenranken, als sinnbildliche Zeichen das Balkenwerk um die Toreinfahrt. Blumen galten als Symbol irdischer Schönheit, doch waren sie auch wegen ihrer Zartheit Gleichnis der Vergänglichkeit. Häufiger erscheinen aus einem Topf herauswachsende dreisprossige Lebensblumen oder Lebensbäume. Von jeher war der Baum das Bild des Lebens. Er verkörpert in seiner sich immer wieder erneuernden Lebenskraft den Sieg der Geschlechter über den Tod.

Als eine Variante des Lebensbaummotivs treten häufig drei geschnitzte Lebensblumen auf, die aus einem Herzen herauswachsen. In den Sprüchen Salomos heißt es, daß die Weisheit ein Baum des Lebens ist, die nur aus dem Herzen keimt.

Weinranken mit Trauben an den Torpfosten weisen auf das Wort Christi hin: „Ich bin der Weinstock, ihr seid die Reben. Wer in mir bleibt und ich in ihm, der bringt viel Frucht; denn ohne mich könnt ihr nichts tun" (Joh. 15,5).

An anderen Pfosten erkennen wir Trauben, an denen Tauben picken. Das Taubenmotiv begegnet uns schon in der Katakombenmalerei, wo

Giebelzier von 1813.
Hof Wehrendorf in Meyerhöfen
b. Hunteburg.

An der „Hohen Leuchte" in Schledehausen finden sich Halbrosetten über dem tragenden Balken. Die aus dem Harzvorland stammenden Schmuckformen haben sich bei uns nicht durchsetzen können.

Schwanenhalsähnlich geschwungene Bretter als Giebelzier. 1792 (Hof Meyer zu Wehdel, Artland).

Giebelzier des Erbwohnhauses Aalmink, Gr. Ringe, östlich Emlichheim. Der geckartige Schmuck ragt aus einem phantasievoll gestalteten hölzernen Giebelvorsatz heraus. Im benachbarten holländischen Twente wird eine ähnliche Giebelzier gepflegt. Ein mehrfach ornamental durchbrochenes Holzbrett endet dort in einem Holzkreuz.

die Tauben aus einer Schale trinken. „Wer aber das Wasser trinken wird, das ich ihm gebe..., der wird in ihm ein Brunnen des Wassers werden, der in das ewige Leben quillt" (Joh. 4,14). Hier ist das Spenden des Lebenswassers durch Christus gemeint und das Kosten vom Baum des Lebens.

Bei der Gestaltung der Knaggen, die seit dem 17. Jahrhundert üblich geworden waren, konnte der Kleinschnittker seiner Phantasie freien Lauf lassen. Meist erfreuen den Beschauer mehrfach geschweifte, wirkungsvoll geschnitzte und bemalte Taustabknaggen, vereinzelt auch Figurenknaggen. Ende des 18. Jahrhunderts verschwanden diese, als die Vorkragungen an der Giebelfront aufgegeben wurden. Selten erscheinen auf Brüstungsplatten und an den Füßen der Giebelständer Rosetten. Als eindrucksvolles Beispiel des Osnabrücker Landes gilt der Schmuck an der Hohen Leuchte in Schledehausen. Aus ihrem Namen mag ein Zusammenhang mit der ursprünglichen Aufgabe des Hauses gesehen werden als Lichtzeichenstation in der „heiligen West-Ost-Linie", die vom Domplatz in Osnabrück bis zur Porta Westfalica gereicht haben soll. Schledehausen könnte als sogenannte „engrische Vorburg" eine besondere Bedeutung gehabt haben. Der Zweiständerbau wurde nach Ausweis eines Innenbalkens mit teilweise lateinischer Inschrift im Jahre 1607 aufgezimmert. 1793 erhielt das Haus durch einen vorgesetzten Giebel seinen heutigen Umfang. Unübersehbar erscheinen die neun in Stielen und Brüstungsplatten geschnitzten halben Radkreise mit je fünf Speichen, Nabe und Achsenloch.

Die Radkreise werden als Sonnenscheiben gedeutet. Sie kamen als Zeichen der Schmuckfreudigkeit der Renaissance beim norddeutschen Fachwerkbau in der ersten Hälfte des 16. Jahrhunderts auf. Die Rosettenfriese auf den Brüstungsplatten und Füßen der Giebelständer, die im Oberweser- und Harzrandgebiet die Giebelfronten schmücken, haben mehr in den Städten und auf den Adelshöfen als im bäuerlichen Siedlungsraum Verbreitung gefunden.

Als symbolträchtiger Schmuck gilt auch die Giebelzier, die einst als gekreuzte Bretter für die Festigung der Strohdachkanten gebraucht wurden. In manchen Orten des Osnabrücker Nordlandes sind gekreuzte Windbretter über dem First des Steilgiebels zu sehen, die in einem Pferdekopf enden. Gekreuzte Pferdeköpfe gehören zu den Giebelzeichen, die ursprünglich wohl der Abschreckung böser Geister dienten. Sie werden auch gern als Schutz- und Wahrzeichen der heidnischen Sachsen gedeutet. Das Pferd war das heilige Tier ihres Gottes Wodan, unter seinen Schutz wurde das Haus durch den Pferdekopf gestellt.

Auf Firsten der Erbwohnhäuser in der Umgebung von Damme entdecken wir mitten zwischen den Pferdeköpfen noch einen Giebelpfahl mit krönendem Vogel.

Nur noch selten, wie in Vehs und Wehdel in der Gemeinde Badbergen, findet man über dem Giebel angebrachte schwanenhalsähnlich geschwungene Bretter; sie stellen vermutlich umgebildete Pferdeköpfe dar.

In der Grafschaft Bentheim erscheinen ausgesägte und ornamentverzierte Giebelbretter. Der wie Filigranarbeit wirkende Schmuck bildet den besonderen Reiz größerer Erbwohnhäuser in Gr. Ringe, Esche und Emlichheim.

Im östlichen Bereich des ehemaligen Hochstiftes Osnabrück und in angrenzenden ravensbergischen Gemeinden erscheint der Geck, von dem in der Literatur häufig gesagt wird, daß er auf die germanische Irminsul zurückgehen soll. Er wird als Stammeszeichen der Engern angesehen. Zum Kultus des Gottes Irmin gehörten Holzsäulen oder hochragende Baumstämme, die in einem heiligen Hain standen. Hier wurden dem Gott Opfer dargebracht.

Gewöhnlich besteht der Geck aus einem gedrechselten oder reich geschnitzten Holzstab, der, oben mit Kugel, Würfel oder Stern verziert, über den Dachfirst hinausragt. Der Stab ist im obersten Querholz des Giebels verzapft. Die gleiche Giebelzier wird im Hannoverschen Wendland, wo sie mit Stern und Lilie häufiger auftritt, als „Wendenknüppel" bezeichnet und gilt als Wahrzeichen der Wenden. Im Zusammenhang mit der Giebelzier ist das Torsäulenzeichen zu sehen, das auch zur magischen Formensprache gehört.

Geck von 1835 am Erbwohnhaus Röfer (Grothus) in Holterdorf, Kspl. Neuenkirchen (Melle).

Fensterbierscheiben

Glasfenster galten noch im 16. Jahrhundert als Luxus; bis dahin genügten Holzklappen. Einzelne Scheiben — es gab nur kleine, etwa handgroße — wurden daher gern von Verwandten, Freunden und Nachbarn zur Hauseinweihung, später auch zu Hochzeiten verschenkt.

Bemalte und gebrannte sogenannte Fensterbierscheiben gab es im gesamten nordwestlichen deutschen Raum. Sie gelangten von den Bürgerhäusern auf das Land. Seit dem 16. Jahrhundert sind sie aus dem Hochstift Osnabrück bekannt. In einer 1876 veröffentlichten historischen Erzählung „Anna Holmer" wird gesagt, daß eine Fensterbierscheibe des Erbwohnhauses Schulze-Holmer in Samern im Kirchspiel Schüttorf folgende Beschriftung zeige: „Jost Holmer gaf duet Glas, do he bruegom van Hille Hartger was. 1479." Demnach könnte in der Grafschaft Bentheim die Ausschmückung früher als im Osnabrücker Land erfolgt sein. Man gab sie dort für „het heele Veansterraam" (den ganzen Fensterrahmen).

Geck über dem vorderen Giebel einer Scheune auf dem Hof Hensiek in Buer. Ursprünglich befand sich dieser am Giebel des um 1830. abgezimmerten und 1967 abgebrannten Erbwohnhauses.

Nach der Haushebung kamen die Nachbarn, die bei der Errichtung mitgeholfen hatten, und alle übrigen Gebefreudigen und überreichten dem neuen Hausbesitzer die in Blei gefaßten bunten Fenstergläser. Anschließend wurde oft tagelang ausgelassen gefeiert. Das veranlaßte Graf Ernst Wilhelm Ende des 17. Jahrhunderts in der Bentheimischen Brüchteordnung jegliches Fensterbierfest bei 12 Reichstaler Strafe zu verbieten. Bischof Ferdinand von Münster hatte sogar Jahrzehnte vorher verordnet, daß „die Glaßbieren oder -beschenkungen als überflüssig

Fensterbierscheiben von 1673 (Hof Heringhaus in Glane-Visbeck bei Bad Iburg)

Fensterbierscheibe von 1743 (Hof Bodemann [Krümberg] in Rüsfort [Artland])

und beschwerlichs Dings zumahlen abgeschafft" werden sollten. Ohne Erfolg, denn die Sitte verschwand erst Ende des 18. Jahrhunderts.

Die Butzenscheiben wurden oberhalb der Seitentüren des Unterschlags oder an einem Fenster des Wohntraktes angebracht. Name des Spenders, Jahr und Inschrift auf dem Glas sollten Söhne und Enkel an den Tag des Richtfestes erinnern. Die im Auftrag des Schenkenden hergestellten Scheiben wurden in Glaswerkstätten mit Ornamenten und Bildern geschmückt. Während die Schrift in dunklem Braun gehalten ist, beherrschen die älteren Darstellungen gewöhnlich hellblaue, rote und gelbe Farbtöne. Noch im 18. Jahrhundert sah man Glas als etwas Kostbares an und dekorierte es daher auf vielfältige Weise. Die Einflüsse der adeligen und der bürgerlichen Gesellschaft werden hierbei sichtbar. Hier erscheinen Wappen und allegorische Szenen, dort Bilder aus dem Alltagsleben, Tiere und Pflanzen. Beliebt war das springende Pferd mit Reiter — ein besonders von Junggesellen gern benutztes Motiv. Fensterbierscheiben auf dem Hof Heringhaus in Visbeck, Gemeinde Iburg, mit denen „Johan zum Herinckhaus Anno 1673" sein Haus schmückte, zeigen neben den Namen der Spender das Bild eines Reiters, dem ein junges Frauenzimmer den Krug reicht, und zwei Damen der höfischen Gesellschaft. Fensterbierscheiben des Hofes Wienecke in Meckelwege, Gemeinde Lienen, aus den Jahren 1674 und 1698 sind in bunter Folge bemalt mit einer Tulpenblüte, einem Vogel oder einem Reitersmann. Die einzelnen Stifter bringen ihren Namen in Zusammenhang mit frommen Sinnsprüchen. Ein Jürgen Austrup schreibt: „Ach Her lehr uns bedenken wol das wir sind sterblich allzumal auch wir allhie kein bleibens han müssen all davon gelehrt reich jung alt oder schön".

Noch vorhandene Fensterbierscheiben aus dem Kirchspiel Engter, heute im Heimatmuseum Bersenbrück, bringen Wappen, Hausmarken, Blumen und figürliche Darstellungen, darunter wiederholt das springende Pferd mit Reiter, wie in dem 1764 gestifteten Bild des „Junger Geselle Herman Hinrich Fegesack" aus Engter und seines Bruders „Arnd Hinrich" zu sehen ist. Das gleiche Thema bringt eine Fensterbierscheibe des Hofes Krümberg in Rüsfort aus dem Jahre 1743.

Gläser von Erbwohnhäusern der Grafschaft Bentheim aus der gleichen Zeit stellen festlich gekleidete Paare dar, die sich mit dem „Kleedwagen", dem Grafschafter Hochzeitswagen, oder einem einachsigen Fahrzeug zum Umtrunk kutschieren lassen. In der sprachlichen Form der Inschrift ist holländischer Einfluß spürbar. Fensterbierscheiben mit ausschließlich niederländischem Text, wie solche der Höfe Bosman in Hardinghausen und Mons in Hilten, beide Orte in der Niedergrafschaft gelegen, mögen auf eine Glaswerkstatt im Nachbarland hinweisen und damit auf die enge kulturelle und wirtschaftliche Verbundenheit mit den Niederlanden.

Mit der weiteren technischen Entwicklung, die den Einsatz größerer und zugleich preiswerter Scheiben ermöglichte, verschwanden die kleinen Butzenscheiben aus den Häusern. Ihr Einbau hatte seinen Sinn verloren.

Im Gegensatz zu den Fensterbierscheiben haben die Arbeiten der Hinterglasmalerei mit Ausnahme von sporadisch auftauchenden Schiffs-„porträts" zu keiner Zeit Eingang in die hiesigen ländlichen Stuben gefunden. Die während des 18. und frühen 19. Jahrhunderts in vielen Orten Süddeutschlands in hausindustrieller Serienproduktion, oft eng verbunden mit den Standplätzen der Glashütten, zu Tausenden hergestellten Hinterglasbilder fanden ihren Absatz vorwiegend im katholischen süddeutschen und südosteuropäischen Raum.

Wel Gott vertrauwet heft woll gebowet
Hausinschriften

Bevor der Brauch der Hausinschriften auf dem Lande aufkam, war er in den Städten verbreitet. Schon Martin Luther hatte sich dafür eingesetzt, daß das Wort Gottes, wie es in der Bibel überliefert ist, an den Häusern angebracht wird. Ob die Ausbreitung der Hausinschriften auch als Auswirkung der Reformation zu erklären ist, lassen wir dahingestellt. Vergessen wir nicht, daß es schon im 5. Buch Mose, Kap. 6, Vers 5 bis 9 heißt: „Du sollst Jahwe, deinen Gott, lieben aus deinem ganzen Herzen... Und diese Worte, welche ich dir heute anbefehle... und du sollst sie auf die Türpfosten deines Hauses und an deine Tore schreiben." Noch vor dem Zweiten Weltkrieg konnte man an Türpfosten in Wohnungen deutscher Juden Worte aus dem Alten Testament lesen. Diese waren auf Papier geschrieben, das von einem Glasröllchen abgesichert wurde. Im Bereich des ehemaligen Hochstiftes Osnabrück sind Hausinschriften sowohl in evangelischen als auch in katholischen Gemeinden allgemein verbreitet. Im Münsterland, wo sich schon früh der Übergang vom Fachwerkbau mit Backsteinfüllungen zum massiven Backsteinbau vollzogen hatte, treten sie seltener auf. Bei den Erbwohnhäusern unseres Betrachtungsgebietes erscheinen sie erstmalig im 16. Jahrhundert — die älteste erhalten gebliebene „Baurkunde" dürfte die 1558 über der Dielentür des Erbwohnhauses Hillhof (heute Klinker) in Lengerich-Aldrup eingeschnittene Inschrift sein.

An einem Haus mit Walmdach konnte wegen Platzmangels nur in bescheidenem Umfang ein Spruch angebracht werden. Bemerkenswert ist, daß Hausinschriften in der früheren Grafschaft Bentheim und im Emsland, dem lange Zeit vom Ankerbalkenhaus beherrschten Raum, nur sehr selten auftreten. Erst das Dachbalkenhaus gibt für die Schrift reiche Entfaltungsmöglichkeiten. Diese kann vom tragenden bis hinauf zum obersten Giebelbalken reichen. Auch über den Eingängen an den Längsseiten des Erbwohnhauses ist nicht selten ein Spruch eingeschnitten. Die Außenseiten der Nebengebäude, wie Backhaus, Speicher, Scheune und Wagenschuppen, sind ebenfalls in der Regel mit Inschriften versehen.

Nach der Überlieferung genügte ursprünglich die Jahreszahl als Hausinschrift, später kam der Name des Bauherrn hinzu. Schon im

Hölzerner Schulranzen des R(udolf) M(eyer) aus Lorup (Hümmling), 1837.

17. Jahrhundert entwickelte sich die Bauinschrift mit dem Datum des Baus, dem Namen des Bauherrn und dessen Ehefrau, dem Namen des Zimmermanns und schließlich der Spruchinschrift. Umfangreicher wurde sie nach 1700. Ihren Höhepunkt erreichte sie in der Zeit von etwa 1750 bis 1850. Viele Schmuckelemente kamen hinzu, wie Lebensbäume, Blumen, Ähren, Sonne und Sterne. Nach der Mitte des 19. Jahrhunderts klingt der Brauch allmählich ab. Mit Beginn der Steinbauweise wurde als Ersatz in der Regel eine Steinplatte über dem Dielentor eingesetzt, meist nur den Namen des Erbauers und seiner Ehefrau sowie das Baujahr enthaltend. Hier und dort greift man in unserem nüchternen technischen Zeitalter, nicht zuletzt im Zuge der Nostalgiebewegung, wieder auf den alten Brauch zurück.

Die Hausinschriften sollten nicht nur Bauurkunde sein und das Haus schmücken, sie waren auch eine Bitte um Schutz und Segen oder spiegelten Lebensweisheiten und Lebensregeln wider. Sehr häufig ist es ein Wort aus dem Alten Testament, vor allem aus den Psalmen, den Sprüchen Salomos und den Büchern Jesus Sirach, das aufgezeichnet wird. Ebenso begegnen uns Verse aus dem Neuen Testament, vorwiegend aus den Briefen der Apostel Paulus und Petrus sowie nicht zuletzt Kirchenlieder. Aus dem Altkreis Tecklenburg sind über tausend, aus dem Altkreis Bersenbrück mehr als 1800 Hausinschriften meist religiösen Inhalts bekannt.

Nicht nur eigene Bibelfestigkeit mag sich bei der Auswahl einer Inschrift bewährt haben, oft übernahm der Bauherr Sprüche, die sich über Jahrhunderte bewährt hatten, oder er ließ sich beraten. Im Kirchspiel Belm zeigt der vierte Teil der Spruchinschriften Wiederholungen.

Die ersten nachweisbaren Hausinschriften waren in der bodenständigen niederdeutschen Sprache gehalten. Bibelübertragungen, Gesangbücher, Bugenhagens Kirchenordnungen waren plattdeutsch geschrieben, und im evangelischen Gottesdienst bediente sich der Geistliche der gleichen Sprache. Erst seit der Mitte des 17. Jahrhunderts erschien nur noch die hochdeutsche und gelegentlich auch die lateinische Hausinschrift, letztere als eine Auswirkung humanistischen Bildungsstrebens.

Gleichgültig in welchem Jahrhundert, immer wieder wurde die Hingabe an Gott und die Geborgenheit in ihm zum Ausdruck gebracht. Tiefe Gläubigkeit ist spürbar auch in der Danksagung und in der Bitte um Schutz und Segen. Der Geist des Wortes aus dem Buch Jesus Sirach wird eindrucksvoll kundgetan: „Die unnützen Wäscher plaudern, das nicht zur Sache dient; die Weisen aber wägen ihre Worte mit der Goldwaage." So heißt es am Giebel des 1799 errichteten Erbwohnhauses Sprengelmeyer (Niederdalhoff) in Holperdorp im Kirchspiel Lienen: „Ich habe ein Haus gebaud dir o Herr zur Wohnung Ach wende dich zum Gebot deines Knechts und zu seinem Flehen. Herr mein GOTT laß deine Augen offen stehen über dieses Haus Tag und Nacht 1. Buch der Könige Cap. 1.2.28" (1. Könige, Kap. 8, Vers 27, 28, 29).

Die Bitte um Hilfe bei allem Bemühen des täglichen Lebens wird oft angesprochen. Am Balken des 1848 aufgezimmerten Erbwohnhauses Meyer to Bergte in Gellenbeck im Kirchspiel Hagen lesen wir: „Laß uns, o Gott gewissenhaft, Dies irdisch Gut verwalten: Gewähr Du uns Glück, Verstand und Kraft, Um weislich Haus zu halten wie es uns nützt, und Dier gefällt, Daß wir die Schätze jener Welt, Darüber nicht verlieren."

Viele Hausinschriften sind von zeitloser Bedeutung. So gehören zu den beliebtesten Worten, die über Jahrhunderte benutzt wurden, Sinnsprüche wie „Wel Gott vertrauwet heft woll gebowet" an der inneren Dielentoreinfahrt des 1603 erbauten Erbwohnhauses Reinermann (Wehmhoff) in Rüsfort. Es tauchen auch Worte auf, die Ausdruck geistiger Zeitströmungen sind. „Trachtet am ersten nach dem Reiche Gottes und nach seiner Gerechtigkeit" heißt es an der 1742 errichteten Dielentoreinfahrt eines Heuerhauses des Hofes Brockmann (Osterholt) in Hartlage. Dieser Spruch ist typisch für eine Epoche, in der die Sehnsucht nach einer Wohnstatt im Jenseits zu den überragenden Gedanken eines Christenmenschen gehörte. Die besondere Verbundenheit mit Jesus, dem wahren Fürbitter, kommt zwar in dem Monogramm IHS, dem aus griechischen Anfangsbuchstaben des Namen Jesu gebildeten Zeichen — volksetymologisch gern als „Jesus, Heiland, Seligmacher" gedeutet —, in jener Zeit häufiger zum Ausdruck, doch finden wir dieses Namenszeichen schon bei Hausinschriften des 16. Jahrhunderts.

An das Bewußtsein der Vergänglichkeit alles Irdischen und gleichzeitig an die Sehnsucht nach der himmlischen Heimat erinnert mancher Spruch. „Dis Haus in dieser Eitelkeit, dient hier nur eine kurtze Zeit; Darum Gedenk aufs Hauß daß Ewig ist, Weil du in diesem Hause bist" heißt es am Giebel des 1820 errichteten Erbwohnhauses Kuhlmann-Warning in Epe.

Schon vor der Zeit der Aufklärung werden auch Weisheitssprüche, die nur einen geringeren religiösen Bezug haben, in den Balken geschnitten. „Ein Mensch der Gott verläßt erniedrigt sein Geschicke. Wer von der Tugend weicht, der weicht von seinem Glücke" steht am oberen Giebelbalken des 1686 errichteten Hauptgebäudes des Hofes Göhlinghorst in Wehdel.

Auf Zeitumstände wird bei den Inschriften nur vereinzelt Bezug genommen. Am Giebel des Erbwohnhauses Pötter in Gellenbeck im Kirchspiel Hagen lesen wir: „Dieses Haus ist gebauet mit Gottes Hilfe und Rat, als Deutschland vom siebenjährigen Kriege umwogen ward. Der Anfang war 1757, Ende 1763 Heinrich Pötter."

Im Zeitalter der Verweltlichung kommen auch Schriften an den Balken, die nicht mehr der christlichen Gedankenwelt entnommen sind, wie Weisheitssprüche oder Worte der Literatur. „Was du ererbt von deinen Vätern, erwirb es, um es zu besitzen." Diese Zeilen aus Goethes Faust erscheinen am unteren Giebelbalken des 1930 neu geschaffenen Vierständerbaus des Hofes Vegesack in Schleptrup.

Fliesenwand (Hof Schulze-Holmer, Samern südlich Schüttorf). Die Fliesenwand über dem Wandkamin des Erbwohnhauses wurde 1859 geschaffen.

Schließlich wird auch der Fleiß des Bauern gefordert. „Wer im Sommer sammelt, der ist klug, wer aber in der Ernte schläft, wird zu Schanden" mahnt es an der 1953 errichteten Fachwerkscheune auf dem Hof Riesau in Thiene südwestlich Alfhausen.

Plattdeutsche Wortgebilde aus der Frühzeit der Hausinschriften sind verständlicherweise nur noch selten zu sehen. Das Verschwinden der plattdeutschen Sprache von den Hausfronten in der Folgezeit ist im wesentlichen das Ergebnis kirchlicher Gebote, das Niederdeutsche in Kirche und Schule künftig nicht mehr zu gebrauchen. Erst in jüngerer Zeit, als das Plattdeutsche als Mundart mehr und mehr verschwindet, tritt vereinzelt, gleichsam als Gegenaussage, ein niederdeutsches Wort auf. Über der Toreinfahrt zum Hof Große Brömstrup in Gaste, Gemeinde Hasbergen, ließ der Besitzer 1923 den Sinnspruch einschneiden: „UPM HUOWE KENE DUWE — IS DE BUR AUHNE FRUWE (Auf dem Hof keine Taube, ist der Bauer ohne Frau).

Durch die Jahrhunderte hindurch findet auch das lateinische Wort seinen Platz. Am unteren Giebelbalken eines 1656 gezimmerten Zweiständerbaus im Ortskern von Hilter lesen wir ein Wort, das auch in Hochdeutsch zu den beliebtesten Segenswünschen gehörte: „PAX INTRANTIBUS SALUS EXEUNTIBUS" (Friede den Eintretenden, Gesundheit den Hinausgehenden). Noch in einer Zeit, als der Mythos von Blut und Boden das Land bewegte, heißt es an dem 1935 neu geschaffenen Anbau des Meyerhofes zu Malbergen: „TIMOR DEI INITIUM RERUM" (die Gottesfurcht ist der Anfang aller Dinge).

Bei den lateinischen Inschriften war in der Barockzeit das Chronogramm beliebt, in dem die größeren römischen Buchstaben innerhalb eines Wortes nach Zusammenzählung das Baujahr ergeben. An zwei Vierständerbauten in Hagen, dem alten Pastorat und der ehemaligen Posthalterei, die 1723 nach einem Brand wieder errichtet wurden, wird dem Leser die Aufgabe gestellt, die verborgene Zeit der Gebäudeaufrichtung zu entziffern. In der Inschrift über dem Dielentor des Pfarrhauses wird das Versteckspiel sogar wiederholt. HOC ANNO QVARTA MENSIS AVGVSTI DECINERE SVRGO SANCTE MARTINE TVERE HAS AEDES SVB TVO PATROCINIO SVRGENTES (In diesem Jahr, am 4. des Monats August, stehe ich auf aus der Asche, heiliger Martin, schütze diese Gebäude unter deinem Schutz entstanden). Die lateinischen Buchstaben CCCC, DD, IIIII, MM, VVVVVVV bringen zusammen die Zahl 3446. Darin ist die Jahreszahl 1723 zweimal enthalten.

Der fleißige Inschriftenleser wird feststellen, daß im 17. Jahrhundert, noch vom Geist der Renaissance bestimmt, der Gebrauch lateinischer Majuskeln üblich war, im 18. Säkulum die lateinische Kursivschrift und in der Folgezeit die deutsche Frakturschrift erscheint, die zwar vereinzelt schon in Inschriften aus dem 16. Jahrhundert auftritt. Ihre kunstvolle Gestaltung ist oft beachtenswert. Wie überhaupt gesagt werden kann, daß die Inschriften stets in dekorativer Form erscheinen und in ihnen die zeitbestimmten Kulturströmungen ihren Niederschlag finden.

Lateinische Inschrift über dem Türsturz eines Fachwerkhauses in Hilter a. T. W. in einfachen und klaren Majuskeln. Das Haus war vermutlich einst Jagdsitz der Herren von Buck, die auf der Wasserburg Palsterkamp (bei Bad Rothenfelde) saßen.

Lateinische Giebelinschrift am Pfarrhaus zu Hagen a. T. W., 1723.

Giebelinschrift von 1723 an der ehemaligen Posthalterei in Hagen a. T. W.

Ursprünglich genügte im Haus eine offene, auf dem flachen Boden angelegte Feuerstelle vor dem Kammerfach den Ansprüchen. Aus Gründen der Zweckmäßigkeit wurde im Laufe der Zeit dieser Platz erhöht, so „gründete" man seinen eigenen Herd. Anfangs wurden dazu kleine Feldsteine benutzt, später Ziegel.

Im 16. Jahrhundert beginnend, gelangte der Wandkamin nach dem Vorbild des Adels auch zu den großen Höfen. Zu ihm gehörten als unentbehrliche Bestandteile der an der Rückseite der Herdstelle befestigte und um eine Achse drehbare meterlange Wendebaum (Wendehal) mit verstellbarem Kesselhaken (Sägehal), an dem der Kochtopf hing, sowie Feuerrost und Stülpe und nicht zuletzt der Püster, ein langes Blasrohr, mit dem ein schwaches Feuer wieder belebt werden konnte. Fast alle Geräte waren aus Schmiedeeisen; der Wendebaum der kleineren Höfe bestand oft noch im 19. Jahrhundert aus Eiche. Gern schmückte man Haken oder Baum mit einer gravierten Zeichnung, wie etwa den 1671 angefertigten Wendebaum des Meyerhofes in Malbergen. Über der Herdstelle wurde eine Feuerschutzdecke geschaffen, der sogenannte Bosen (Bausen). Er ruht auf zwei Konsolen. In seiner älteren Form zeigt er eine längliche, schlittenähnliche Gestalt mit kufenartigen Längshölzern, in seiner jüngeren Ausbildung erscheint er als quadratischer Deckel mit umgebenden Bordbrettern. Unter diesem Rauchfang, im „Wiemen", zerteilte sich der Qualm, der zum Räuchern der hier aufgehängten Schinken und Würste diente. Der Rauch zog weiter durch das Flett zur Niendör und auch über den „Balken" durch das Uhlenloch ins Freie. Mit Kamin und Rauchfang kommt es wegen der entstehenden Zugluft zum Einbau einer Scherwand, die Flett und Diele voneinander trennt und durch eine Glastür wieder verbindet. Der Kaminraum, das alte Flett, dient von nun an vorwiegend der Repräsentation. Im 18. Jahrhundert wird der Wandkamin Allgemeingut auf den Höfen.

Kamin und Ofen

Kamin mit Rauchfang und eichenem Wendehal aus dem Jahre 1808 (Hof Vahle, Lengerich-Wechte). Die Inschrift weist auf den Bauherrn G(erhard) H(einrich) W(ahle) und seine Ehefrau M(aria) E(lisabeth) L(öllmann) hin.
Die Ofenplatte mit der Darstellung Jesus und die Samariterin wurde nachträglich eingesetzt.

Kamin des Erbwohnhauses Meyer zu Malbergen in Georgsmarienhütte. Auf den Kaminplatten der 1765 geschaffenen Herdstelle ist rechts „Casparus Moritz M(eyer) z(u) M(albergen) Anno" und links „Anna Cath(arina) Elisab(eth) M(eyer) M(albergen) G(eborene) B(ecks) 1765" zu lesen. Der eiserne Wendebaum vor dem Kamin wurde 1671 angefertigt und vom abgebrochenen alten Erbwohnhaus übernommen. An ihm hängen Pfannenhalter und drei verstellbare Kesselhaken (Sägehal). Auf der rechten Kaminseite ist ein Salzfaß aus dem Jahre 1711 eingelassen. Das Salz konnte hier besonders trocken gehalten werden. Zwei mit Barockmustern plastisch geschmückte Konsolen erinnern daran, daß sie einst einen mächtigen Rauchfang zu tragen hatten.

Sehr spät wird der Ofen Bestandteil des bäuerlichen Inventars. Gußeiserne Öfen sind zwar schon Ausgang des Mittelalters im norddeutschen Raum gebräuchlich, auf dem Lande jedoch fanden sie bei den Großbauern vereinzelt erst im 16. und 17. Jahrhundert, stärker im 18. Säkulum Eingang, nachdem die abgeschlossene Stube längst eingerichtet war. Daß der Kauf eines Ofens eine kostspielige Sache war, kann aus der Kollekte von 2 Talern, 16 Schillingen und 4 Pfennigen ersehen werden, die im September 1672 zur Anschaffung eines eisernen Ofens für die Schule in Ankum notwendig wurde, damit „die Jugend und die kleinen Kinder ohne Frost und Kälte mögen gelerndt werden." Der Bauer Rittmann in Hörstel im Kirchspiel Riesenbeck schreibt 1767 in sein Tagebuch, daß er einen „Kaggel Ofen in Stuben gekauft" habe. Noch um 1800 waren Öfen auf den mittleren und kleinen Höfen eine Seltenheit.

Kamin und Kamingerät (Erbwohnhaus Meyer zu Malbergen in Georgsmarienhütte). Drei verstellbare Kesselhaken (Sägehal) und ein Pfannenhalter.

Rechte Ofenseitenplatte (Hof Schlamann, Lengerich-Schollbruch). Die eisernen „Bibelöfen" kamen den Wünschen nach sinnfälliger Anschaulichkeit entgegen. Szenenbilder aus der Bibel wurden immer wieder nachgeschnitten oder variiert. Ofenplatten der Höfe Schlamann, Vahle (Lengerich-Wechte), Högemann (Glandorf-Averfehrden), Arens-Fischer (Grovern) und Rüters (Werpeloh-Hümmling) mit dem gleichen Thema „Jesus und die Samariterin" lassen dies erkennen. Plattenöfen sind nur noch vereinzelt erhalten. Doch sind Platten nachträglich gern in eine Kaminwand eingelassen worden, falls man es nicht vorzog, diese zu höchst profanen Dingen zu verwenden. Die hier gezeigte diente über 150 Jahre als Unterlage im Backofen.

Mit Lebensblumen geschmücktes Balkenwerk an der Toreinfahrt des 1802 errichteten Erbwohnhauses Uhlmann in Neuenkirchen (Altkreis Melle). In der Art der Anbringung der Blumen wird der Symbolgedanke spürbar. Das Christusmonogramm und der Name der Gottesmutter kennzeichnen das Haus als katholischen Besitz. Links und rechts an den Türpfosten die Attribute des Zimmermanns. Anstelle der einfachen lateinischen Majuskel treten während der Barockzeit erstmals verschnörkelte Buchstaben auf. Sie bleiben bis ins frühe 19. Jahrhundert gebräuchlich.

Der meist die frühere Spinnstube erwärmende kastenförmige Beischlagofen ist aus rechteckigen Platten zusammengesetzt. Er wurde durch die Wand vom Flett her beheizt, und zwar meist mit Heideplaggen, die schichtweise aufgestellt wurden. Der sandige Rest sorgte für wohlige Wärme, auch wenn das Feuer längst erloschen war. Die Ofenplatten zeigen im erhabenen Guß biblische Szenen, allegorische oder heraldische Darstellungen. Besonders beliebt waren Bilder wie Adam und Eva, der Sündenfall, Geburt Christi, Anbetung der Hirten, Madonna im Strahlenkranz und nicht zuletzt der barmherzige Samariter.

Mit dem Heranrücken des Herdes an die Wand wurde zu deren Schutz eine Kaminplatte aus Gußeisen angebracht. Sie kommt zur gleichen Zeit auf wie die Ofenplatte. Biblische Darstellungen oder Wappen des Grundherrn sind der übliche Schmuck, wie eine gut erhaltene Herdplatte auf dem Koldenhof in Starten-Westerholte zeigt. Sie stellt das salomonische Urteil dar. Über der Szene befindet sich als Bekrönung das Wappen eines Adelsgeschlechtes. Auf zwei Ofenplatten des Hofes Heringhaus in Glane-Visbeck ist zu sehen, wie Salome der Kopf des enthaupteten Johannes überreicht wird.

Die Ofen- und Kaminplatten sind vorwiegend das Werk von Eisenhütten des Harzes oder des Siegerlandes.

Neben den Öfen erfreute sich das Stövken als Wärmespender besonderer Beliebtheit. Es waren kleine, tragbare, meist viereckige durchbrochene Holzkästen, in deren Inneren ein Tontöpfchen mit glühender Holzkohle oder glimmendem Torf stand.

Ofenplatte (Stirnseite) von 1732 (Hof Sundermann, Osnabrück-Gretesch). Das dem hannoverschen Wappen entnommene springende Pferd ist im 18. Jahrhundert ein beliebtes Motiv. Die Farbigkeit der Platte kann spätere Zutat sein. Eisenöfen früherer Zeit, insbesondere des 16. Jahrhunderts, wurden nicht selten bunt bemalt, das entsprach dem volkstümlichen Schaffen.

65

Der Gebrauch solcher Wärmevorrichtungen ist jahrhundertealt. Schon 1178 berichtete der dänische Geschichtsschreiber Saxo Grammaticus von Erzbischof Absalon in Lund, der seinem frierenden Gast eine freundliche Aufmerksamkeit bereitete: „Er legte einen heißen Ziegelstein in eine mit vielen Öffnungen versehene Kiste und schob ihm diese unter die Füße, und mit dieser Art Labsal stellte er dem erstarrten alten Mann die geruhsame Wärme wieder her." Genutzt wurden Stövken bei uns allgemein bis weit in das 19. Jahrhundert, gewöhnlich von älteren Frauen, zum Wärmen der Füße oder der Hände. Gelegentlich dienten sie auch zum Warmhalten von Speisen.

In der Niedergrafschaft Bentheim sah man in den 50er Jahren dieses Jahrhunderts zur Winterzeit Bäuerinnen in Trachten, die ein Stövken mit in die Kirche nahmen. Für den glühenden Torf sorgten Bauern oder Gastwirte in der Nähe des Gotteshauses.

Begehrt war im Winter auch der langgestielte Bettwärmer, eine Kupfer- oder Messingpfanne mit verziertem Deckel, die, mit glühender Herdkohle gefüllt, vor dem Schlafengehen im Bett hin- und hergeschoben wurde.

Ofenplatte (Stirnseite) der Renaissancezeit (Hof Schulte, Lengerich-Wechte). Im Gegensatz zu den meist schmalen und hochrechteckigen Ofenplatten besitzt die hier abgebildete ein außergewöhnlich großes und breites Format (102 cm × 87 cm), wie es eigentlich für Kaminplatten charakteristisch ist. Die Platte ist oberhalb der Kaminöffnung angebracht. Die Darstellung wurde nach einem Holzschnitt von Israhel von Meckenem geformt und ist mit einiger Sicherheit ein Werk des hessischen Meisters Philipp Soldan oder eines Nachgießers. Die Szene zeigt die Belagerung von Bethulia — der Name der Stadt kann auf der Brücke abgelesen werden. Im Blickfeld links erscheint Judit in dem Augenblick, als sie ihrer Dienerin das Haupt des von ihr mit dem Schwert erschlagenen Holophernes übergibt (Judit 13,11). Die Inschrift: HISTORIA VON JUDIT UND HOLOFERNS DES ASSIRISCHN HAUPTMAN JUDIT 13. Im unteren Teil der Platte sind Kriegerfiguren zu sehen. Die Themen der Bibel, besonders des Alten Testamentes, entsprachen dem seelischen und geistigen Bedürfnis der Zeit und wurden daher vielfach volkstümlich dargestellt. Die Höfe Berkemeyer im benachbarten Exterheide und Ehmann im nahen Ladbergen besitzen Ofenplatten mit dem gleichen Thema, dem gleichen Ausmaß und der gleichen Ausführung (die eine als Stirnplatte, die andere als linke Seitenplatte ausgebildet). Es darf angenommen werden, daß die Platten aus Gebäuden der Burg Tecklenburg stammen, die um 1750 niedergerissen wurden. In diese Reihe gehört auch eine nach Form und Thematik gleiche Platte in der kleinen Osnabrücker Ratskammer.

Im Spätmittelalter beschränkte sich der Wohnteil des niederdeutschen Hallenhauses auf das Flett, entsprechend gering war der Bestand an Möbeln. In dieser Zeit erschien als unentbehrliches Einrichtungsstück eine oder mehrere Truhen, in denen Kleider und Wäsche, wohl auch Vorräte gestapelt wurden. Sie wurden, wie alles übrige Mobilar, ausschließlich aus Eiche angefertigt.

Die Truhe ist neben der Bank das älteste — seit dem 12. Jahrhundert in ganz Europa bekannte — und meist genutzte Möbel des nordwestdeutschen Raumes und auch anderer alter deutscher Siedlungsgebiete. So gab es noch im 19. Jahrhundert in manchen Bauernhöfen des Egerlandes (Böhmen) an die zwanzig Truhen.

Als früheste Form wird die auf hohen Stollen ruhende Truhe betrachtet, die von vier im Rechteck stehenden Bohlen oder Brettern gebildet wird, zwischen denen die Wandbretter eingespannt sind. Zur Aufstellung auf den ursprünglich lehmgestampften und nicht immer trockenen Fußboden eignete sich das hochgestelzte Möbelstück besonders gut.

Die gotischen Truhen waren in der Regel eisenbeschlagen. Eisenbänder umspannten Deckel und Seiten der Truhe, an ihren Enden wurden sie gewöhnlich zu Ornamenten ausgeformt, wodurch einem Schmuckbedürfnis entsprochen wurde. Als in der Folgezeit die Eisenbänder fortfielen, traten an ihre Stelle einfache geschnitzte Zierformen, so in Stollen eingeschnittene Sechssterne und vor allem die später gebildete Blattrosette. Truhen mit Schuppenmustern auf den Rahmen, wie sie aus den benachbarten Niederlanden bekannt sind, treten vor allem in der Grafschaft Bentheim häufig auf; im Artland zeigen Stollentruhen gern Blütenstauden und Rundbogenornamente.

Die Stollentruhe blieb bis weit in die Neuzeit gebräuchlich, in der Grafschaft Bentheim, wo der Deckel wie ein flaches Satteldach gestaltet ist, noch im 19. Jahrhundert.

Als Nachfolger trat die Kastentruhe mit gewöhnlich flachem Deckel und Kufengestell auf. Sie fand seit dem 17. Jh. allgemeine Verbreitung und ist noch heute auf fast jedem Bauernhof zu sehen. Ihre vielseitige Verwendungsmöglichkeit macht ihre Beliebtheit verständlich. Meist birgt die Truhe in ihrem linken oder rechten Oberteil eine Beilade, nicht selten mit einem „Geheimfach" für Schmuck und andere Wertsachen.

Neben Truhen mit waagerechtem Rankenmuster am oberen Rand, schmalen Streifen mit Schuppenmustern, als Lebensbaum in der Truhenmitte häufig der Dreisproß, wie sie häufiger im Hümmling zu sehen sind, finden sich Truhen, die vorgeblendetes Rahmenwerk und Vieleckfüllungen mit Kissen schmücken. Oder es erscheinen solche mit Rosetten-Bänder-Dekor — diese vor allem in den Kirchspielen Badbergen und Gehrde — und schließlich Truhen mit typischen Renaissanceornamenten. Meist kennzeichnen letztere Arkadenbögen, Säulen oder Pilaster — dem Bereich der Architektur entnommen — und Schuppen-

'n Schapp ut Eekenholt, 'n Schapp mit Eekendör

Bäuerliches Möbelgut

Linke Ofenseitenplatte (Hof Rüters, Werpeloh, Hümmling). Auf zwei Seitenplatten, getrennt von der Stirnplatte mit der Figur der Justitia, aus dem Jahre 1703, die ursprünglich zu einem Beischlagofen (Bilegger) des Erbwohnhauses Clasen in Börger gehörten, sind Jesus und die Samariterin (Joh. 4,7—26) zu sehen. Die Seitenplatten hatten nur auf einer Seite Schraubenschlitze (hier unter dem Stern), auf der anderen Seite befand sich ein Ansatzstück, das in die Wand eingelassen wurde, um dem Ofen einen Halt zu geben. Nur noch in Ausnahmefällen befinden sich Platten an ihrem ursprünglichen Platz.

Stollentruhe von 1710 (Hof Ekenhorst, Heesterkante südlich Laar, Grafschaft Bentheim) mit gebrochenem satteldachähnlichem Deckel, kräftigen senkrechten Hobelrillen in den Stollen und Kehlreihen oberhalb der rechteckigen Kissenfüllungen. Truhen dieser Art sind in der Grafschaft Bentheim und im Emsland besonders häufig anzutreffen.

Koffertruhe von 1706 (Hof Schulze-Holmer, Samern südlich Schüttorf). Reicher getriebener und gravierter Eisenbeschlag auf der Vorderseite und auf dem Deckel. Inschrift in geschmiedetem Eisen: I A M W 1706.

lisenen, Kannelierungen, Zahnschnittfriese und andere Zierelemente. Zu den bemerkenswertesten und schönsten Möbeln dieser Art dürften Kastentruhen mit Wellenranken und Drachenornamenten gehören, wie sie im Artland in verschwenderischer Fülle ausgebildet worden sind.

Der als Rankenornament flach geschnitzte Drache, das sogenannte „Drudenmännchen", hat sich als Schmuckmotiv aus der Groteske der Weserrenaissance entwickelt. Es ist nicht ausgeschlossen, daß dieser allegorische Bildschmuck ursprünglich einen tieferen Sinn hatte. Ein Drache war der Hüter des Nibelungenhortes. Ein Drache konnte auch bäuerliches Wertgut bewachen. Das Motiv, das auch auf anderen Möbelstücken zu betrachten ist, wurde über Generationen in immer neuen Varianten festgehalten. Gleiches gilt für Ornamente wie Rauten, Blattrosetten und Schuppenbänder. Nicht selten blieb innerhalb einer Werkstatt der Formenschatz über mehrere Menschenalter erhalten.

Eine 1684 im Renaissancestil gefertigte Truhe auf dem Hof Lüdeling in Gr. Mimmelage, Gemeinde Badbergen, kann als Paradebeispiel einer Artländer Truhe genannt werden. Das Möbelstück kam als Hochzeitsgabe mit Lucia Gerding aus Vehs auf den Hof. Seine Schmuckformen erinnern an Beschlagwerk der Metallkunst und zeigen großes handwerkliches Können.

Typisch für den Bereich der alten Grafschaft Bentheim erscheinen Truhen mit reliefartig herausgearbeitetem „Sonnenrad", Sinnbild des Lichtes und des Lebens.

Die wenigen auf den Höfen vorhandenen Möbel des 17. Jahrhunderts sind heute fast alle ohne Farbgebung. Nach den Forschungsergebnissen der jüngsten Zeit sind die Hartholzmöbel unseres Raumes, soweit sie aus dieser Zeit und dem folgenden Jahrhundert stammen, jedoch farbig oder lasiert behandelt worden, und zwar nach städtischem Vorbild. Die bürgerlich-städtische Intarsienkunst wurde in der Bauernmalerei gern nachgeahmt. Blumengehänge, Kränze und Vasen waren die bevorzugten Bilder.

Erst nach der Mitte des 18. Jahrhunderts wird die Koffertruhe mit gewölbtem Deckel und sich leicht nach unten verjüngender Kiste, die auf den größeren Höfen schon früher benutzt wurde, Allgemeingut. Das meist schlicht ausgeführte Einrichtungsstück — die frühen Exemplare mit Eisenbändern und Randbeschlägen sowie großem Schloßblech —, nicht selten aus Weichholz gefertigt, konnte jedoch die Kastentruhe bis Anfang des folgenden Jahrhunderts nicht verdrängen.

Mit der Einrichtung von Stube und Kammer — seit Ende des Mittelalters — und mit dem Einsetzen des Fußbodenbelags aus Eichenbohlen kamen nach und nach neue Möbelarten auf, und Möbelformen änderten sich.

Zum charakteristischen Möbelstück wurde im 17. Jahrhundert der zweigeschossige, hochformatige Wirtschaftsschrank mit je einer Tür oben und unten und einer Schublade dazwischen, in dem das selbst-

Sogenannter hanseatischer Kleiderschrank (Meyerhof zu Wehdel, Gem. Badbergen). Rahmende Pilaster, geschnittene Kapitelle und dreifach nach unten und oben zugespitzte aufgedoppelte Kissenpolster, wie sie für das Artland charakteristisch sind. Flächen und Profile waren ursprünglich mit grünlichen und bläulichen Wachs- sowie weißen Emailfarben gestrichen. Auf dem Kleiderschrank stehen vier hölzerne Bierkrüge und eine für den Feldgebrauch benötigte hölzerne Kaffeekanne.

Anrichte mit Zinntellern (Hof Sundermann in Osnabrück-Gretesch). Der Ende des 18. Jahrhunderts auf den Hof Sundermann einheiratende F. H. Kreimer aus Niederholsten brachte die Anrichte, die vollständige zum Tellerbord gehörende Serie Zinnteller sowie Duinger Steinzeugkrüge mit Zinndeckel als Heiratsgut ein. Den dreitürigen Unterbau der Anrichte schmücken profilierte Spitzkissenfüllungen und die seitlichen Rahmen Weinranken. Das ausladende Gesims trägt die Inschrift: Franz Henrich Kreimer 1796. Die aus englischem Metall hergestellten Zinnteller zeigen auf der Unterseite die Qualitätsmarken mit gekrönter Rose und Engel sowie die Initialen des Meisters. Da es nachweislich im Osnabrücker Land keinen Zinngießer gab, der WAR zeichnete, darf angenommen werden, daß die 14 Teller außerhalb des Osnabrücker Landes, vermutlich von Wilhelm Arnold Rost in Warendorf um 1700 gegossen worden sind. Die aus dem gotischen Schenktisch und Überbauschrank der Renaissance entwickelte Anrichte wurde als repräsentatives Küchenmöbel vom 17. bis weit in das 19. Jahrhundert gebraucht.

gebackene Brot und andere Vorräte aufbewahrt wurden. Er stand gewöhnlich im Unterschlag hinter dem großen Eßtisch. Sein Vorbild ist im städtischen Bereich zu suchen. Schon in einem alten niederdeutschen Volkslied heißt es: „Ik hef'n Schapp ut Eekenholt, 'n Schapp mit Eekendör." Auch eingeschossige Brotschränke sind keineswegs selten.

Die Anrichte oder Richtbank, aus zweitürigem Kastenschrank im unteren und Teller- und Löffelbord im oberen Teil bestehend, oben durch ein vorkragendes Kopfgesims abgeschlossen, wurde seit dem 18. Jahrhundert selbstverständliches Küchenmöbel. Sie hat ihre Ahnen im gotischen Stollenschrank und der italienischen Kredenz der Renaissance mit schrankartigem Unterbau und zurückspringendem Aufsatz. Oft sind die Leisten der Schauseite mit dem Drachenornament geschmückt und die einzelnen Kissenauflagen der Schauseite bisweilen mit Tulpenbäumchen und Rosetten versehen. Anrichten mit gedrehten Säulen waren auf den großen Höfen besonders beliebt. Da sie neben dem üblichen Geschirr auch wertvolles Zinngut sowie Fayence- und Porzellangeschirr aufnahmen, nannte man den Schrank gern „Prahlhans".

Nur die Wohlhabenden konnten sich hohe Schränke erlauben, die als neues Möbelstück in der Zeit der Renaissance aufkamen. Sie galten als Statussymbol. Der hanseatische Kleiderschrank des gehobenen Bürgertums, ein zweigeschossiger, mehrtüriger Kleider-Wäsche-Schrank, der vor allem im wohlhabenden Artland weiterentwickelt wurde, fand im 18. Jahrhundert große Verbreitung. Er nahm die Kleidung auf, die vorher die Truhe verwahrt hatte.

Rahmende Pilaster oder Halbsäulen mit geschnitztem Kapitell, meist dreifach nach unten und oben zugespitzte aufgedoppelte Kissenpolster und ein mächtig ausladendes Kranzgesims kennzeichnen ihn. Der Kleiderschrank aus der Zeit Justus Mösers, der sich auf dem Hof Meyer zu Wehdel in der Gemeinde Badbergen präsentiert, ist dafür charakteristisch.

Öfters schmückte den neuen Schrank Furniermalerei mit Stern und Rosette. Im übrigen wurde er wie die Truhen über lange Zeiträume in gleicher Manier angefertigt. Im Emsland und im Hümmling zeigt er sich vom niederländischen „Rankenkasten" beeinflußt. Selten ist in unserem Betrachtungsgebiet der sogenannte „friesische Kissenschrank" anzutreffen mit hoher Sockelzone, rechteckiger Kissenauflage, die Spiegel meist blütenverziert und mit Halbsäulenvorlagen geschmückt. Vereinzelt sind Schränke zu sehen mit Rankenwerk, in das Tulpen eingefügt sind, ein Zeichen holländischen Einflusses, und figürlichen Schnitzereien.

Ende des 18. Jahrhunderts kommt der Glasschrank als wirkungsvolles Möbelstück auf. Sein Unterbau entspricht dem der offenen Anrichte. Sehr beliebt war der Glasschrank mit geschweiftem und durchbrochenem Giebel, einem typischen Gestaltungsmerkmal des Rokokos. Schränke mit fünffacher Stellfläche für ein Vasenspiel, wie sie die holländischen Aufsatzschränke zeigen, waren keine Seltenheit. Auch der

Aufsatzschrank mit mehrfach vorgewölbtem Untergeschoß und geschwungenem Giebel, der von den Niederlanden seinen Weg nach Osten nahm, bildet den Stolz mancher Bauernstube, vor allem in der Grafschaft Bentheim. Nach 1800 nimmt der Glasschrank schlichtere Formen an; klassizistische Geradlinigkeit kennzeichnet ihn.

Im Glasschrank, der die Aufgabe des „Prahlhans" übernahm, wurden meist Zinnkannen, Steingutschüsseln, Porzellangeschirr und als Rarität auch Glaserzeugnisse ausgestellt.

Um 1800 tritt der Schreibschrank, der schon vor 1750 Eingang in die Stube des gehobenen Bürgertums gefunden hatte, auf größeren Höfen in Erscheinung. Über dem kommodeähnlichen Unterbau ist die herausklappbare, gelegentlich auch herausziehbare Schreibplatte angebracht. Dahinter lassen sich kleine Schubläden sehen und verbergen sich Geheimfächer. Der Aufsatz gleicht dem eines Kleiderschrankes.

Ähnlich wie Truhen und Kleiderschränke sind auch Schreibschränke als Hochzeitsgut auf die Höfe gelangt. Das Exemplar auf dem Hof Lansmann in Gildehaus-Achterberg kam auf diese Weise um die Mitte des vorigen Jahrhunderts vom Hof Schulze-Holmer in Samern in den Besitz der Familie.

Verständlich, daß es keine Schränke für Bücher gab. Der Bestand an gedruckten Erzeugnissen war noch um die Mitte des letzten Jahrhunderts sehr bescheiden. In den 50er Jahren hieß es in offiziellen Bestandsaufnahmen des Inventars in der Rubrik „An Büchern" gewöhnlich, daß nur „eine Bibel" oder „zwei Gesangbücher" vorhanden seien. Es gehört jedoch keineswegs zu den Ausnahmen, daß das Buch der Bücher als Prachtstück, etwa eine Heilige Schrift aus dem 18. Jahrhundert in Folioformat, vorgezeigt wird. Großformatige sogenannte Statenbibeln, von Mitgliedern der Synode der Generalstaaten der Vereinigten Niederlande geschaffen und meist in Amsterdam oder Leyden gedruckt, haben schon im 17. Jahrhundert Eingang in den reformierten Häusern der Grafschaft Bentheim gefunden und bilden heute noch den Stolz manches Hofes. Auch mit Gold oder Silber beschlagene Gesangbücher waren hier keine Seltenheit. Erstaunlich ist, daß hin und wieder auch selbstgeschriebene Rechenbücher aus dem 17. und 18. Jahrhundert unter den alten Schriftstücken bis in unsere Gegenwart überkommen sind. Der unbefangene Leser stellt fest, daß zu der Zeit schon Mathematikaufgaben gestellt wurden, die auch heute noch manchem Pennäler Kopfschmerzen bereiten können. Die Rechenbücher wurden nicht in den dörflichen Schulen gebraucht, sondern in den Gymnasien zu Osnabrück, Quakenbrück und anderen Städten. Abgehende Söhne der Großbauern gingen dort für die Dauer der Schulzeit in Logis.

Im 18. Jahrhundert wurden Standuhren, die man auch in Schrankwände einbaute, zum beliebten Mobiliar. Zu den Kostbarkeiten eines Erbwohnhauses gehörten holländische Mahagoniuhren mit beweglichem Ziffernwerk, das auch Mondphasen erscheinen ließ. Sie spiegeln zwar Lebensweise und ästhetische Vorstellungen des Nachbarvolkes

Glasschrank (Hof Sommer, Bauerschaft Schleptrup, Kspl. Engter).
Glasschränke mit abgeschrägten Seitenteilen, drei Türen im Unterteil und zwei Glastüren im Obergeschoß sowie mit geschwungenen und durchbrochenen in Voluten endigenden Kopfgesims sind für das Betrachtungsgebiet nicht selten. Das bekrönende Rocaillenwerk des Rokoko als Mittelschlußstein ist eine Besonderheit. Das Möbelstück wurde nach der Familienüberlieferung im letzten Viertel des 18. Jahrhunderts angefertigt. Porzellangeschirr (Villeroy und Boch) und Glasleuchter gehörten in den 80er Jahren des vorigen Jahrhunderts zur üblichen Ausstattung.

Diele des Erbwohnhauses zur Wähde in Dalvers bei Berge (Artland).
Das Erbe Wähde ist erstmalig im Jahre 1299 erwähnt („Wehede"). Das jetzige Erbwohnhaus wurde 1744 einige hundert Meter östlich der alten Anlage aufgezimmert. Ein Jahr später richtete man einen neuen mit holländischen Fliesen geschmückten Kamin ein.

Die Zinnteller stammen aus verschiedenen Zeiten. Ein Teil ist das Werk des Quakenbrücker Zinngießers L(übbert) D(iedrich) B(ahlmann) aus der Zeit nach 1769. Auf einer Wandkonsole in Form eines Stuhles eine friesische Uhr aus der gleichen Zeit mit reich ornamentiertem Gehäuse.

wider, doch sind sie auch Ausdruck für erhöhtes Schmuckbedürfnis der Käufer. Heute sind sie auf manchem großen Hof, vor allem im Artland, zu sehen. Man erwarb diese Uhren gewöhnlich mittelbar, weniger häufig persönlich in den Niederlanden. Der Heimatforscher Hardebeck wußte von einem alten Hollandgänger zu berichten, dem man seine mitgebrachte 60 bis 70 Pfund schwere Standuhr, einen sogenannten Grönländer, abkaufen wollte. „Dei do ick nich lichte weg, dei häbbe ick uppen Buckel von Holland hier henne drogen" (die tu ich nicht leicht weg, die habe ich auf dem Buckel von Holland nach hier hingetragen).

Der sogenannte Sorgenstuhl darf bei der Betrachtung des Möbelgutes eines Hofes nicht vergessen werden. Am Polterabend, im Osnabrücker und Tecklenburger Land „Stuhlabend" geheißen, wurde bis weit in das 19. Jahrhundert hinein von den benachbarten jungen Leuten dem Brautpaar ein Sorgenstuhl, gewöhnlich ein hölzerner, besonders gestalteter Sessel übergeben. Hier mag unbewußt der Gedanke an den „frien Setel am Hale" (vgl. Seite 26) mitgewirkt haben.

In jüngerer Zeit fand sich das sogenannte Himmelbett als Heiratsgut auf dem Hof ein — die offene Bettlade gelangte schon um die Mitte des 18. Jahrhunderts in das Bauernhaus —, doch blieb der Durk, der Bettschrank, bis um die Mitte des 19. Jahrhunderts in Gebrauch. 1815 brachte „Catharina Clara Lippolds" ein reichgeschnitztes Bett mit Säulen als Baldachinhalter zusammen mit einem Kleider- und Glasschrank

Zweischläfriges Himmelbett, das zusammen mit dem Kleiderschrank als Heiratsgut 1815 auf den Hof Hensiek in Buer gelangte. Zwei gedrechselte Säulen tragen in Verbindung mit der an ihren Seitenenden säulenartig gestalteten Rückwand einen hölzernen Baldachin, den „Himmel". Reiche Flach- und Durchbruchschnitzerei. Am Fußende die sogenannte hohe Kante.

Koffertruhe auf Rädern, um 1680 (Hof Schulze-Holmer, Samern südl. Schüttorf). Eisenbänder auf dem Deckel und an den Seiten, sowie geschmiedete Durchbruchsarbeit und Rädergestell machen die Truhe zu einem bemerkenswerten Schaustück. Bei Brandgefahr konnte die Truhe auf Rädern schnell in Sicherheit gebracht werden.

in das Erbwohnhaus des Bauern Hensiek in Buer. Der Bettrand ist so hoch, daß Wertsachen sicher „auf die hohe Kante" gelegt werden konnten. Am Kopfende der Schlafstätte ist ein Geheimfach eingerichtet, über dem Fußende sind zwei verschließbare Laden eingebaut. Vom Bett aus mochte die Hand der Mutter das auf gerundeten Brettern liegende Kinderbett erreichen, um den jungen Erdenbürger sanft in den Schlaf zu wiegen.

Etwa um die Mitte des 19. Jahrhunderts beginnend, wird nach bürgerlichem Vorbild eine vollständige Wohnungseinrichtung erstrebt. Die ererbten großen Möbel werden im repräsentativen Kaminraum aufgestellt — damit setzt auch die Abwanderung mancher alter Möbel vom Hof ein —, während die „gute Stube" das moderne Meublement aufnimmt.

Das Inventar des bäuerlichen Wohnbereiches war in der Zeit, als die Möbel fast ausschließlich das Werk örtlicher Handwerker waren, im allgemeinen recht sparsam. Noch bis ins letzte Drittel des vorigen Jahrhunderts beschränkte sich die bewegliche Einrichtung auf wenige Stücke, wie viele Bestandsaufnahmen ausweisen. Unter dem Nachlaß des verstorbenen Besitzers des Hofes Hillebrand (Klinker) in Lengerich-Aldrup verzeichnet der „Gerichts-Taxator" am 17. 9. 1846 an Möbeln lediglich einen Kleiderschrank mit zwei Türen, eine Kleiderkiste (Truhe), einen Koffer (Truhe) und einen Lehnstuhl. Ähnlich beschaffen ist das Mobiliar auf dem Hof Baumhöfener in der Bauerschaft

Kastentruhe im Renaissancestil mit den Initialen I (Jungfer), L (Lucia), G (Gerding) aus dem Jahre 1684 (Hof Lüdeling, Gr. Mimmelage westlich Badbergen). Charakteristisch ist das vorgeblendete reiche Rahmenwerk. Arkadenfelder, Vieleck- und Drachenmotivfüllungen herrschen im Artland vor, Felder mit Wellenrankenmotiven, Blatt- und Blütenwerk, die in Tulpen und Rosetten enden, waren im Hümmling und Emsland besonders beliebt.

75

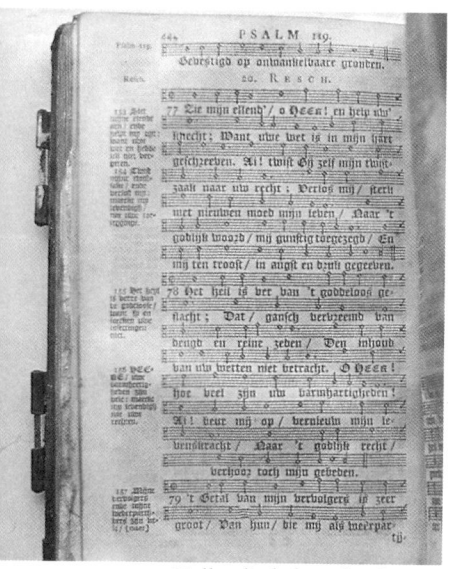

Holländisch-deutsches Gesangbuch für die Grafschaft Bentheim. Der vordere holl. Teil 1836 in Haarlem, der hintere deutsche 1827 in Elberfeld gedruckt (Hof Schulze-Holmer, Samern, südlich Schüttorf). Unter dem Einfluß der Reformierten Kirche wurde seit dem 17. Jahrhundert die niederdeutsche Umgangssprache in der Grafschaft Bentheim allmählich verdrängt (1687 Einführung eines holländischen Katechismus). Deutschen Schulunterricht gab es erst wieder seit 1847. Bereits vorher rangierten beide Sprachen gleichrangig nebeneinander. Ein Beispiel dafür das oben abgebildete Gesangbuch.

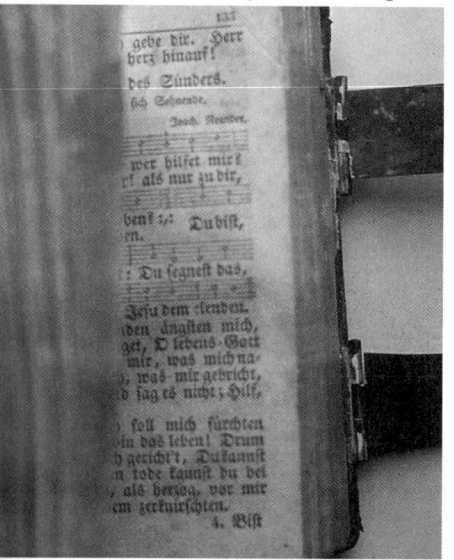

Holzhausen, Gemeinde Lienen, wo am 6. 3. 1832 amtlich festgestellt wird, daß 2 Kleiderschränke, 1 alte Kiste (Truhe), 1 Kiste (Truhe) und 1 Anrichte das Inventar ausmachen.

In einer offiziellen Bestandsaufnahme vom 22. 3. 1869 heißt es, daß auf dem Hof Stramann in Natrup im Kirchspiel Hagen vorhanden seien: „4 Buchenstühle, 12 Brettstühle, 1 Sesselstuhl, 2 Tischbänke, 1 Sofa, 2 Tische, 2 Schreine, 1 Brotschrank, 1 kleiner Schrank, 1 Beckenbord, 2 Spiegel, 1 Hausuhr mit Kasten, 3 Hängelampen und eine stehende Lampe." Die Erwähnung eines Sofas ist bemerkenswert. Dieses gemütliche Sitzmöbel, Inbegriff des Biedermeiers, kam erst nach Ende der Stilperiode zu wohlhabenden Bauern aufs Land. Für den um einige Hektar kleineren Hof Haarannen in Hollenstede werden amtlich am 11. 3. 1873 folgende Möbelstücke aufgeführt: „3 Tische, 8 Stühle mit Strohgeflecht, 1 Bank, 1 alte Anrichte ohne Glastüren, 1 eichener Koffer (Truhe), 1 Zeugkiste (Truhe), 1 alte Kiste (Truhe) und 2 kleine Milchschränke, dazu eine Hausuhr."

Der größte Teil des aus dem 18. und 19. Jahrhundert stammenden Möbelgutes eines Hofes gelangte als Heiratsgut ins Haus. Davon ist heute nur noch ein Restbestand vorhanden, der sich im „Zeitalter des Heimwehs" größter Wertschätzung erfreut. Nur selten ist der „Erbgang" der Möbel noch so gut sichtbar wie auf dem Hof Wibbelsmann in Hagen a. T. W. Eine Stollentruhe mit prächtigem schmiedeeisernem Schloß aus spätgotischer Zeit verrät zwar nicht mehr ihre Herkunft, die übrigen Möbelstücke lassen aber ihren Weg erkennen. Eine Kufentruhe und ein Kleiderschrank aus dem Jahr 1797, eine Koffertruhe und ein Kleiderschrank von 1842 und zwei Glasschränke aus dem Jahr 1885, die wie üblich auf dem Hof der jeweiligen Braut von örtlichen Tischlern, meist Heuerleuten, angefertigt wurden, zeigen erstaunliches handwerkliches Können.

Wenn schon der Bestand an Möbeln für den Bereich der bäuerlichen Familie bescheiden war, konnte die Ausstattung der Unterkunftsräume für das Gesinde nur sehr spärlich sein. In den Mägdekammern standen im allgemeinen noch um 1900 nur ein Kleiderschrank und eine Kommode oder ein hölzerner Koffer, den die Magd gewöhnlich selbst mitgebracht hatte. Die Kiste (Truhe) in der Knechtskammer, hier meist das einzige Möbelstück, nahm die unverwüstliche Leibwäsche (Leinen) auf. Nur selten verfügte der Knecht auch über ein „Schapp", einen anspruchslosen Schrank. Die tägliche Kleidung wurde an kräftige Haken oder Nägel gehängt. Bett und Stuhl vervollständigten die Einrichtung des kargen Raumes.

Wie stark die Wohnkultur unseres Raumes nach 1600 bis ins 19. Jahrhundert hinein von Holland beeinflußt wurde, zeigen nicht nur Möbel, sondern auch Fliesen, mit denen viele Kamine und auch manche gute Stube ausgelegt wurden.

Das meist in Rotterdam, Harlingen und Makkum hergestellte Gut kam im späten 18. und als Massenware vor allem im 19. Jahrhundert in den

Kamin (Hof Meyer zu Wehdel, Artland). Die den Herd umrahmenden Fliesen sind 1841 eingebaut worden, die hinter der Feuerstelle und in der Rauchzone befindlichen Platten erst 1920. Im 17. und 18. Jahrhundert waren Rotterdam und Friesland Zentren der Produktion von Wandfliesen. Platten der Zeit bringen vor allem unter dem Einfluß Chinas entwickeltes Blau-Weiß-Dekor. Noch heute werden in Makkum Fliesen nach alten Vorbildern hergestellt.

Raum von Ems und unterer Hase — in die grenznahen Gemeinden Halle und Getelo gelangten Fliesen schubkarrenweise, und zwar unter Umgehung des Einfuhrzolles. Da sie preiswert waren und im Schnitt für 100 Stück nur 2 Gulden gerechnet wurden, baute man sie in manche großbäuerliche Küche und Stube ein. Für Kleinbauern und Heuerleute blieben die Wandplatten unerschwinglich. Im 17. Jahrhundert, als Fliesen noch nicht in den späteren Mengen produziert wurden, blieb ihr Besitz auf den wohlhabenden Bürger und den adligen Herrn beschränkt.

Die meist blau und in jüngerer Zeit mangan bemalten Platten stellte man gern zu Bildfolgen zusammen. Geschätzt waren Motive von Personen aller Berufsstände, biblische Szenen und Landschaften. Selbst Platten, auf denen Kinderspiele zu sehen waren, fanden ihre Abnehmer. Die Bilder der Berufe geben uns heute eine anschauliche Vorstellung vom täglichen Leben der Zeit. Als gängige Darstellungen erblicken wir auch Katen, Mühlen und Schiffe. Die typische holländische Mühle mit drehbarer Haube und viele Schiffstypen, die Bedeutung der niederländischen Seefahrt vor Augen führend, sprachen die Käufer besonders an.

Noch heute können in Erbwohnhäusern der alten Grafschaft Bentheim und in mancher Wohnstätte einer Tüöttenfamilie in Mettingen und Hopsten die einst so beliebten Fliesenbilder betrachtet werden. Die aus Einzelplatten zusammengesetzten Fliesentableaus zeigen oft pflügende Bauern vor dem Hintergrund eines Gehöftes oder einzelne Haustiere wie Hund und Katze. In den naiv gemalten Bildern spiegelt sich reine Volkskunst. Von den tausend und aber tausend Fliesen, die noch Anfang unseres Jahrhunderts in den Häusern im Bereich von Vechte und Ems zu sehen waren, hat nur ein Bruchteil die Zeiten überdauert.

Kinderwiege Mitte des 19. Jahrhunderts (Hof Schlamann, Bauerschaft Schollbruch, Kirchspiel Lengerich). Die querschwingende Kufenwiege war verbreiteter als die Ständerwiege in Form eines Wiegenkastens.

Tracht und Schmuck

War das Heiratsgut beisammen, mußte es das Ziel der ehrbaren Jungfer sein, so bald wie möglich unter die Haube zu kommen. Das war wörtlich zu verstehen.

Die Haubengarnitur gehörte mit zum Kostbarsten, was die Frau besaß. In der Regel schenkte sie der wohlhabende Bräutigam seiner Erwählten mit dem zugehörigen „Halsgeschirr".

Haube und Schmuck waren Teil der Volkstracht, die gemeinhin als Kleidung des bäuerlichen Standes galt. Wenn auch noch im 18. Jahrhundert strenge Kleidervorschriften notwendig waren, um die sozialen Schranken durch standesgemäße Kleidung zu festigen, haben immer wieder Röcke, Hosen, Kopfbedeckungen, Halskrausen u. a. aus dem Bereich des Adels und des gehobenen Bürgertums in die bäuerliche Welt Eingang gefunden. Höfische und bürgerliche Kleidung, früher wie heute dem Wandel der Mode unterworfen, wurde erstrebenswertes Vorbild, das, zwar zeitlich verzögert und auch nur in Auswahl, gern übernommen wurde. Die gewählten Einzelteile und Schnittformen aus verschiedenen Epochen verband man mit der überlieferten Tracht. So entwickelte sich diese bis ins 19. Jahrhundert, im allgemeinen Endphase der Tracht, zu höchst differenzierten Gebilden. Da im „Brautschatz" gewöhnlich Wäsche und Kleidung für das ganze Leben bereitstanden, konnte neues Formengut nur in bescheidenem Umfang dem Hergebrachten eingefügt werden. Wenn der Spielraum in der Zusammensetzung der Kleidungsstücke in Schnitt und Stoff gering blieb, brauchten doch auf einem Nebenschauplatz der Phantasie keine Grenzen gesetzt zu werden, wie etwa bei der Kopfbedeckung mit ihrer unüberschaubaren Fülle von Stickmustern. Das Erscheinungsbild der Tracht blieb daher relativ konstant. Sitte und Brauch taten das übrige, um ein junges „Wicht" nicht aus der Reihe tanzen zu lassen. Es mag um das Jahr 1800 gewesen sein, als eine junge Leedener Bauersfrau es gewagt hatte, im Baumwollkleid den Gottesdienst zu besuchen. Am folgenden Tag erschien der Stiftsknecht und beorderte sie vor das Kapitel, wo die Äbtissin sie ernsthaft wegen ihrer Hoffart abkanzelte. Die ständische und soziale Ordnung innerhalb der Trachtengemeinschaft, der Rhythmus von Werktag und Feiertag, familiäre Ereignisse, vor allem Hochzeit, Geburt und Tod, und schließlich die kirchliche Zugehörigkeit spiegeln sich im Erscheinungsbild der Trachten wider. Der einzelne blieb durch die Tracht fest eingefügt in der traditionellen Lebensordnung der Familien- und Dorfgemeinschaft. Es war ein großer Augenblick, wenn am Sonntag der Erstkommunion, dem „Weißen Sonntag", oder am Konfirmationstag das junge Mädchen zum ersten Mal die Tracht anlegte.

Wenn Justus Möser schrieb, daß in Westfalen „eine neue Mode noch wohl seit dem Sündenfall nicht...erfunden worden" sei, dann wird mit diesen Worten nicht nur der konservative Geist der Betroffenen zum Ausdruck gebracht, sondern auch ihre bescheidene Grundeinstellung

Bäuerin Ekenhorst (Foto nach 1900).

Familie Bauer Ekenhorst in Heesterkante bei Laar in der Grafschaft Bentheim. Foto vor 1890. Mutter und Großmutter in der üblichen Tracht.

Trachten des Osnabrücker Landes um 1870 nach einer zeitgenössischen Darstellung (Kretschmer). Die Tracht blieb über lange Zeit relativ konstant. Charakteristisch die kostbare Haubengarnitur.

zu den Erfordernissen des Lebens, die übermäßigen Prunk ablehnte. Daher sind die Kleidertrachten im allgemeinen recht anspruchslos. Erstaunlich jedoch die Vielfalt der Unterröcke, die nicht nur weiß schimmerten, sondern auch rot oder eingewebte bunte Striche oder gar aufgenähte Samtstriche zeigten. In der Grafschaft, wo der holländische Einfluß besonders groß war, gab es als Unterkleid den Boyenrock, den Moirérock, den weißen Rock und schließlich noch einen dicken Watterock. Überaus reich, in immer neuen Variationen bestickt, erscheint die Haubengarnitur. Die Kopfbedeckung bestand aus der eigentlichen Haube, einer weißen Kante oder Spitze, die unter der Kappe getragen wurde und als umliegender gefälteter Ansatz, der sogenannte Strich, das Gesicht umrahmte; dazu kam das Mützenband. Die Kopfbedeckung unterschied sich von Ort zu Ort, von Konfession zu Konfession. Zur reichsten Ausbildung kam sie im Altkreis Melle. Im allgemeinen besaßen die Bauersfrauen mehrere Hauben, im Osnabrücker Land mindestens vier, von der Alltagsmütze abgesehen. An Feiertagen trat die Goldmütze in Erscheinung, bei Halbtrauer und besonderen Gelegenheiten trug man eine silberne und bei tiefer Trauer eine schwarzseidene, mit Spitze garniert. Die mit Gold- oder Silberfäden auf meist braunem Samt bestickte und mit Pailletten und Metallblättchen überdeckte Mütze war eine Kostbarkeit, die Mitte des vorigen Jahrhunderts gut und gern mit 15 bis 20 Talern bezahlt wurde, das entsprach dem Preis für ein Rind. In der Leedener Schulchronik von 1869 wird berichtet, daß „die sogenannten Obermützen", von denen wenigstens drei vorhanden sein mußten, 40—100 Reichstaler gekostet haben, „je nachdem einer konnte". Breite, buntbestickte Mützenbänder, bei den evangelischen Frauen lang über die Brust herunterhängend, bei den katholischen zur Schleife gebunden, erhöhten das farbenfreudige Bild.

Im streng reformierten Bentheimischen, wo man jeglichen persönlichen Schmuckes abhold blieb, waren die Mützen weniger reizvoll. Die einfachen Bentheimer Hauben mit ihrem breiten hochstehenden Strich ließen nur das Gesicht frei, so daß von den Bentheimerinnen gesagt werden konnte: „Sie haben zwar Haare, aber sehen lassen sie kein einziges." Vor dem Ersten Weltkrieg war es in der Niedergrafschaft noch selbstverständlich, daß alle Frauen und Mädchen die Tracht anlegten. 1926 wurde das letzte junge Mädchen mit der „weißen Haube" konfirmiert. Noch in den ersten Jahren nach dem Zweiten Weltkrieg sah man im Bentheimischen auf dem Kirchgang und bei Beerdigungen Landfrauen mit der „Knippmüsse" und dem „Päckin".

Eine Besonderheit der Grafschaft Bentheim war die Trauerfarbe weiß. Ein weißes Tuch über dem geschnürten Mieder galt als Trauergewand der Frau. Die Männer trugen bei Beerdigungen ein weißes Halstuch. Bis 1860 herrschte in der Niedergrafschaft Weiß als Trauerfarbe vor. Hier sind Einflüsse aus den Niederlanden sichtbar gewesen.

Ähnlich wie bei der Tracht wurde auch der Schmuck aus dem Brauchtum geregelt. Er war Standesabzeichen und zugleich Statussymbol.

Goldmütze (Hof Röfer, Melle-Neuenkirchen). Gold- und Silberfadenstickerei auf dunklem Samt, buntseidene Mundbänder und „Strich" (weißer Ansatz) sind ihre wesentlichen Merkmale. Die Spanschachteln, die einst zum Aufbewahren von Hauben dienten, sind selbst Ausstellungsstücke geworden.

Goldhaube, die noch Ende des vorigen Jahrhunderts in Borgloh getragen wurde. Eine weiße Spitze, der sogenannte „Strich" — ein Überbleibsel der aus dem Mittelalter überkommenen Frauenhaube — umrahmt das Gesicht. Die eigentliche Kopfbedeckung besteht aus der Übermütze, einer bestickten Kappe.

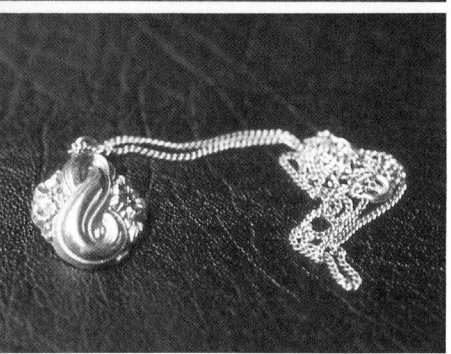

Bäuerlicher Goldschmuck. Goldener Gehängeschmuck, Broschen und mit Symbolen verzierte Ringe gehörten zum typisch bäuerlichen Schmuck, der auch in kleineren Orten — nach Auskunft von Herrn Meyer-Wellmann in Lorup — im frühen 19. Jahrhundert in Sögel und Lorup hergestellt wurde. Im Ring sind die Symbole Kreuz, Anker und Herz (für Glaube, Hoffnung und Liebe, nach 1. Korinther 13,13) eingearbeitet.

Oellampe aus Zinn um 1800 (Hof Sommer, Schleptrup).

Seine Vorbilder sind in erheblichem Umfang im Bereich der Oberschicht zu suchen. Daher steht der Schmuck der Tracht entsprechend in Beziehung zur Mode der Zeit. Der Höhepunkt der bäuerlichen Schmuckentwicklung liegt in der ersten Hälfte des 19. Jahrhunderts.

Die volkstümliche Gestaltungskraft wird insbesondere im Brustgehänge, im Halsschmuck, in Spangen und Schließen erkennbar.

Das Bedürfnis, sich zu putzen, war im Land von Hase und Ems nicht so groß wie etwa in Ostfriesland oder gar im Saterland, wo im späten 19. Jahrhundert nicht nur mehrfacher Hals- und Brustschmuck umgelegt wurde, sondern außerdem jeden Finger der linken Hand ein goldener Ring zierte.

Wohlhabende evangelische Bäuerinnen trugen das „Halsgeschirr", einen breiten und schweren, aus aneinandergereihten großflächigen Silberplatten bestehenden kragenförmigen Schmuck. Die katholischen Bäuerinnen legten sich gern eine leichtere Kette mit einem Kruzifix als Anhänger um den Hals.

Als beliebter Zierat hat sich friesischer Gehängeschmuck über das Emsland und das Oldenburger Münsterland bis in das Hochstift Osnabrück ausbreiten können. Seine halbmondförmige Filigranplatte mit ineinander greifenden Kettchen als Anhänger, das in katholischen Gegenden noch zusätzlich ein Kreuz als unterstes Teilstück erhielt, erfreute sich hoher Wertschätzung.

Der Schmuck der Niedergrafschafter Bäuerinnen und ihrer Töchter war bescheiden. Silberne Armbänder und Broschen genügten ihnen.

Die einfache Magd, die des schönen Halsschmuckes entbehren mußte, begnügte sich mit der Hemdspange, „womit sie", wie Möser meinte, „ihr selbstgezeugtes Hemd befestigt und zwei Röcke, wovon sich nur eins sehen lassen durfte".

Im Gegensatz zu den bunten Trachten der Frauen waren die Männer weniger farbenprächtig. Der Bauer des Osnabrücker Landes trug, ähnlich wie sein Nachbar im Münsterländischen, alltags „linnerne Kittels ... lierene Bücksen und blaue Schärten...", wie Lyra, der Vater des bekannten Komponisten („Der Mai ist gekommen"), 1844 schreibt. Dem Bauern aus dem Bentheimischen genügten am Feiertag ein Wams mit kurzen Ärmeln, bis über die Knie reichende Hosen, weiße Gamaschen und Spangenschuhe. Der Landmann aus dem Hochstift Osnabrück zog feiertags seinen „Bratenrock" oder „Schwalbenstert" an, einen langen braunen, roten oder blauen Rock aus Tuch, und eine zweireihige Weste. Die dazu getragene Lederhose — sie reichte, insbesondere, wenn es eine hirschlederne war, für das ganze Leben —, weiße Strümpfe und flache Schuhe mit großen silbernen Spangen sowie ein Dreispitz vervollständigten die Tracht. Der Dreispitz verschwand in den ersten Jahrzehnten des vorigen Jahrhunderts und machte dem „hohen Gefüge", dem Zylinderhut, Platz. Die Herkunft dieser Kleidungsstücke aus dem Modebereich der bürgerlichen und feudalen Oberschicht ist augenscheinlich.

Mit der allgemeinen Verbreitung liberaler Vorstellungen auch auf dem Lande wurde nach der Mitte des 19. Jahrhunderts die Tracht und damit auch der bäuerliche Schmuck allmählich abgelegt. Man wollte nicht mehr rückständig sein und „kleidete sich um". So trug die Frau im Kirchspiel Hagen in der Zeit der Übergangsmode eine schwere schwarzseidene Stola mit langen Fransen und als Kopfschmuck statt der Gold- oder Silbermütze eine Perlenkappe ohne „Strich".

Die Ehefrau eines Großbauern aus Holterdorf bei Neuenkirchen erschien an einem Frühlingsabend in den 80er Jahren auf der Kurpromenade in Bad Pyrmont noch in Tracht. Sie wurde des Weges verwiesen. Man mag dies als Kuriosum hinnehmen, doch ist es als Zeichen der Zeit zu verstehen. Der vornehme Herr, sei es von Adel oder aus der gehobenen bürgerlichen Gesellschaft, sah in der Bauerntracht ein Attribut der niederen Volksschicht, und dieser war der Zugang zur Promenade versperrt.

Öllampe aus der Zeit um 1800 (Hof Ehmann, Ladbergen). Die durch Einführung des röhrenförmigen Dochtes und des Glaszylinders verbesserte Öllampe blieb auch noch in der Zeit, als Petroleum der begehrte Brennstoff wurde, die wichtigste Lichtquelle.

Küchen- und Hausgeräte

Als noch die am Herdrahmen hängende Kienleuchte die einzige Lichtquelle war, mochte es die in der ersten Frühe oder am Abend wirkende Hausfrau schwer gehabt haben, ihre Pflichten zur Zufriedenheit der Hausgenossen zu erfüllen. Der sichere Griff nach den einzelnen Geräten geschah mehr aus Gewohnheit denn aus dem richtigen Sehen. Erst der Trankrüsel, ein als Öllampe gebrauchtes flaches Schälchen, hat die Lichtverhältnisse ein wenig gebessert. Rüböl, das nicht nur wie Leinöl als Tunke geschätzt wurde, stand reichlich zur Verfügung. Noch heute finden wir auf jedem alten Hof einen oder mehrere Zinnkrüsel mit halbkugeligem Ölbehälter, in Nachahmung römischer Tonlampen, die um 1800 aufkamen.

Kerzen, die man gewöhnlich selber aus Rinder- oder Schaftalg herstellte, wurden nur bei festlichen Gelegenheiten angezündet. Auf den größeren Höfen steckte man sie auf Zinnleuchter, die heute zu den Schaustücken des Hauses gehören.

Vereinzelt wurden um die Mitte des 19. Jahrhunderts auch gepreßte Glasleuchter verwendet. Im Zeitalter des beginnenden Historismus waren diese meist Nachbildungen alter Originale aus der Zeit des Barocks.

Das einzige Küchengerät, das Jahrhunderte überstanden hat, ist der Grapen, ein aus Bronze, später aus Eisen geformter bauchiger Kochtopf, der mit dem Potthaken dirigiert werden mußte. Der „Spiesepott", aus dem gleichen Metall gegossen wie die Kirchenglocken, gefeit gegen Hexenzauber, zählt heute zum begehrten musealen Sammlungsgut.

Hin und wieder mag auch noch ein Dreibein zu sehen sein, das über der Feuerstelle stand und die eiserne Bratpfanne aufnahm.

Zu jedem bäuerlichen Haushalt gehörte wenigstens ein langstieliges Kuchen- oder Waffeleisen, mit dem man über dem offenen Herdfeuer knusprige Eierkuchen zum Jahresende backte und diese, auch zu Röll-

„Grapen" (Hof Meyer zu Belm). Jahrhundertealter bauchiger Kochtopf aus Bronze. Sein erhebliches Gewicht machte das Hantieren mit ihm zu einer schweren Arbeit. Über viele Generationen wurde in ihm der Eintopf aus Gemüse, Speck und Kartoffeln (diese erst in jüngerer Zeit) gekocht. Noch in den 30er Jahren unseres Jahrhunderts bereitete man in ihm „wat fläisk un satt Gemöise" (etwas Fleisch und reichlich Gemüse), gewöhnlich Fitzebohnen, zu.

Waffeleisen um 1800 (Meyerhof in Westerholte westl. Alfhausen). Die Waffeleisen besaßen einen armlangen Griff, da die Waffeln im offenen Feuer gebacken wurden. Das schwere Gerät handhabte gewöhnlich ein Mann. Er hatte in der Regel pro Kopf über 100 Neujahrskuchen zu backen.

chen geformt, anbot. Sie wurden in der Grafschaft Bentheim oft zu Hunderten gebacken und den zum „Koken", zum Neujahrskuchen, geladenen Verwandten angeboten. Auch die vom Hof abgeheirateten Kinder wurden eingeladen, solange ihre neue Familie nicht mehr als sechs Augen zählte. Da das „Jahreskokenisen" oder „Nijahrskokenisen", wie der Name schon zum Ausdruck bringt, nur wenig gebraucht wurde, zeugt es, gut erhalten, auch heute noch auf manchen Höfen von der Backkunst der Altvordern. Gewöhnlich war auf der Innenseite der runden, auch rechteckigen, seltener herzförmigen Backe ein Sinnspruch christlichen Gehalts, ein Bild mit religiösen wie weltlichen Motiven, Tiere und Pflanzen oder wenigstens der Name des Besitzers eingraviert. Auf der Innenseite eines Waffeleisens des Hofes Mensink in Bookholt im Kirchspiel Nordhorn aus dem Jahr 1780 heißt es in Anlehnung an die Sprüche Salomos 20,9: Wie kan seggen ik hebe myn Herte gesuyvert, ik ben rein van myne Sonde? (Wer kann sagen, ich habe mein Herz gesäubert, ich bin rein von meiner Sünde?) Die andere Backe zeigt einen Hochzeitswagen mit Braut und Bräutigam.

Die Ausschmückung der Zangeneisen ist jedoch in der Regel sparsamer und ohne persönlichen Bezug.

Eßschüsseln und Milchsetten, Kruken und Löffel waren ursprünglich in der Regel aus Holz. Da das Eßgeschirr für eine größere Festgesellschaft auf den kleineren Höfen oft nicht ausreichte, konnte man um 1800 in Leeden, heute zu Tecklenburg gehörig, hölzerne Näpfe für Milchsuppen und flache Holzteller für das Fleisch zu einem bestimmten Preis ausleihen. Gewöhnlich brachte der Gast bei Hochzeiten oder anderen größeren Festlichkeiten sein Eßbesteck jedoch mit.

Hölzerne Küchengeräte wurden erst allmählich durch Irdenware ersetzt. Diese konnte leicht und billig in den Bereichen hergestellt werden, wo Tonmaterial und Holz für die Brennöfen zur Verfügung standen, wie in Teilen des Hügellandes und in Moränengebieten.

Allein im Fürstbistum Osnabrück wurden während des 18. Jahrhunderts in zehn Orten Töpferwaren produziert. So arbeitete man im

Waffeleisen aus dem Jahre 1780 (Hof Mensink, Bookholt, Kspl. Nordhorn). Die eine Innenseite zeigt ein Ehepaar im „Visitewagen" (Brautwagen).

Kirchspiel Hagen um 1800 in zwölf Töpfereien; seit dem späten Mittelalter sind hier sogenannte Pottbäcker nachweisbar. Im 19. Jahrhundert wurde im Bereich der Ankumer Berge in zehn Gemeinden für Küche und Tisch irdene Ware hergestellt. Hauptsächlich entstand Gebrauchsgeschirr, bevorzugt „Kümme" (Schüsseln) und „Näpkes" (kleine Schüsseln). Für stark säuernde Nahrungsmittel, etwa Sauerkraut und Gurken, genügten Töpfe aus heimischer Tonerde nicht. Es mußte daher Steinzeugware, oft aus dem nahen Stadtlohn, dem „Pottland" der Oberweser oder aus dem rheinisch-westfälischen Raum, „eingeführt" werden. In großen Mengen fand nach der Mitte des 18. Jahrhunderts auch Steingut aus England seine Käufer. Da dieses durch heiße Speisen rissig und unansehnlich wurde, konnte es sich gegenüber dem immer billiger werdenden Porzellan schließlich nicht mehr durchsetzen, so daß Steingut von den Höfen allmählich verschwand. Schon Fayence, die ursprünglich Porzellan ersetzen sollte, hatte sich gegen Steingut nicht behaupten können. Sie war bei raschem Temperaturwechsel zu anfällig. Irdene Schüsseln und Becken fehlten in keiner Anrichte, sie gehörten in jedes Beckenbord.

Zu allen Zeiten hat man Haushaltsgeräte und Geschirr mit Bildern und Ornamenten verziert. So erfreuten den Bertrachter lineare Ornamente, Pflanzen- und Tierdarstellungen, das Lebensbaummotiv und liebevoll gestaltete Sinnsprüche an vielen Näpfen und Schüsseln. Von Generation zu Generation ist mit geringfügigen Änderungen am alten Formenschatz und an dem überlieferten bäuerlichen Schmuck festgehalten worden.

Schmuckteller sind, da selten benutzt, oft erhalten geblieben und finden heute gebührenden Stellplatz.

Beim notwendigen Gebrauchsgut durften Öl- und Essigkrüge sowie hölzerne Bierkannen für das selbstgebraute obergärige Bier nicht fehlen. Auf den größeren Höfen wurde bis um die Mitte des vorigen Jahrhunderts gebraut. Etwa 500 kg Gerste rechnete man hier jährlich für die Herstellung von Malz. Braunbier und das vorwiegend im Winter seit Jahrhunderten gepflegte „Grüßinck" waren der tägliche Haus-

Mörser (Hof Meyer zu Wehdel, Artland). Der für den Haushalt hergestellte Mörser war ursprünglich aus Bronze, später aus Messing und konisch oder zylindrisch geformt. Er ist gewöhnlich klein und schlicht gehalten. Gelegentlich erscheinen die äußeren Wandungen mit Pflanzenmotiven u. a. verziert. Man zerdrückte mit dem Mörser Gewürze. Größere Gefäße wurden auch zum Zerstampfen von Salz und Zucker — diese kamen in größeren Stücken auf dem Markt — und zum Zerkleinern von Gemüse gebraucht.

*Waffeleisen aus dem Jahre 1780 (Hof Mensink, Bookholt, Kspl. Nordhorn).
Die andere Seite zeigt in Spiegelschrift ein Wort in Anlehnung an die Sprüche Salomons 20,9.:
WIE KAN SEGGEN IK HEBE MYN HERTE GESUYVERT IK BEN REIN VAN MYNE SONDE (Wer kann sagen, ich habe mein Herz gesäubert, ich bin rein von meiner Sünde).
HINDRIK MENSINK AEULE AARNINK ELUDE ANNO 1780.*

Salzbehälter von 1734 (Hof Siebert-Meyer zu Hage, Vehrte). Salzbehälter konnten bis zu 20 kg Salz aufnehmen.

trank. Es mochte im allgemeinen besser gemundet haben als das Getränk, das dem päpstlichen Gesandten bei den Osnabrücker Friedensverhandlungen in Lengerich angeboten wurde. „Etwas Schwefel hinein", meinte der Herr, „und es ist ein Höllentrunk." In den Kirchspielen Hagen und Oesede brachte man das Bier in der Bunge, einem kleinen Eichenholzfaß, in jüngerer Zeit in grauen Steinzeugkrügen aufs Feld; es wurde dann in flachen Ohrenschalen, den Köpkes, ausgeschenkt.

Bierkannen aus Ahornholz, von halbierten Weidenreifen umspannt, mit Klappdeckel und langer Tülle, sind noch heute erstaunlich oft auf den Höfen zu finden. Sie dienen in unseren Tagen ausschließlich der Dekoration.

In einer Zeit, als Salz nicht nur für den täglichen Gebrauch sondern auch für die Haltbarmachung von größter Bedeutung war, mußten große Aufbewahrungsgefäße vorhanden sein. Es boten sich hölzerne Kasten an, die gewöhnlich in unmittelbarer Nähe des Herdes, wo das Salz leicht trockengehalten werden konnte, ihren Platz fanden. Beliebt war bis weit in die östlichen Nachbarräume unseres Betrachtungsgebietes das Giebelhäuschen mit rundem Loch in der Mitte, vor dem eine bewegliche Verschlußscheibe hing. Oft reich mit Schnitzerei geschmückt, war das Salzgefäß eine Zierde der Küche. Neben den Giebelhäuschen finden sich auch Klappkästen mit schräg aufliegendem Deckel. Gewöhnlich verschönerte sie ein eingeschnittener Spruch mit Jahreszahl. „Ho ho wa hor hir al to a o 1734" (Ho Ho was gehört hier alles zu) heißt es auf dem Salzbehälter des Hofes Meyer zu Hage in Vehrte. Ein Wort, das häufig gebraucht wurde. Ohne Salz geriet nichts

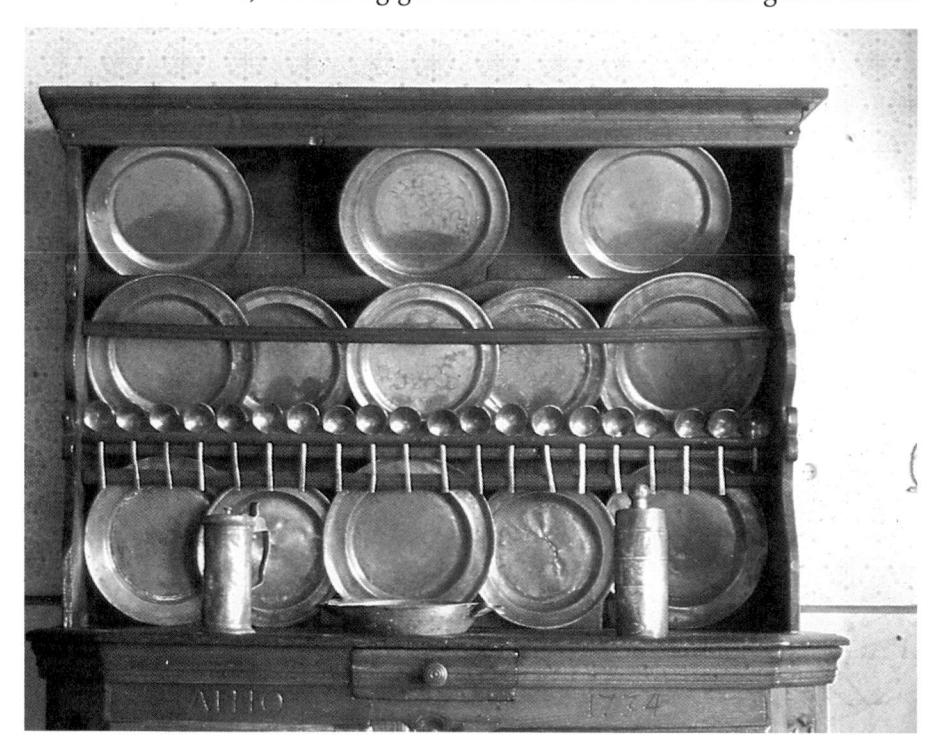

Zinngeschirr in einer Anrichte (Hof Reins, Lorup/Hümmling). Das Zinngut kam zu unterschiedlichen Zeiten in den Besitz der Familie, darunter Arbeiten der Zinngießer Johann Henrich und Gerhard Henrich Eickholt in Haselünne aus der Zeit um 1800 wie die mit Blumenmotiven gravierten Teller.

im Haushalt, weder Schinken noch Wurst, weder Speck noch Butter, nicht Kohl noch Brot.

Zu den wichtigen häuslichen Gebrauchsgegenständen gehörten Zinngeräte. Allein die vielen Zinnwerkstätten, die während des 18. und teilweise noch im 19. Jahrhundert bestanden, so in Lengerich, Iburg, Melle, Bramsche, Fürstenau, Haselünne, Lingen, Meppen, Sögel, Neuenhaus und vor allem in Osnabrück und Quakenbrück, weisen darauf hin, wie allgemein verbreitet das Zinngut war.

Das leicht zu bearbeitende weiche Material wurde im Haushalt besonders geschätzt. Da dieses Metall von den meisten Speisen kaum angegriffen wird, benutzte man es gern für die Herstellung von Eßgeschirr. Das Zinn kam auf den Höfen erst im 18. Jahrhundert häufiger in Gebrauch, nachdem in den Städten bereits Fayence und Porzellan ihren Siegeszug angetreten hatten und das Zinn eine nur noch untergeordnete Rolle spielte. Seine größte Verbreitung auf dem Lande erreichte das Zinngeschirr in der ersten Hälfte des 19. Jahrhunderts.

Das Osnabrücker und Tecklenburger Land ist sparsamer im Zinngebrauch gewesen als der nördliche Nachbarbereich. Hier hat sich der günstige Bezug preiswerter Töpferware aus den Werkstätten im Kirchspiel Hagen und in Hellern negativ für den Kauf von Zinngut ausgewirkt.

Im übrigen war die Menge des Zinngeschirrs ein Zeichen für Wohlhabenheit und förderte das Ansehen. Zur wertvollen Habe zählten vor allem Kannen, Krüge und Schüsseln. Die Geräte hatten meist reine Zweckformen, doch waren sie von der Formenwelt ihrer Zeit mitgeprägt.

Ölkrüge (Hof Siebert-Meyer zu Hage, Vehrte-Belm) aus dem 18. Jahrhundert. Krüge mit Seitenhenkeln, durch die Schnüre zum Tragen gezogen wurden. Braune Steinzeugkrüge kamen vorwiegend aus dem „Pottland" zwischen Deister und Solling, das graue, meist blau verzierte Steinzeug aus dem Westerwald. Bei hoher Temperatur hartgebranntes Steinzeug mit Salzglasur ist außerordentlich hart und wasserdicht.

Töpfergeschirr (Hof Krützmann, Hagen a. T. W.). In einer Anrichte ist Geschirr des 19. und 20. Jahrhunderts aus Töpfereien im Kirchspiel Hagen, meist aus der 1949 aufgegebenen Werkstatt Hehemann in Gellenbeck ausgestellt. Bemerkenswert sind vor allem die im frühen 19. Jahrhundert produzierte Kaffeekanne (mit abgebrochener Tülle) auf dem Gesimsrand und der Tabaktopf links vor dem unteren Bord. Die Grundformen der Schüssel sind unabhängig vom Material über Jahrhunderte gleich geblieben. In Randornamenten und in dreisprossigen Blumen sind die überlieferten Formen der Volkskunst spürbar. Der größte Teil des Geschirrs zeigt als zusätzlichen Schmuck die Hausmarke des Hofes Krützmann und erweist sich damit als Auftragsgut.

Walzenkrug mit Zinndeckel (Hof zur Mühlen, Bauerschaft Schleptrup, Kspl. Engter). Das Trinkgefäß wurde nach 1750 in einer niedersächsischen Fayencemanufaktur, wahrscheinlich in Hann.-Münden, Lesum oder Vegesack, hergestellt. Walzenkrüge, besonders mit dem springenden Pferd aus dem hannoverschen Wappen als Bildmotiv, erfreuten sich zu der Zeit allgemeiner Beliebtheit.

Duinger Humpen und Zinnlöffel (Hof Sundermann, Osnabrück-Gretesch). Steinzeugkrüge waren schon im 16. und 17. Jahrhundert gern gebrauchte Trinkgefäße. Die mit Rillen und einer aufgelegten wappenartigen Verzierung versehenen Krüge entstanden in einer Werkstatt des Duinger Raumes oder in Großalmerode. Die Zinndeckel wurden gewöhnlich erst am Bestimmungsort montiert, die hier abgebildeten um 1767 durch den Osnabrücker Zinngießer J. (Justus) G. (Gottfried) H. ST. (Holstein). Zinnlöffel gravierte man äußerst selten. Löffel mit verzierten Laffen — wie die hier wiedergegebenen — galten als Repräsentationsgut und konnten deshalb die Zeit leichter überstehen.

Der Prediger und Schriftsteller Hoche, aus dem Ravensbergischen kommend, zählte bei einer Reise durch das Saterland, das neben Artland und Ammerland zu den zinnreichsten Gebieten Nordwestdeutschlands gehörte, vor 1800 in einem Bauernhaus 36 Zinnschüsseln, in einem anderen 43. An einem Hofgebäude nahe der Ems sieht er „6 zinnerne Nachttöpfe, schön gescheuert, gleich am Eingang hängen, und sich traulich an die Schüsseln anschließen".

Im Artland hat die Kunst der Quakenbrücker Zinngießer, insbesondere von Diedrich Bahlmann und Sohn Lübbert, auf vielen Höfen ihren Niederschlag gefunden. Manches Prunkgeschirr ist bis auf unsere Tage gekommen. Der Gast bewundert hier prächtige Kaffee- und Teekannen, die ersteren mit hohem Gießansatz, die letzteren, meist kugelige Gebilde, mit tief angesetztem Ausgußrohr. Die Altvorderen wußten durchaus, wie dem Durst auf angenehme Weise abgeholfen werden konnte. Justus Möser bemerkte schon um die Mitte des 18. Jahrhunderts: „In unseren wollüstigen Tagen weiß der Bauer, allen strengen Gesetzen ohngeachtet, ebenso Kaffee und Tee zu trinken als der vornehme Mann in der Stadt" — Kaffee und Tee wurden erst im Laufe des 18. Jahrhunderts zu bürgerlichen Getränken, bis dahin war der teure Trunk den sozial höher gestellten Klassen vorbehalten. Auf dem Lande hieß es: Zuerst der Kaffeepott, dann der Kunkelpott und schließlich der Bankerottpott. Das Kaffeetrinken war zu einer Prestigefrage geworden. Im allgemeinen trank man derzeit jedoch und auch noch im folgenden Jahrhundert auf dem Lande anstelle von Kaffee Milchsuppe oder sogenanntes Warmbier.

In der zweiten Hälfte des 18. Jahrhunderts kam die nach rheinisch-bergischem Vorbild angefertigte „Dröppelminna" auf, eine Kanne, aus deren unten angebrachtem Kran das Getränk gezapft wurde. Der meist birnenförmige, auf drei geschweiften Beinen ruhende glatte Behälter gilt heute als besondere Rarität. Zu den seltenen Stücken gehört eine Kanne mit drei Zapfstellen. Hin und wieder ist durch Punzierungen und Gravierungen geschmücktes Prunkgeschirr zu entdecken. Dieses wurde, wie auch gewöhnliches Eßgeschirr, oft zu Familienereignissen von Freunden und Verwandten geschenkt und mit dem vollen Namen oder den Initialen des Schenkenden versehen.

Für den Hofbesitzer mag die Schenkkanne das beliebteste und zugleich begehrteste Zinngefäß gewesen sein. Sie diente ausschließlich dem Trinken des selbstgebrauten Bieres. Die hohen zylindrischen Kannen, wie sie in ganz Norddeutschland bevorzugt wurden, sind zwar schwer und schmucklos, doch erfüllten sie ihren Zweck. Die ersten dieser Art stammen vermutlich aus dem frühen 17. Jahrhundert.

Neben Zinnkannen sind auf manchen Höfen auch Fayencekrüge mit Zinndeckeln aus dem 18. und 19. Jahrhundert zu sehen, die nicht selten als Hochzeitsgeschenke ins Haus kamen.

Die von uns betrachteten Bierkannen zeigen nur zum geringen Teil Marken, und zwar auf der oberen Seite des Henkels, die meisten weisen keinen Stempel auf. Sie sind möglicherweise von wandernden Zinngießern, die häufig, von Italien kommend, den Weg nach Norden fanden, angefertigt worden. Bauern und Bürger wurden oft genug bei ihren Zinneinkäufen von Hausierern übers Ohr gehauen. „Der westfälische Kreis muß sich schämen", schreibt unser oben genannter berühmter Gewährsmann, „wenn er an die Art und Weise denkt, wie er sich von einigen Frankfurter Kaufleuten mit dem Zinn behandeln läßt. Die Wilden in Amerika werden nicht so arg mit Gläsern und Korallen, Spiegeln und Puppenzeug als wir mit dem Zinn um unser gutes Geld betrogen. Die Italiener, Tiroler, Bayern, Schwaben, Franken, welche unsere Gegenden mit allerhand ungeprobten Waren belaufen, versorgen sich alle in Frankfurt, und dort arbeitet man für das flache Land in westfälischen Kreisen wie für die Hottentotten." Abgesichert gegen Betrug schien der Käufer nur zu sein, wenn er „Markenware" kaufte.

Zinn wurde durch Zusatz von Kupfer oder Blei gehärtet und gewann damit an Gußfähigkeit. Man verarbeitete es daher nur selten rein. Nach der Osnabrücker Zinngießerordnung von 1769, die den uns überlieferten Zinnordnungen anderer Städte ähnelte, unterschied man im Hochstift Osnabrück 1. „Reines Englisches Zinn", 2. „Kron-Zinn" im Verhältnis 9:1 und 3. „Radzinn" im Verhältnis 3:1. Auf das Zinngeschirr eingeschlagene Meister-, Qualitäts- und Stadtmarken sollten die Zinnqualität kenntlich machen. Die gekrönte Rose (englische Tudorrose), ursprünglich die Qualitätsmarke für die beste Zinnqualität des reinen oder klaren Zinns, wurde in Verbindung mit den Initialen des Meisters das verbreitetste Zinngut. Auch die Engelsmarke mit Schwert und Waage (Allegorie der Gerechtigkeit), einem Füllhorn (Fortuna = Symbol des Glücks), einer Posaune u. a. galt als Qualitätsmarke für das „Englische Zinn". Das glanzlose dunkelgraue Mankgut hatte den Ruf des Minderwertigen. Außerdem war es wegen seines hohen Bleigehaltes gesundheitsschädlich.

Als typisch für den gesamten niederdeutschen und benachbarten holländischen Raum gelten bauchige Branntweinschalen aus Zinn, seltener aus Silber — im Artland und im Osnabrücker Raum „Köpkes" genannt, im Bentheimischen „Brutbaakje" (Brautschale) und im Emsland das „Söite Pöttken", mit zwei horizontal angesetzten durchbrochenen flachen Griffen, den Ohren. In der Grafschaft Bentheim trafen sich bis in jüngste Zeit nach dem 1. Aufgebot eines Brautpaares in der Kirche Verwandte und Freunde im Hochzeitshaus zum „Brandewin". Noch heute wird in Ostfriesland bei Taufen und anderen Familienfesten das „Brantwiens Kopke" angeboten, gefüllt mit einem aus Branntwein und Rosinen aufgesetzten Getränk. Weniger häufig erhalten geblieben sind die zugehörigen Zinnlöffel, mit deren Hilfe man das Getränk aus der Schale holte.

Das noch heute auf vielen Höfen bewahrte Zinngeschirr sind flache Eßteller, die üblicherweise zusammen mit zinnernen Löffeln der Braut von Verwandten und Nachbarn zur Hochzeit geschenkt wurden. Sie

Zinngeschirr (Hof Lansmann, Gildehaus-Achteberg, westlich Bentheim). „Krantjekanne", im Westfälischen auch als „Dröppelminna" bekannt, aus deren unten angebrachtem Kränchen das Getränk gezapft wurde, und Bierkanne. Als Ursprungsland der Krantjekanne wird Holland angesehen, wo man sie mit Aufkommen von Kaffee und Tee gebrauchte. Das im Bild gezeigte Gefäß wurde nach Ausweis der unter dem Boden eingeprägten vier kleinen Marken — nach dem Vorbild der Goldschmiede — vermutlich um 1750 geschaffen. Den Bierkrug goß um 1800 Rötgert Arends III in Neuenhaus.

Zinnteller (Hof Reins in Lorup, Hümmling). Mit Blumen und Rankenwerk in Flechelstich — bei dem der Stichel in engen Zickzacklinien geführt wird — geschmückter Zinnteller aus der Werkstatt des Zinngießers G. H. Eckholt (1776—1830) in Haselünne.

haben fast ausschließlich einen glatten Rand mit schmaler Profilleiste; gravierte Stücke gibt es nur vereinzelt. In der Regel ist die Zinnmarke auf dem rückwärtigen Tellergrund eingepreßt, sie findet sich aber auch auf dem oberen Rand. Gewöhnlich sind in den oberen Tellerrand die Anfangsbuchstaben seines Besitzers und eine Jahreszahl eingeschlagen. Zinnteller wurden auf den Höfen bis Ende des 19. Jahrhunderts täglich gebraucht, soweit nicht die Suppe aus der gemeinsamen Tonschüssel gelöffelt wurde. Für die abendliche Milchsuppe hatte jeder einen eigenen Holz- oder Tonnapf. Im Kirchspiel Ankum gab es noch um 1830 Tische, in deren Platte Vertiefungen eingearbeitet waren, aus denen gegessen wurde. Damit erübrigte sich die Aufstellung von Schüsseln und Tellern.

Um 1900 aßen in stadtnahen Gemeinden Knechte und Mägde von zinnernen Tellern, während der Hofbesitzer mit seiner Familie Steingut- oder Porzellanteller benutzte. In der Grafschaft Bentheim, im Emsland und im nördlichen Osnabrücker Raum nahm man häufig mit Blumen geschmücktes holländisches Porzellan in Gebrauch.

Man aß auf manchen Höfen bis nach der Jahrhundertwende mit Holzlöffeln. Diese hatte oft der Bauer oder ein geschickter Knecht eigenhändig geschnitzt. Eine Gabel wurde nur vereinzelt benutzt. Wer seinen Teller leer hatte, spülte ihn unter der Pumpe ab und stellte ihn anschließend in das Bord.

Wirtschaftsgebäude

Schon im 16. Jahrhundert besaßen die Höfe neben dem Erbwohnhaus mehrere Nebengebäude, wie Backhaus, Speicher, Scheunen und Wagenschuppen. Zum Hof Meyer zu Hage in Vehrte, der als typisch für einen großen landwirtschaftlichen Betrieb angesehen werden kann, gehörten im Jahre 1780 Erbwohnhaus, Leibzucht (Haus, das als Altenteil diente), Nebenhaus (Heuerlingskotten), Backhaus, Kornspeicher, Wagenhaus, Schafstall, außerdem eine „alte Heuscheune". Gewöhnlich lagen die Nebengebäude ungeordnet auf dem Hofgelände, erst in jüngerer Zeit läßt sich eine gewisse Tendenz zu einer Viereckanlage erkennen.

Der Nothelfer
Steinwerke und Fachwerkspeicher

Die „arme(n) betrübte(n) Wichte", wie der Osnabrücker Bischof Konrad III. 1458 in einem Brief die schutzlos den Gewalttaten und Raubüberfällen während einer fehdereichen Zeit ausgelieferten Bauern nannte, konnten sich und ihre Habe nur in Wehrspeichern schützen.

In der heutigen Forschung wird angenommen, daß der bäuerliche Wehrspeicher im späten Mittelalter aus der Motte, einer wasserumwehrten Turmburg, entstanden sei und damit „abgesunkenes Kulturgut" darstelle. Wir vermuten, daß die frühesten Speicher des Osnabrücker Landes im 14. Jahrhundert geschaffen wurden im Zusammenhang mit den vielen Fehden der Zeit. Gleichzeitig sind, wahrscheinlich auf grundherrliche Veranlassung, auf größeren Höfen des Münsterlandes Steinwerke errichtet worden. Als das Fehderecht zum Faustrecht entartete, mag mancher Bauer dem adligen Beispiel gefolgt sein und einen Wehrspeicher auf seinem Hof geschaffen haben.

Man errichtete die Speicher außerdem aber auch am Rande des Kirchhofes. Der Gottesacker bot als „gefriedeter" Ort, dessen Boden durch kanonisches Recht und Landfriedensverträge gegen Friedensbruch gesichert war, den größten Schutz.

Vermutlich waren die ersten Kirchhofspeicher, die als Zufluchtsorte dienten, massiv gestaltet. 1394 wird ein steinerner Speicher auf dem Badberger Kirchhof verkauft, 1440 ein Steinwerk „auf der Kirchhofsmauer" desselben Gotteshauses erwähnt.

Die auf dem Kirchhof erbauten Speicher der Altbauern bildeten entweder eine geschlossene Wand oder wurden durch Wehrmauern miteinander verbunden, so daß eine Kirchhofsburg entstand. Gehrde, Ankum und Badbergen sind dafür Beispiele. Oft riegelten besondere Torhäuser diese Anlage ab. Die Mauern konnten von beachtlicher Stärke sein. Die Ankumer Kirchenburg wurde 1341 sogar als „propugnaculum" (Bollwerk) bezeichnet.

Im Osnabrücker Lehnsverzeichnis von 1350 und 1410 werden 8 Kirchhofspeicher in Engter, 10 in Alfhausen, 12 in Badbergen und 10 in Bohmte erwähnt. Der Friedhof um die Wehrkirche in Gehrde war ursprünglich fast vollständig von Speicherbauten umgeben. Noch heute vermitteln die geschlossenen Häuserfronten auf der Südseite des Alfhauser Kirchhofes sowie am Rande des Kirchplatzes in Bad Essen, Wellingholzhausen und Buer eine Vorstellung von der ursprünglichen Anlage.

Beachtenswert ist die Zahl von Steinwerken, die einst als Wehrspeicher dienten. Hier mögen aus dem engeren Osnabrücker Raum die Bauten auf dem Hof Offers in Pye westlich des Piesberges und auf dem Hofgelände des ehemaligen Meyerhofes in Schledehausen genannt werden. Auffällig ist die große Zahl von Steinwerken im Osnabrücker Nordland, wo der Bischof viel Eigenbesitz hatte. Hier verdienen Beachtung die Steinwerke der Höfe Grothe, Gr. Hamberg, Meyer zu Starten und Meyer in der Gemeinde Westerholte, Arens-Fischer (Reineke) und Schulte-Geers in Grovern, Meyer zu Brickwedde, des einstigen Schultenhofes in Rüssel, Schmidt-Boiting (Boitmann) in Ankum und schließlich Schöneberg in Rüsfort.

Im Gegensatz zu den Steinwerken im früheren Hochstift Osnabrück, die in Streulage liegen, erstrecken sich die entsprechenden Bauten des Kernmünsterlandes im Bereich einer alten Heerstraße (holländische Straße). Hier mochte die Gefährdung durch streunendes Kriegsvolk — nicht zuletzt im spanisch-niederländischen Krieg — ihr Entstehen begünstigt haben.

In einer Beschreibung aus dem Jahre 1858 heißt es von den Steinwerken des Osnabrücker Landes: „Sie sind massiv von behauenen Bruchsteinen

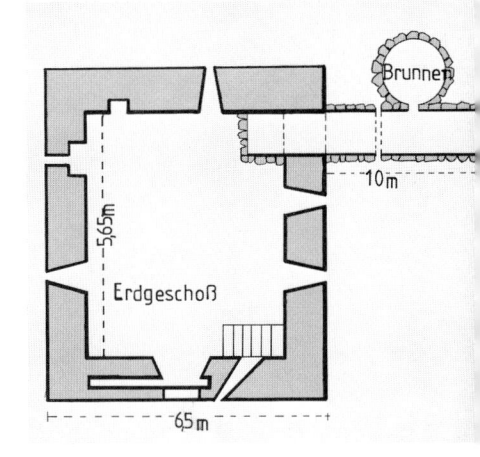

Grundriß und Ansicht des Steinwerkes auf dem Hof Offers in Osnabrück-Pye, westlich des Piesberges.
Ein unterirdischer über 10 Meter langer Gang verbindet den Wohnteil des Erbwohnhauses mit dem Steinwerk. Er ist eng und niedrig, so daß ihn jeweils nur eine Person in gebückter Haltung beschreiten kann.

aufgebaut, von gleicher Bauart, sie sind im Licht gemessen 6—7 Meter lang und 4,50—5,50 Meter breit und 12,50—13,50 Meter hoch: Die Mauer hat bei allen eine Dicke von 0,70—0,95 Meter... Die beiden Böden, zu welchen eine schmale, hölzerne Treppe, oft ein Baum mit eingeschlagenen Pflöcken, führt, können durch Fallklappen geschlossen werden... In allen Steinwerken findet man im zweiten Stock einen wohnbaren Raum mit Kamin, Schorn- und Gossenstein, eingemauertem Schrank und Abort..."

Der Erhaltungszustand ist recht unterschiedlich. Als Ruine zeigt sich heute das Steinwerk des Hofes Meyer in Westerholte. Bei anderen ist der Kamin zugemauert, sind Schornsteine und Abortanlagen beseitigt. Meist glasharte splittrige und feinkörnige Sandsteine — wahrscheinlich aus Steinbrüchen des Gehn stammend — sowie stellenweise bis über Mannshöhe eingefügte Findlinge bilden das Mauerwerk. Abweichend von der oben genannten Regel wird im Erdgeschoß des Steinwerkes auf dem Hof Schöneberg ein Durchmesser von 1,20 Meter erreicht.

Mit Ausnahme des Steinwerkes auf dem Hof Meyer zu Brickwedde, das „seit Menschen Gedenken" mit dem Erbwohnhaus unmittelbar verbunden ist, liegen diese nahe dem Hauptgebäude. Abseitige Lagen wie beim Hof Meyer-Westerholte erklären sich durch spätere Verlegungen des Bauernhauses auf höher und damit trockener gelegene Stellen.

Sorgfältig geschichtetes Mauerwerk sowie Sandsteineinfassungen der sich nach innen erweiternden Lichtscharten weisen auf besondere Bauqualität hin. Im Gegensatz zu den Bergfrieden, wo die schmalen Öffnungen nahe der Decke angebracht sind, befinden sich diese nur in Brusthöhe. Daher konnten sie auch von Armbrustschützen als Schießscharte benutzt werden. Noch bis zur Mitte des 15. Jahrhunderts war die Armbrust der Handbüchse gewachsen. Auf eine Entfernung von 60 bis 70 Meter durchschlug sie jeden Panzer.

Konsolen, die aus einer Giebelwand des obersten Stockes herausragen, mögen auf einen „Erkundungsstuhl", vielleicht mit Gußlöchern zwischen den Kragsteinen, hindeuten. Beispiel eines vorbildlich restaurierten Steinwerkes ist der Bau auf dem Hof Gr. Hamberg. Der Wehrcharakter wird deutlich sichtbar an den im ersten Stock links und rechts nahe den vier Ecken eingerichteten quadratischen Schußlöchern, die das Einlegen einer Handbüchse ermöglichten, deren Bleikugeln im 15. Jahrhundert eine Reichweite von 50 Metern hatten. Schußlöcher der Steinwerke Meyer zu Brickwedde und Schöneberg in Rüsfort haben noch heute steinerne beziehungsweise hölzerne Auflagen für Feuerwaffen.

Als Unikum verdient Aufmerksamkeit der in der Mauer des Steinwerkes in Brickwedde eingebaute Abtritt mit schräg nach außen führendem Abfluß. Der schräge Schacht in der Mauer gehörte auch bei den Burgen zu den Ausnahmen. Das „haymlich gemach" bestand gewöhnlich aus einem Erker, der, auf Konsolen ruhend, über den Graben ragte.

Steinwerk Meyer zu Brickwedde, Gemeinde Alfhausen.

Wandkamin und Schießscharte für Handfeuerwaffe im ersten Stock.

Abtritt in der Wand des ersten Stockwerkes.

Auch in jüngerer Zeit wurden noch Speicher in Massivbauweise errichtet, wie das Steinwerk mit eingebautem Backofen aus dem Jahre 1744 auf dem Hof Uphoff in Jeggen nordöstlich Osnabrücks ausweist.

Der Speicher des Hofes Högemann in Averfehrden, Gemeinde Glandorf, erscheint als das klassische Beispiel eines bäuerlichen Fluchtspeichers. Der meterdicke, im Grundriß von 8×6 Meter aufgeführte dreistöckige Bau steht wasserumwehrt auf überhöhtem Platz.

Hier konnte die bäuerliche Familie sich und ihre greifbare Habe vor plötzlichen Überfällen schützen. In den fehdereichen Zeiten des späten Mittelalters war das von unschätzbarem Wert.

Vermutlich stammt der aus Bruchstein geschaffene Unterbau als Rest eines Steinwerkes aus dem 15. Jahrhundert. Das später verputzte Fachwerk der oberen Geschosse ist eine Arbeit von 1768. Die Türen des Obergeschosses konnten nur über eine äußere Treppenleiter erreicht werden.

Im Mittelalter wurde der untere Teil des Speichers als Gefängnis genutzt — ein Freistuhl im Garten des Erbes Högemann findet schon 1231 Erwähnung. Angeblich durfte der zum Tode Verurteilte wählen, ob er gleich im umgebenden Wassergraben ertränkt, im Averfehrdener Esch oder am Galgen in der Hangbaumbrede erhängt werden wollte. Der Hangbaum, eine mächtige Eiche, wurde 1845 (!) gefällt und an ihre Stelle ein kleiner Gedenkstein gesetzt.

Heute ist im ersten Stock des Speichers eine Sammlung heimatgeschichtlich interessanter Hausgeräte aus verschiedenen Jahrhunderten untergebracht.

Der Hof Högemann gehört zu den ansehnlichsten des südlichen Osnabrücker Landes. 1396 verkaufte „Hinrich van Hepen und Kunnike zin echte Husvrouwe" an den Freien Hermannes van Hoyginck (Högemann) die Höfe Barvetenhus (heute Sandfort bei Laer) und Schopeskotten, den heutigen Hof Högemann. Seit jener Zeit ist das Anwesen ununterbrochen in der männlichen Geschlechterfolge vererbt worden.

Die weitaus meisten erhalten gebliebenen Fluchtspeicher sind nicht wasserumwehrt. Der steinerne Unterbau über dem Fachwerk mußte als Schutzmaßnahme genügen. Den Zugang ermöglichte eine einziehbare Holztreppe oder Leiter, die zur Tür im 1. Stock führte. Erst in jüngerer Zeit baute man eine Tür im Erdgeschoß ein. Der Speicher auf dem Meyerhof in Engter ist dafür ein treffendes Beispiel.

Zu den Bauten in Ankerbalkenkonstruktion gehört der im 17. Jahrhundert aufgezimmerte „alte" Speicher auf dem Hof Schulze-Holmer in Samern südlich von Schüttorf. Ursprünglich ein zweigeschossiger Bau, dem allgemein üblichen Typ entsprechend, wurde dieser in der Folgezeit nach beiden Seiten durch Anbau von Abseiten verbreitert, und die Gefache wurden verklinkert. Die oberen Balken sind als Ankerbalken mit den Ständern verschlitzt, die Geschoßbalken in die durchgehenden Ständer verzapft. Das Wirtschaftsgebäude diente mehreren Aufgaben. Es gab hier eine Webkammer, Vorratsräume für Korn

Abtrittsöffnung des Steinwerkes Meyer zu Brickwedde.

Zweistöckiger Speicher mit knaggenlosen Vorgragungen um 1800 (Hof Fulle, ehemals Meckenhaus, Gretesch), neu errichtet 1983 am Moseler Berg in Melle-Holzhausen.

Speicher aus dem 17. Jahrhundert mit später zugefügten Abseiten (Hof Schulze-Holmer, Samern, südöstlich Schüttorf)

auf den Böden, eine kleine Brauerei mit Braupfanne im mittleren Raum. Die seit 1705 gebrauchte Braupfanne ist während des Ersten Weltkrieges den Weg alles Irdischen gegangen. Die besondere Qualität des erzeugten Gerstensaftes erwies sich, wenn die Knechte mit ihrem Hosenboden auf der Bank kleben blieben, auf die vorher der Probetrunk gegossen wurde.

Zwei mächtige Backtröge, die zur Backstube in der rechten Abseite gehörten, erinnern noch heute an ihre frühere Aufgabe. In der Grafschaft Bentheim sind Speicher mit angebautem Backofen nicht sehr häufig, gewöhnlich gibt es nur ein kleines Backhaus.

Den „neuen" zweigeschossigen Speicher zimmerte man 1785 westlich des Erbwohnhauses ebenfalls als reinen Fachwerkbau auf, jedoch mit Kragbalken und profilierten Knaggen. Auf den vier Knaggen des vorderen Giebels lesen wir die eingekerbten Zahlen 1, 7, 8 und 5, die — zusammengelesen — das Baujahr 1785 ergeben.

Der mehrstöckige Speicher auf dem Gelände des nach dem Zweiten Weltkrieg aufgelassenen Hofes Deppe in Engden südöstlich von Nordhorn erscheint vor allem bemerkenswert wegen seiner deutlich sichtbaren Ankerbalkenkonstruktion, die verständlich macht, daß auch geschwächte Tragbalken noch manchen Zentner Getreide aufnehmen können.

Reiner Fachwerkspeicher, nach allen Seiten vorkragend, aus dem Jahre 1785. Hof Niemeyer in Hilter a. T. W.

Als die Speicher keine Schutzfunktionen mehr zu übernehmen hatten, errichtete man sie als reine Fachwerke, in denen ausschließlich Korn gelagert wurde.
Die älteren Bauten kragen in den einzelnen Stockwerken nach allen Seiten vor, die jüngeren zeigen von unten bis oben glatt durchgehende Wände.
Der Fachwerkspeicher auf dem Hof Niemeyer in Hilter, der zusammen mit dem Erbwohnhaus 1785 aufgezimmert wurde, ist ein hervorragendes Beispiel eines in seinen Maßverhältnissen wohlausgewogenen Bauwerks. Er kragt dreifach vor, seine tragenden Balken werden jeweils von Knaggen unterstützt. Vom weißgekalkten Grund der Gefache hebt sich das dunkle Balkenwerk kontrastreich ab.

Backhaus auf dem Hof Theil-Rittmann in Hörstel, Gem. Riesenbeck aus dem Jahre 1739.

Mit dem Aufkommen der Vierständerbauten erübrigte sich der Bau von Speichern. Heute haben sie die unterschiedlichsten Aufgaben. In keinem Fall dienen sie mehr als Kornspeicher. Immer häufiger werden sie zu Einfamilienhäusern umgebaut. Das äußere Bild bleibt erhalten. Die innere Gestaltung erfolgt entsprechend den Bedürfnissen.
Der 1805 noch in Ankerbalkenkonstruktion gezimmerte Speicher mit eingebautem Backofen auf dem Hof Ibershoff in Lienen wurde 1979 zu einem schmucken Wohnhaus, der neben dem heutigen Sparkassengebäude in Brock, Gemeinde Telgte, gelegene Fachwerkspeicher von 1792 ist 1976 zu einem geräumigen Einfamilienhaus eingerichtet worden.

„Wiehnachten backet jedermann"

Das Backhaus

Nur noch selten entdecken wir auf den Höfen Backhäuser in ursprünglicher Gestalt, die meisten verschwanden nach dem Ersten Weltkrieg. Im allgemeinen waren sie klein, kaum größer als eine heutige Garage.
In einer Zeit, als der Bauer sein eigenes Brot backte, gehörten sie zu jedem größeren und auch zu manchem kleineren Hof. Das Backhaus lag vom Erbwohnhaus in abgewandter Richtung der vorherrschenden Winde so weit entfernt, daß ein möglicher Brand nicht übergreifen konnte.
Als selbständige Einrichtung bildet es einen Fachwerkbau mit nur einem Innenraum und dem rückwärts angebauten Backofen. Im Osnabrücker Nordland bestand dieser oft nur aus einer Packung von Feldsteinen, im übrigen Bereich des Hochstiftes und im nördlichen Münsterland war er aus Backstein oder Sandstein gemauert. Über ihm wölbte sich eine eiförmige Kuppel aus Lehm oder aus lehnverschmierten Ziegelsteinen. Der Ofen mußte sehr sorgfältig gebaut werden, damit an allen Stellen der Backkammer die gleiche Hitze erreicht werden konnte. Peinlich genug, wenn er vor dem Gebrauch einstürzte. „Wat gif et dann, wat eiwig hölt, siä de Müeker, do wör de Backuowen innefallen" (Was gibt es denn, was ewig hält, sagte der Maurer, da war der Backofen eingefallen).
Backraum und Backofen schützte ein getrenntes oder gemeinsames Satteldach aus Dachpfannen. Bei den älteren Backhäusern gelangte der

Fachwerkspeicher mit Backhaus von 1826 auf dem Hof Schlamann in Schollbruch, Stadt Lengerich i. W.

Backhaus in Ankerbalkenkonstruktion mit eingebautem Schornstein. Es wurde vermutlich um 1800 abgezimmert. Der Backofen ist heute beseitigt. (Hof Nordhoff in Engden, südwestlich Nordhorn)

Rauch durch eine in der Giebelwand gelassene Öffnung nach draußen, erst in jüngerer Zeit durch den Schornstein.

Im Osnabrücker und Tecklenburger Raum, ebenso im Ammerland, finden wir Speicher mit an- oder auch eingebautem Backofen. Ein hervorragendes Beispiel ist der Fachwerkspeicher mit mächtigem vorgesetzten Backofen auf dem Hof Große Brömstrup in Gaste bei Osnabrück, den „Johan Hinrich Struvee genand Brömstrup" 1742 errichten ließ. Der Hauptbau kragt in den einzelnen Stockwerken nicht mehr vor, wie vorher allgemein üblich. Der Backofen ist sorgfältig aus Muschelkalk und an den Ecken teilweise mit Buntsandstein hochgemauert.

Zu den besonders gut erhaltenen Backhäusern gehört der 1739 auf dem Hof Theil-Rittmann in Hörstel im Kirchspiel Riesenbeck aufgezimmerte Bau. Er ist das einzige aus dem 18. Jahrhundert überkommene Wirtschaftsgebäude, nachdem das Erbwohnhaus mit Scheunen 1946 ein Raub der Flammen wurde. Sein Fachwerk ist auf das konstruktiv notwendige Maß beschränkt und entbehrt der Schmuckformen. Beachtenswert erscheint der aus Sandstein aufgemauerte Ofen. Er wurde letztmalig 1935 gebraucht.

Bei dem 1787 vom Bauern Elting in Vehs, Gemeinde Badbergen, geschaffenen Backhaus ragt der Schornstein unmittelbar über den Ofen hinaus. Vermutlich handelt es sich um einen späteren Einbau. Ein mächtiger 3,70 m langer Backtrog weist noch heute darauf hin, welche Teigmengen hier einst geknetet werden mußten. Erhalten geblieben ist auch der Trogdeckel. Dieses aus massiver Eiche angefertigte Stück ist so schwer, daß es von einem Mann allein nicht bewältigt werden kann. Noch in den 50er Jahren dieses Jahrhunderts wurde hier Obst gedörrt.

Ein besonders gutes Beispiel eines vollständig in Sandstein aufgemauerten Speichers mit eingebautem Backofen ist der Bau auf dem Hof Lübke (heute Schulte-Beckmann) in Lengerich-Aldrup. Die große Backstube überspannt ein stattliches Gewölbe. Der Ofen ist nicht, wie üblich, am hinteren Giebel angesetzt, sondern auf der linken vorderen Innenseite des Hauses; entsprechend versetzt ist der Schornstein. Bauweise und verwendetes Material sprechen für eine Entstehung vor 1800. Ebenfalls unter dem Gewölbe eines mächtigen Steinwerks präsentiert sich der Backofen des Hofes Uphoff in Jeggen westlich Schledehausen. Die Backstelle ist rechts unterhalb der hinteren Giebelseite eingerichtet. Noch in den 30er Jahren unseres Jahrhunderts bekam hier der Brotteig seine nötige Hitze.

Eindrucksvoll erscheint der 1843 auf dem Hof Becker in Pye, westlich des Osnabrücker Piesberges, aus Karbonsandstein gemauerte machtvolle Speicher mit eingebautem Backofen. Hier wurde bis in jüngere Zeit für die Höfe Becker, Drees, Offers und Schöler (Nölker), die in lockerer Gruppe vereint liegen, Brot gebacken. Der Backofen des Hofes Heringhaus in der Bauerschaft Visbeck südlich Iburg wurde im Keller des 1861 erbauten Erbwohnhauses unterhalb der Herdstelle eingerichtet.

Flucht- und Wehrspeicher auf dem Hof Högemann in Glandorf-Averfehrden.

Backtrog aus dem Raum Badbergen. Der Backtrog hat eine Länge von über 3 m. Links daneben steht die Ablage für das frisch aus dem Ofen geholte Brot.

Stövken (Hof zur Wähde, Dalvers bei Berge/Artland). Stövken aus Kupfer um 1750. Als Besonderheit gelten die links und rechts zur Wärmehaltung geschaffenen kupfernen Fußplatten über hölzernen Unterlagen.

Im 18. Jahrhundert wurde allgemein auf den Höfen Brot gebacken. Noch um 1700 gab es im gesamten Kirchspiel Oesede keinen Bäcker. Erst im Laufe des 19. Jahrhunderts verzichtete man nach und nach auf eigenes Brotbacken.

Für eine Großfamilie mit Gesinde backte man gewöhnlich im Abstand von vierzehn Tagen Schwarzbrot aus geschrotetem Mehl. Es gab auch Höfe, die nur alle 4 bis 6 Wochen ihren Ofen in Betrieb setzten. Grundsätzlich wurde so viel Brot wie möglich auf einmal gebacken, auf großen Höfen etwa 50 Laibe. Da Brot in der Zeit, als es noch keine Kartoffeln gab, das Hauptnahrungsmittel war, mußte etwa alle 14 Tage ein Fuder Roggen zum Schroten zur Mühle gefahren werden.

Das Brot hatte meist kastenförmiges Format von etwa 30 cm Breite und 40 cm Länge und wog in der Regel zwischen 12 und 20 Pfund. Stellenweise, wie in Leeden, östlich von Tecklenburg, wurden 20 bis 30 Pfund schwere Brote in den Ofen geschoben, in Ladbergen und Bockhorst sogar 40pfündige. Die sogenannten „Pröven" (Pfründe), die zu Weihnachten beziehungsweise zu Michaelis und im März eines jeden Jahres Voll- und Halberben des Kirchspiels Hagen dem Pastor übergaben, bestanden unter anderem aus einem Schwarzbrot von 25 Pfund. Es darf angenommen werden, daß die 104 Brote, die von allen Höfen des Kirchspiels Oldendorf bei Melle jährlich dem Pastorat auszuhändigen waren, das gleiche Gewicht besaßen.

Der Landgendarm Kobbe schreibt in seinen Lebenserinnerungen für die Zeit von 1838 bis 1844, daß im Bereich des seinerzeitigen Amtes Hunteburg das „dort gängige Schwarzbrot, aus geschrotetem Roggenmehl gebacken, der sog. Pumpernickel, oft bis 80 Pfund schwer" war.

Vor Weihnachten und zu anderen Festtagen wurden auch Stuten hergestellt aus Weizenmehl oder auch vermengt mit feinem Roggenmehl. Erst in jüngerer Zeit kam sonntags der Korinthen- oder Birnenstuten auf den Tisch, der aus einem Gemisch von Weizen- und Roggenmehl bestand. Als Sonderzugabe für die Kinder gab es häufig in der Obstzeit einen kleinen Apfelstuten. Der Stuten war eine Kostbarkeit. Nicht nur für das Osnabrücker Land galt das Wort: „Wiehnachten backet jedermann, Oustern de et kann, Pingsten de rieke Mann."

Später heißt es allgemein: „Wiehnachten satt Fleisk, Oustern satt Egger und Pingsten satt Stuten" (Weihnachten satt Fleisch, Ostern satt Eier und Pfingsten satt Stuten). Meist stand der Backtrog — anfänglich noch ein aus Eiche zurechtgehauener Einbaum — im Backhaus. Zwei bis drei Zentner Mehl konnten in ihn geschüttet werden. Nachdem der gesäuerte und mit Wasser angerichtete Teig die Nacht über gestanden hatte, knetete der Großknecht oder der Hausvater, oft auch beide zusammen, die schwere Masse zwei Stunden und länger mit den Füßen. „Dei wöen toerst wasket" (die wurden zuerst gewaschen). Auch das scherzhafte Wort „Herr Pastor, gi glöiwet nich, wat man van Brautkneten fo reggene Föite krich" (Herr Pastor, Sie glauben nicht, was man vom Brotkneten für reine Füße kriegt) hat hier seinen Platz.

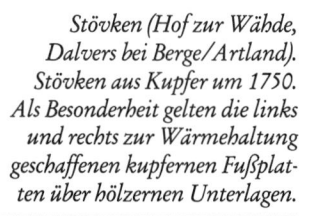

Gewöhnlich heizte man des guten Geschmackes wegen mit Buchenholz. Dem Ofen wurde Feuer zugeführt, bis die zunächst rauchgeschwärzten Steine weiß geworden waren. Solange dies nicht geschah, hieß es auf dem Meyerhof zu Wehdel: „De Hund is d' noch nich ute" (Der Hund ist da noch nicht heraus). In der Regel blieben die Brote 24 Stunden im Ofen. Sie mußten gut durchgebacken sein, denn „dat Braut schmecket biäter no 'n Uoben os no 'n Troch" (das Brot schmeckt besser nach dem Ofen als nach dem Trog). Wenn das Brot eine sehr harte Kruste besaß, die abgeschlagen werden mußte, hieß es: „Dat heff anne Müen siäten" (das hat an der Mauer gesessen). „Da die schweren Brote 24 Stunden in einem fest zugeklebten Ofen backen müssen, um gar zu werden, haben sie oft so dicke Rinden, daß diese mittelst einer Säge geschnitten werden", berichtet der oben genannte Kobbe als zuverlässiger Zeitgenosse. Auch das weitere Brotschneiden war wegen der stets überaus harten Rinde keine leichte Sache. „Brautsnien is Knechtsarbeit" (Brotschneiden ist Knechtsarbeit) hieß es noch vor wenigen Jahrzehnten im Tecklenburgischen.

Zum Schneiden nicht mehr geeignete Brotstücke wurden zu Knabbeln gebrochen, die gern in die morgendliche Milchsuppe getaucht wurden. „Knabbeln wett bi us nich miätten" (Knabbeln werden bei uns nicht gemessen).

Größere Backhäuser dienten in früheren Zeiten auch als Dauerunterkunft für Heuerleute. Diese wurden in Registern des Hümmlings im 17. Jahrhundert bezeichnenderweise „Backhäuser" genannt. Auch in amtlichen Verzeichnissen des Hochstiftes Osnabrück aus der gleichen Zeit findet sich diese Bezeichnung.

Noch Ende des 18. Jahrhunderts war es keineswegs selten, daß ein Backhaus als Wohnung diente. Die Bauern Köpke in Evinghausen, Brüggemann und Strüwe in Schleptrup sowie der Brinkkötter Hinterm Esch in Rieste, heute alle zu Bramsche gehörig, ließen hier „arme Leute" wohnen. Gelegentlich kam es vor, daß ein Bauer, wie 1756 Biermann in Engter, sein Backhaus sogar als Altenteil, sogenannte Leibzucht, herrichten ließ.

Da in Berichten und im Volksmund häufig auch ein eigens für den Heuermann geschaffenes Haus „Backs" genannt wird, ist es schwer festzustellen, ob seinerzeit tatsächlich ein reiner Heuerkotten oder nur ein Backhaus errichtet wurde.

Scheune und Schafstall in Ankerbalkenkonstruktion (Hof Schulte-Brock in Bernte nördlich Emsbüren). Schafställe gehörten im 18. und vor allem im 19. Jahrhundert, als die Schafhaltung ihren Höhepunkt erreichte, zu jedem größeren Hof. Von Frühjahr bis Herbst blieben die Schafe tagsüber auf den Weidegründen. Nachts kamen sie in die Schafhütte. Nur im Winter dienten größere Scheunen als Unterkunft der Tiere.

Der Schafstall

Die bis zur Markenteilung allgemein verbreitete Schafzucht erforderte auch die Errichtung von Schafställen. Gewöhnlich standen diese außerhalb der eigentlichen Hofanlagen, doch finden sie sich auch am Rande des Hofgeländes.

Der Schafstall erscheint als Urform des Einraumhauses, dessen Gerüst ausschließlich aus Sparren bestand, die auf Findlingen ruhten. Hahnenbalken sicherten das Sparrengefüge. Stets war das Dach mit Grasplaggen, Riet oder Stroh bedeckt.

Der Boden war wie in den Kuhstallungen vertieft, um mehr Dung aufschichten zu können.

Im Hümmling, wo die Schafzucht besonders lange betrieben wurde, sind vereinzelt noch urtümliche Schafställe erhalten geblieben. Sie haben keine Aufgabe mehr und bilden heute in landschaftlichen Schutzgebieten die reizvolle Staffage.

In jüngerer Zeit zimmerte man im Emsland und in der Grafschaft Bentheim auch Schafställe in Ankerbalkenkonstruktion. Der im 18. Jahrhundert auf dem Hof Schulze-Holmer in Samern, südlich Schüttorf errichtete, ist dafür beispielhaft. Der Bau dient heute als Geräteschuppen. Der 1774 in Ankerbalkenkonstruktion gezimmerte Schafstall des Hofes Schulte Brock in Bernte im südlichen Emsland wurde schon vor dem Ersten Weltkrieg nicht mehr als solcher genutzt. Er wird in unseren Tagen als Unterstand für Kühe in Anspruch genommen.

Wagenschuppen

Zu jedem Hof gehört seit eh und je ein offener Wagenschuppen. Über Jahrhunderte blieben Form und Größe etwa gleich. Das Gerüst bestand aus Fachwerk wie die übrigen Hofbauten. Eingehälste Ankerbalken und längseingespannte Tragbalken sind in der Regel das Kennzeichen der noch im 18. Jahrhundert errichteten. Gewöhnlich besaß die Wagenremise mehrere Durchfahrten. Wo heute gummibereifte Fahrzeuge stehen, wurden ursprünglich die schwerfälligen Ackerwagen untergebracht, deren eichene Holzräder sich um hölzerne Achsen drehten. Noch um 1900 konnte man im Emsland Wagen mit hölzernen Achsen finden. Für sie galt besonders: Wer gut schmiert, der gut fährt.

Nur selten finden wir Wagenschuppen, die in ihren Abmessungen, ihrer reichen Gestaltung und im gewählten Baumaterial derart beeindrucken wie der im 18. Jahrhundert gezimmerte Bau auf dem Hof Schulte Brock in Bernte nordwestlich von Emsbüren. Über sorgfältig bearbeiteten Sandsteinplatten zeigt sich eine sauber hergestellte Ankerbalkenkonstruktion. An den beiden Durchfahrten schützen Bohlenbretter die Wände.

Wagenschuppen (Hof Schulte-Brock).

Scheunen

Scheunen wurden in der Zeit notwendig, als die Vergetreidung infolge erhöhten städtischen Bedarfs einsetzte. Im unteren Teil der als Fachwerk errichteten Scheune nahm man gewöhnlich Gerätschaften auf, auf dem Dachboden lag meist ungedroschenes Korn oder Stroh; außerdem war hier der Platz für die eichenen Sargbretter, die der Hofbesitzer schon zu seinen Lebzeiten einschneiden ließ.

Aus arbeitstechnischen Gründen stehen Scheunen oft im rechten Winkel zum Erbwohnhaus auf dem Hofgelände. Scheunen mit Durchfahrten, die gleichzeitig als Wagenschuppen dienen, beherrschen noch heute die alten Wirtschaftshöfe.

Schafstall am Windberg im Hümmling, westlich Börger.
Das Dach wird von Findlingen getragen. Die Sparren eines Schafstalles ruhten gewöhnlich auf einer Schwelle, die über einer Findlingsmauer lag. Schafställe, deren Gefüge aus „Krummspannen" bestehen — Sparren, die nach unten Ständer bilden —, waren im Hümmling und im Osnabrücker Nordland nicht selten.

Vereinzelt finden sich im westlichen Münsterland, in der Grafschaft Bentheim und im Emsland auch Scheunen auf „Mäusepfosten". Sie erinnern an die auf Findlingen stehenden „Bergfriede" ammerländischer Höfe. Die vollständig in Holz gezimmerte und bretterverschalte kleine Scheune des Hofes Benker in Steide südlich von Salzbergen darf als Beispiel genannt werden. Die vor der Mitte des 19. Jahrhunderts aufgerichtete „Museschüre" (Mäusescheune) liegt über zweihundert Meter abseits des Erbwohnhauses am Rande eines kleinen Waldstücks. Der Bau ruht auf behauenen Findlingsblöcken und Steintellern, damit unter dem festen Fußboden die Luft durchstreichen, keine Erdfeuchtigkeit von unten aufsteigen und das Hinaufklettern der Mäuse verhindert werden kann.

Scheune, sogenannte „Museschüre", aus der Zeit um 1850 (Hof Benker Steide, südwestlich Salzbergen).

Die große Anzahl von Speicherscheunen aus den letzten Jahrzehnten des 18. und vor allem des späten 19. Jahrhunderts macht sichtbar, daß die rege Bautätigkeit der Zeit an den Wirtschaftsgebäuden nicht vorübergegangen ist.

Erst mit der Massenerzeugung der modernen Landwirtschaft, die großräumige Unterstellmöglichkeiten erfordert, verlieren die alten Speicherscheunen ihre Aufgabe.

Eine Besonderheit bilden im westlichen Emsland und im Kreis Grafschaft Bentheim die nach holländischem Vorbild geschaffenen Diemen oder Rutenberge, die den Platz von Scheunen einnehmen. Es sind offene Lagerstätten mit Stangengerüst und beweglichem Kegeldach. Zwischen vier im Quadrat stehenden Pfosten wird Heu oder Stroh gestapelt. Das Dach kann je nach der Erntemenge nach oben oder unten gezogen werden.

Torfscheune

Die Torfgewinnung war bis zum Beginn moderner Wirtschaftsführung von lebenswichtiger Bedeutung, nicht nur für die Höfe des Emslandes, sondern auch für die bäuerliche Wirtschaft im Osnabrücker Nordland. Wenn in einigen Bereichen des Hochstiftes der neue Besitzer eines Hofes von seinem Grundherrn „myt torve un twighe" (mit Torf und Eichenzweig) eingewiesen wurde, macht diese Handlung sichtbar, wie hoch die Torfwirtschaft eingeschätzt wurde. Dem zuständigen Amt oder Grundherren mußte vielerorts jährlich Torf abgeliefert werden.

Die Erschließung der Moore ging vor Beginn des Industriezeitalters nur sehr langsam voran, da der Torf ausschließlich in Handarbeit gefördert wurde. Der größte Teil des erlangten Torfes wurde draußen gelagert, doch gab es auch Scheunen, in denen der Torf trocken bewahrt werden konnte.

Den oberen lockeren Weißtorf verwendete man als Stallstreu, der untere Schwarztorf diente zur Feuerung. Große Mengen Torf wurden in die Städte verkauft. Noch vor dem Ersten Weltkrieg fuhren Kalkrieser Bauern nach Osnabrück, um hier für 1 Pfennig das Stück Torf an den Mann zu bringen.

Dreschhaus und Göpelwerk

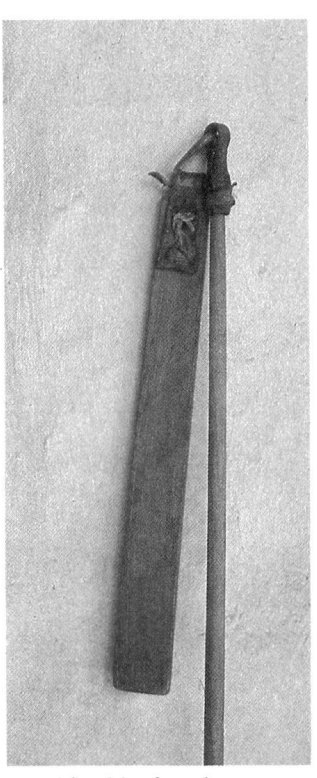

Zu den Seltenheiten gehörte ein eigenes Dreschhaus. Gewöhnlich wurde das Korn mit dem Dreschflegel auf der großen Diele des Erbwohnhauses vom Halm geschlagen. Von allen Nebengebäuden des Hofes Schulze-Holmer in Samern südlich Schüttorf am weitesten vom Erbwohnhaus entfernt lag aus Sicherheitsgründen das Dreschhaus. Der Bau ist mit verschlitzten Ankerbalken abgezimmert, das Fachwerk teilweise mit Eichenbohlen, teilweise mit Feldbrandstein ausgemauert. Die auf einem Backstein aufgemalte Zahl 1751 weist vermutlich auf das Jahr der Ausmauerung hin. Eine Längswand gliedert das Gebäude in zwei Räume. Große Tore an den beiden Giebelseiten erlauben eine Durchfahrt. In dem schmaleren Raum wurde früher Korn gedroschen und anschließend auf dem Boden gestapelt. Der breite Raum diente im Winter den Schafen als Unterkunft.

Nur vereinzelt hat der Göpel auf dem Hof Platz gefunden. Das Göpelwerk auf dem Hof Schulze-Holmer konnte unabhängig von den Witterungsverhältnissen genutzt werden, da Pferd und Mensch unter einem Dach arbeiteten.

Technischer Fortschritt und Rationalisierung haben vor den Wirtschaftsgebäuden nicht haltgemacht. Nur wenige aus dem 18. und 19. Jahrhundert dienen noch ihrem ursprünglichen Zweck. Neben den seit Generationen auf den größeren Höfen geschaffenen selbständigen Stallungen für Schweine, die mit der verstärkten Mast aufkamen, hat auch der Rindviehstall vielerorts das Einheitshaus verlassen und ist zu einem selbständigen Gebäude geworden. Sogar die Hühner haben ihre Nester an den Dielenständern im Erbwohnhaus geräumt. Sie produzieren meist in den kaum übersehbaren Batterien der Legeanstalten ihre Eier. Nicht nur Speicher, Backhäuser, Schafställe und Scheunen haben ihre eigentliche Aufgabe verloren, auch der Stallbereich des Erbwohnhauses dient heute meist anderen Zwecken.

Dreschflegel (Hof Sundermann in Osnabrück-Gretesch).

Wasser- und Windmühlen

Die Zeiten sind längst vorbei, wo sich in einem kühlen Grunde das Mühlenrad drehte. Kinder werden nicht mehr aus dem Mühlenteich geholt und alte Weiber nicht junggemahlen.

Wasser- und Windmühlen haben keine Arbeit mehr. Als technische Kulturdenkmale gehören sie aber zu den bedeutungsvollsten Zeugen einer vergangenen Zeit.

Die ältesten sind die Wassermühlen. Der schon in vorchristlicher Zeit in Südeuropa bekannte Typ kam wahrscheinlich mit den Römern nach Deutschland und hat sich hier im Laufe der Jahrhunderte durchgesetzt. Die Zusammenfügung von senkrecht gestelltem Wasserrad, Zahnradübersetzung und Drehmühle wird als römische Erfindung angesehen. Die Entwicklung geht vom einfachen Schaufelrad zum Zellenrad, bei dem Wasserströmung und Wassergewicht gleichzeitig genutzt werden. Die meisten Wassermühlen wurden durch unterschlächtige Räder getrieben, bei stärkerem Gefälle gebrauchte man die oberschlächtigen Schaufelräder.

Wassermühle in Bad Essen. Die früher als „Werdersmole" bekannte Mahlstätte wird 1359 als bischöfliches Lehen erwähnt. Vermutlich wurde die heutige Mühle um 1700 neu errichtet. Das sehenswerte Wasserrad (oberschlächtig) hat einen Durchmesser von fünf Metern. Das Mühlrad dreht sich noch heute zur Erbauung der Besucher.

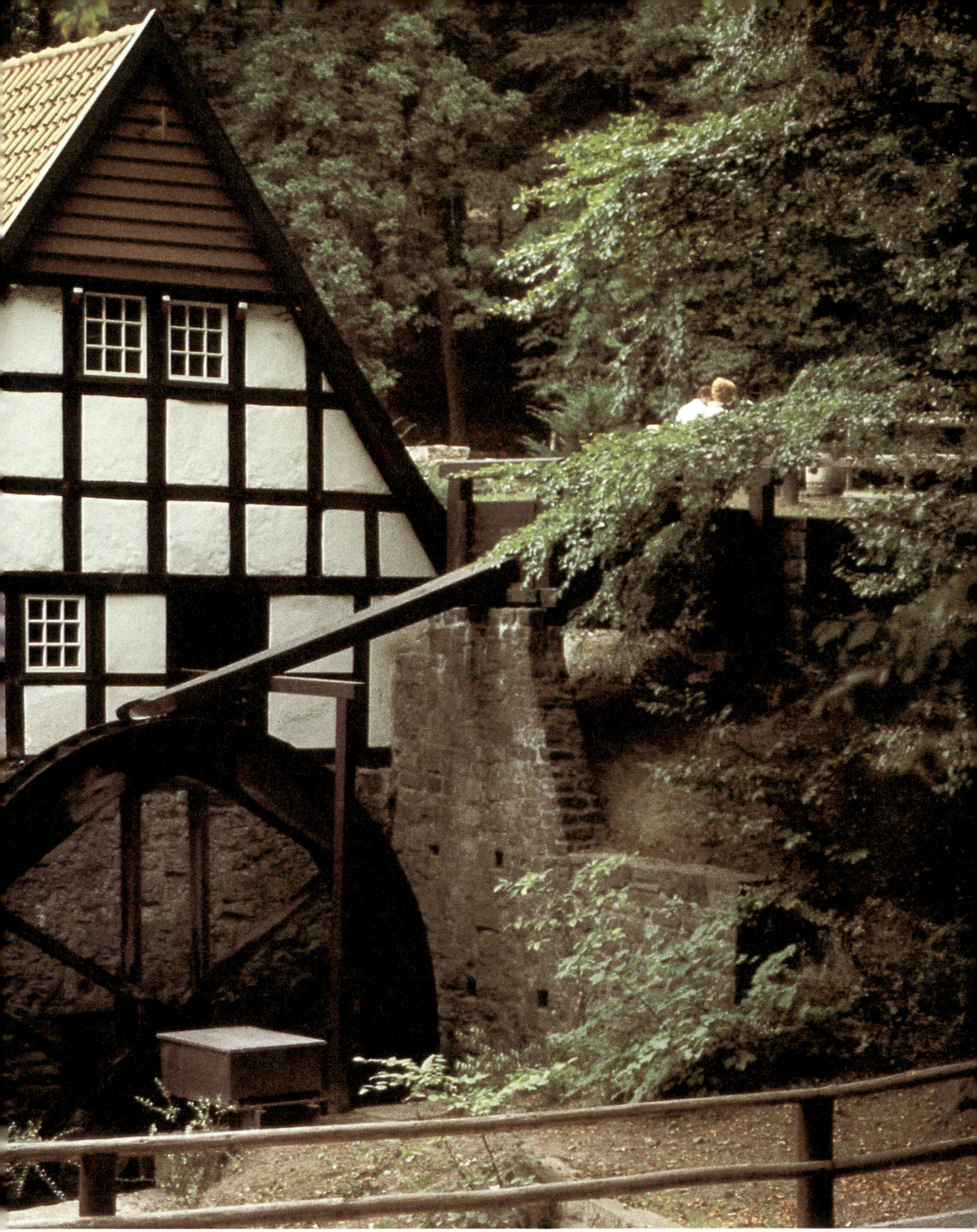

Wassermühle in Lage (Kreis Grafschaft Bentheim). Die „im castro (Burg)" gelegene Wassermühle wird erstmals 1270 urkundlich erwähnt. Die Anlage gehört zu den wenigen Mühlen mit Strauberantrieb, der wahrscheinlich ältesten und einfachsten Art Wasserrad. Das Wasserrad besitzt nur einen Reifen (Felge), in den bretterartige Schaufeln eingelassen sind. Damit ist nur ein Mahlgang zu betreiben, mit dem je Stunde 1 Zentner Korn verarbeitet werden kann.

Konstruktion einer Wassermühle. Die gesamte Holztechnik besteht ausschließlich aus Eichenkernholz. Die einzelnen Mahlgänge konnten durch Auskupplung über das sogenannte Königsrad, das auf gleicher Welle saß wie das Wasserrad, betrieben werden.

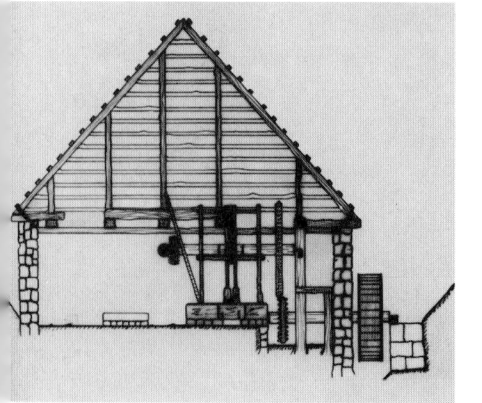

Zu den ersten Wassermühlen unseres Raumes dürften die Mühlen gerechnet werden, die Karl der Große bei seinen Königshöfen anlegen ließ. Die 946 urkundlich erwähnte Overmühle (Hof Übermühle), die Neue oder Mittelste Mühle (Müller Kosse) sowie die Nedermühle (vor 1795 schon aufgegeben) am Unterlauf der Nordradde im Altkreis Meppen gehören zu den ältesten des Osnabrücker Nordraumes.

Wasserreichtum und genügendes Gefälle trugen dazu bei, daß der ehemalige Landkreis Bersenbrück zum mühlenreichsten des Landes Niedersachsen wurde. Heute gibt es dort 118 Mühlen, die als Motormühlen oder selten mit Wasserkraft betrieben werden. Selbst in dem kleinen Altkreis Melle gab es einst 62 Wasser- und 8 Wind- sowie 20 Roßmühlen. Da sie den modernen Ansprüchen nicht mehr genügen, werden sie heute nur noch vereinzelt betrieben.

Die Mühlen hatten vielfältige Aufgaben. In einer Zeit, als Brot das Hauptnahrungsmittel der Bevölkerung war, hatten sie vor allem Korn zu mahlen. In Grützmühlen wurden Gerste und Hafer, in Stampfmühlen Buchweizen verarbeitet. Ölmühlen dienten zur Gewinnung von Öl aus Hanf-, Leinen-, Raps- und Mohnsaat. In Walkmühlen — oft eine Nebeneinrichtung der Mahlmühlen — wurde gewebtes Tuch gestampft. Lohmühlen hatten die Aufgabe, getrocknete Eichenborke (Lohe) zu zerstoßen und zu zermahlen. Schließlich kamen um 1800 Mühlen auf, in denen Tierknochen zermahlen wurden. Das Knochenmehl verwendete man als Dünger. Erst spät erscheinen Sägemühlen. Noch im 18. Jahrhundert begnügte man sich oft mit dem Sägebock, dem Vorläufer der Wassersägemühle.

Vorwiegend war es der Landadel, der sich die Wassermühlen zur Verbesserung seiner Wirtschaft zunutze machte. Er legte sie an den Gräften unterhalb seiner Burg oder seines festen Hauses an. In den Lehnsbüchern der Osnabrücker Bischöfe sind für die Zeit von 1350 bis 1532 55 Mühlen verzeichnet, die als Lehen vergeben wurden. Da das Stauwehr der unmittelbar am Rittersitz errichteten Mühlen auch zur Regulierung des Wasserstandes der das feste Haus umlaufenden Graft diente, dürfte die Gesamtzahl der Mühlen erheblich größer gewesen sein. Häufig wurden mehrere Mühlen im Bereich der zuführenden Gewässer angelegt. So besaß Haus Marck, Gemeinde Tecklenburg, 8 Mühlen, die sämtlich von einem kleinen Bach angetrieben wurden. Sie mahlten Mehl, sie gewannen Öl oder dienten der Papiererzeugung. Zum Hof Baumhöfener (Niemöller) in Holzhausen, Gemeinde Lienen, gehörten zwei Wassermühlen, eine Roß- und eine Windmühle.

Die schon 1273 erwähnte Wassermühle des Hofes Meyer zu Gellenbeck hat über Jahrhunderte Korn gemahlen, das nach Bedarf zu Mehl, Grütze oder Schrot verarbeitet wurde. In jüngerer Zeit verband man sie mit einer Öl-, Boke- und Flachsschwingemühle.

Vielfältige Aufgaben hatte die Meyer zu Farwick (heute Raiffeisengenossenschaft) gehörende Wassermühle in Nortrup: Sie stellte Mehl und Schrot her, sie konnte auch als Bokemühle zur Verarbeitung von Rohhanf gebraucht werden. Schließlich wurde nach Einrichtung eines Ölganges aus Raps-, Flachs- und Rübsamen Öl gewonnen.

Das Schlag- und Mahlwerk der längst nicht mehr bewirtschafteten, doch in seinem Mahlwerk noch erhaltenen Ölmühle des Gutes Ostenwalde in Oldendorf — östlich des Schlosses im Wald versteckt, doch an ihrem Pyramidendach erkennbar — gibt noch heute eine Vorstellung von der einstigen Bedeutung der Ölschlägerei. Die schon im Osnabrücker Lehnsbrief von 1460 erwähnte Mühle konnte täglich 3 Zentner Flachs-, Raps- und Rübsamen oder auch Bucheckern verarbeiten. Das Zerkleinern besorgte der sogenannte Kollergang, im Rührwerk wurde die Masse aufgeweicht, und schließlich preßte ein kräftiger Doppelstempel das Öl heraus.

Die angeblich seit dem 14. Jahrhundert existierende Wassermühle des Hofes Nordbeck in Hardingen nordwestlich Nordhorn war ursprünglich im Besitz des Grafen von Bentheim — vor 1800 gab es in der Grafschaft fast nur herrschaftliche Mühlen, die auf Zeitpacht vergeben wurden. Nach der Überlieferung des Hofes bat einst der Pächter, Vater von 19 Söhnen, den Herrn, ihm die Pacht zu erlassen, da er seiner vielen Kinder wegen das Geld nicht aufbringen könne. Der Graf beschied, daß bei der Meldung von der Geburt des zwanzigsten Sohnes ihm Mühle sowie Grund und Boden frei überlassen würden. Der Graf hielt sein Wort, als das freudige Ereignis eintrat. Seit dieser Zeit gehören Hof und Mühle der Familie Nordbeck.

Die Windmühlen kamen im nördlichen Europa erst Jahrhunderte nach den Wassermühlen auf. Die aus dem Kulturbereich des Islams stammende und schon früh in Griechenland bekannte Windmühle wurde um das Jahr 1000 in Europa wiederentdeckt. Als Bockwindmühle gehört sie zu dem ältesten Mühlentyp unseres Landes, der bis ins vorige Jahrhundert errichtet wurde.

Nur noch vereinzelt drehen sich ihre Flügel, wie in Oppenwehe, Gemeinde Stemwede. Der gesamte hölzerne Baukörper hängt mit seinen Flügeln an einem kräftigen eichenen Balken, dem „Pfahl", der auf einem hölzernen Gestell, Bock genannt, ruht. Mit einem langen Hebel, dem sogenannten „Steert", wird sie in den Wind gedrückt.

Erst seit dem 17. Jahrhundert fand die holländische Mühle, vorwiegend von einer balkonartigen Galerie umgeben, in unserem Raum größere Verbreitung. Bei ihr dreht sich nicht mehr der ganze Mühlenkasten, sondern nur die kleine auf Rollen laufende Kappe (Haube). Anstelle des ursprünglich an der Galerie endenden hölzernen Gestänges wird heute mit Hilfe der Windrose die Mühlenkappe automatisch in die jeweilige Windrichtung gebracht. Der Unterbau der Mühle besteht aus Stein oder Holz und ist rund oder mehreckig gestaltet. Dieser Windmühlentyp fand im Land von Hase und Ems seine größte Ausbreitung im 18. Jahrhundert. Wenn auch Fenster und Flügel der Mühlen nicht mit lebhaften Farben grüßen und die Tragbalken auch keine Figuren schmücken, wie oft im westlichen Nachbarland, gehört eine Wind-

Wassermühle Knollmeyer in Wallenhorst-Rulle. Die Anlage gehört zu den ursprünglich sechs Wassermühlen am Nettebach. Sie kam 1253 in den Besitz des Klosters Rulle, nachdem vorher Gerhard von Mettingen auf die Mühle als Lehen des Grafen von Tecklenburg verzichtet hatte. Nach Aufhebung des Klosters 1802 übernahm der Staat die Mühle. Später wurde sie an den Müller Knollmeyer verpachtet, der sie schließlich 1852 als Eigentum erwarb. Die Mühle war Mahlstätte mit zwei Gängen sowie Öl-, Boke- und Flachsschwingemühle. Sie ist vor einiger Zeit restauriert worden. Mit den bei Wassermühlen üblichen zwei Mahlgängen wird das Korn zu Mehl bzw. zu Schrot (= Gut aus grob gemahlenen Getreidekörnern) verarbeitet.

Die letzte Windmühle im Altkreis Osnabrück wurde 1810 in Glanddorf als vierstöckiger Bruchsteinbau errichtet.

Fliesengemälde (Hof Ekenhorst, Heesterkante, westlich Emlichheim).
Das wahrscheinlich in Utrecht auf Vorrat angefertigte Bild befand sich vormals in einer Fliesenwand am Rauchfang des 1841 errichteten Kamins des Erbwohnhauses. Es gelangte 1964 an eine Wand im Innern des Anbaus. Fliesengemälde mit Motiven aus dem ländlichen Arbeitsbereich

waren auf größeren Höfen der Grafschaft beliebt. Das vorliegende Bild zeigt, wie vierspännig gepflügt wird. In der Regel geschah das Pflügen diesseits der niederländischen Grenze mit zwei Pferden, bei schwereren Böden auch mit drei Pferden. Im Hintergrund ist ein Rutenberg (Dieme) zur Aufnahme von Heu und Stroh zu sehen.

Windmühle (Laar im Nordwesten der Kreisgrafschaft Bentheim). Die 1806 erbaute Mühle aus Bentheimer Sandstein war ursprünglich im Besitz des Grafen von Bentheim — fast alle Mühlen der Grafschaft befanden sich bis um 1800 im herrschaftlichen Besitz. Die Mühle diente bis zu ihrer Stillegung 1914 ausschließlich als Kornmühle. 1980 wurde sie als Ruine von der Gemeinde Laar übernommen und wiederhergestellt. Die holländische Windmühle wurde nach aerodynamischen Gesichtspunkten gewöhnlich achteckig aber auch als Rundbau konstruiert. Der Baukörper lief in der Regel nach oben konisch zu.

mühle doch zu jenen technischen Schöpfungen unserer Heimat, die am meisten beeindrucken.

Weit hinaus ins Land schaut die Mühle von Gr. Mimmelage. Sie erfüllte einst in Hahlen ihre Aufgabe. Der hölzerne Oberbau wurde nach 1877 von der abgerissenen Burmühle in Hahlen übernommen. Dort ist sie seit 1800 nachweisbar. Ihre Flügel waren zunächst mit Segeltuch bespannt, seit 1901 wurde sie mit Jalousieflügeln betrieben. Der Unterbau aus Sandstein wurde neu geschaffen. Nach schweren Orkanschäden konnte sie 1974 wiedererrichtet werden.

Wie sehr die Technik der Mühle die Zeitgenossen bewegte, mag aus den Worten von Karl Marx hervorgehen, der 1867 schrieb: „Die ganze Geschichte der Maschinerie läßt sich verfolgen an der Geschichte der Getreidemühlen." Er könnte bei seiner Aussage an eine Anlage wie die der Roßmühle in der Oberbauerschaft im Kr. Minden-Lübbecke gedacht haben. Das innere hölzerne Göpelwerk für 6 Pferde mit einem Kammrad von 32 Meter Umfang zeigt, zu welchen großartigen Leistungen das Handwerk des Mühlenbauers fähig war. Von alters her war der Zimmermann Hausbauer, nur dem Befähigtsten gelang es, auch Mühlenbauer zu werden.

Die eigenartigste Mühle Nordwestdeutschlands dürfte die Hüvener Mühle an der Mittelradde zwischen Hüven und Lähden im Hümmling sein. Als Wassermühle bestand sie schon im hohen Mittelalter. 1801 wurde sie durch Feuer zerstört, aber sofort wiederaufgebaut. Das im unteren Bauteil ohne Querriegel geschaffene Fachwerk ist ein bauliches Unikum, das an Fachwerk der Normandie erinnert.

Die Mühle verfügte über zwei Mahl- und einen sogenannten Pellgang, der zur Herstellung von Graupen benötigt wurde. Um Wasser und Wind abwechselnd oder gleichzeitig nutzen zu können, ließ der Müller 1851 auf eine Wassermühle eine holländische Windmühle setzen. Der Mühlenbauer St. Dierkes schuf mit 12 Zimmerleuten in 724 Tagen ein Werk, das heute zu den schönsten technischen Kulturdenkmälern des Landes gehört.

Mit Hilfe einer sinnreichen hölzernen Kupplung konnte über das Wasser hinweg in einem anderen Gebäude eine Öl- und Walkmühle versorgt werden. In der Walkmühle wurden durch Stampfen Wollstoffe geschmeidig und reißfester gemacht. Nach dem Rückgang des Anbaus von Ölfrüchten und dem Niedergang der Wollweberei nahm man die Mühle nicht mehr in Anspruch, sie verfiel und wurde vor einigen Jahrzehnten abgerissen.

Wegen Baufälligkeit legte man die Hauptmühle, nachdem auch diese keine Arbeit mehr gefunden hatte, 1950 still. Nach ihrer Restaurierung sieben Jahre später wurde sie als technisches Museum der Öffentlichkeit zugänglich gemacht, „WER ANKLOFET DER WIRT AUFGETHAN" (Luk. 11,9). Der im Türsturz eingeschnitzte Spruch, einst für den zögernden Mahlkunden gedacht, gilt heute dem wissensdurstigen Besucher.

Im Jahr 1875 haben 12 Landwirte, die sogenannten „Möllenburen", eine holländische Galeriewindmühle in Georgsdorf errichten lassen. Die Mühle erfüllte bis 1963 ihre Aufgabe, indem sie Roggen zu Brot- und Buchweizen zu Pfannkuchenmehl verarbeitete.

Ein Müller nahm gewöhnlich ein Zwölftel bis ein Sechzehntel des angelieferten Kornes als Mahllohn („Metze" oder „Wulfter" genannt), der mit der „Mattschale" gemessen wurde. Das bedeutet, da nicht nach dem Gewicht, sondern nach dem abgestrichenen Maß berechnet wurde, daß dem Müller großes Vertrauen geschenkt werden mußte. Welchen Betrag der Müller, der der Versuchung nach zu schnellem Geld nicht widerstand, in seinen Säckel steckte, sagt das bekannte Wort aus dem Märchen vom „Zaunkönig": „Stiehlt tapfer, vom Achtel (80,37 Liter) drei Sechter (3x7,17 Liter)."

Eine bedeutende Rolle spielte die Mühle im Volksleben. Bei Geburt und Hochzeit, bei Feierabend und Tod setzte sie ihre Zeichen. Das freudige Ereignis meldeten die „in der Schere" stehenden Flügel an, hierbei ein Andreaskreuz bildend. Feierabend und den Tod verkündete die Trauerschere. Die Flügel bildeten ein senkrecht stehendes Kreuz. „To de hogen Fierdage wödden de Flögel in de Schere sett", berichtete der Gewährsmann von der Wietmarscher Windmühle, „en to Fronleichnam kwammen an alle veär Enden Mäiböme, de wiet in't Land löchteden. Dat groote Flögelkrüs stönd still en fierlik, as de Dodenwage van'n Möllenhof noa'n Karkhoff föhrde".

Noch ausgeprägter ist die Müllersprache in den Niederlanden. Hier haben sogar geringfügige Änderungen der Flügelstellung ihre besondere Bedeutung. Sind die Flügel nur wenig gegenüber der Position des griechischen Kreuzes vorverschoben, bringt der Müller seine Freude zum Ausdruck über die Geburt eines Sohnes oder über die glückliche Verlobung seiner Tochter.

Nur wenige Mühlen zeugen heute noch von ihrer einst lebenswichtigen Aufgabe, geblieben sind Mühlsteine. Die zur Zeit ihres Gebrauches oben liegenden, aus weniger hartem Sandstein bestehenden Laufsteine wie auch die unteren, feststehenden Bodensteine wurden bei längerem Gebrauch stumpf und mußten neu geschärft werden. Waren die Steine schließlich nicht mehr zu gebrauchen, stellte man sie als Schau- und Scheuersteine an das Mühlengebäude. Heute benutzt sie mancher Heimatfreund zur architektonischen Gestaltung seines Gartens.

Arbeit in Haus und Hof

S'dages geht et den Klipper, den Klapp Holzschuhe

Holland kennen wir als das klassische Holzschuhland, doch auch der norddeutsche Raum ist die Heimat der Holztreter. In Niedersachsen ist noch heute ein Fünftel der gesamten deutschen Holzschuhmacher tätig; allein in der Grafschaft Bentheim arbeiteten in den 20er Jahren unseres Jahrhunderts über 100. Im 18. Jahrhundert gab es kein Kirchspiel, in dem nicht mehrere Holzschuhmacher ansässig waren. In früherer Zeit waren es gewöhnlich Heuerleute oder Kötter, die sich mit

Hüvener Mühle an der Mittelradde neben der Landstraße zwischen Hüven und Lähden (ca. 15 km nordöstlich Haselünne). Auf der 1802 nach einem Brand neugeschaffenen, auf Findlinge gesetzten Wassermühle wurde 1851 eine holländische, mit Holzschindeln verkleidete Windmühle gesetzt.

dem Anfertigen von Holzschuhen einen Nebenverdienst sicherten. Diese Arbeit, die in der Regel während des Winters betrieben wurde, konnte unter Umständen eine Familie ernähren. In der Niedergrafschaft ging der Holzschuhmacher noch vor über einem Menschenalter von Hof zu Hof und stellte in der „Underschur", an seinem Pram stehend, je Tag 5 bis 7 Paar Klompen her, in seltenen Fällen schaffte er auch mehr. In der Regel gab es Arbeit für zwei Tage. So notierte der Bauer und Müller Nordbeck in Hardingen, Kirchspiel Uelsen, am 26. und 27. November 1869 in seinem Tagebuch: „2 Mann Holzschuhe machen." Wenn derselbe am 3. März 1874 21 Paar Holzschuhe in Auftrag gab, mag das weniger mit dem Tragen schwerer Kornsäcke zusammenhängen als mit großer Für- und Vorsorge. Neben Unterkunft und Verpflegung gab es je Paar Holzken 35 bis 50 Pfennig Lohn. „Hooge" (hohe) Holzschuhe wurden gewöhnlich für den Winter und „läge" (niedrige), mit Lederriemen überspannte, für den Sommer angefertigt. Sie paßten stets, denn es wurde genau gemessen mit einem dünnen Stäbchen vom Holz des Faulbeerstrauches, und zwar die Innenlänge des Schuhs. Am Tage konnte es nicht geschehen, daß es zu Verwechslungen kam. Peinlich mochte es im Finstern werden.

Lag die Bäuerin in den Wehen und rief nach der Hebamme, was nicht selten nachts geschah, griff wohl der Großknecht, aufgeregt im Dunkeln tappend, nach Holzken, die gewöhnlich in einer Reihe neben der Küchentür auf der Diele standen, und erwischte ein ungleiches Paar. So lief er ins Dorf, die Wehmutter zu holen. Dann klapperten die „Rappholzken" durch die Straßen. Wer es hörte, ahnte den Anlaß und schmunzelte.

Über Jahrhunderte waren Holzschuhe bei der bäuerlichen Arbeit unentbehrlich. In „diesem den Bewohnern nasser Gegenden von der Vorsehung angemessenen Fußwerke" — wie einst Möser schrieb — fühlte sich der Landmann wohl geborgen. Noch vor dem Zweiten Weltkrieg war es in der Grafschaft Bentheim selbstverständlich, daß von der Magd bis zum Hofbesitzer jedermann die „Klompen" trug, die hier mit ihrer höher gearbeiteten Spitze den holländischen ähneln. Sie wurden gewechselt, wenn man vom Stall in die Wohnung trat oder umgekehrt. Noch heute werden die Holzschuhe mancherorts bei der Tätigkeit im Garten und selbst auf dem Feld gebraucht. Nur für die ganz Alten ist ihr Tragen mühsam geworden. „Dei Holzken", meint der betagte Bauer aus dem Tecklenburgischen, „kann ik nich sau gout driägen, weil sie to swoor sind, aber ik kann se nich missen, weil se sau skön warm sind." Geflochtene Stroheinlagen, die „Stoppen", erhöhten die Wärme. „S'dages geht et den Klipper, den Klapp, s'nachens steht et vör'n Bedde und gap." Als die Meppener einst dem Königspaar aus Hannover zwei Holzschuhe als Zeichen ihrer Huldigung überreichten, konnten die Majestäten auf dem einen Holzschuh lesen: NEC ASPERA TERRENT (vor keinem Ungemach erschrecken) und auf dem anderen entziffern: Hier go wi met dör dick un dünn!

Holländische Bodenstanduhr mit astronomischen Indikationen (Hof Schulze-Holmer, Samern, Kreisgrafschaft Bentheim). Das Uhrwerk fertigte der Amsterdamer Uhrmacher J. M. Heyer um 1750 an. Die Uhr besitzt ein kompliziertes Werk, das Tag, Wochentag, Monat und Mondwechsel angibt und bewegliche Figuren mit dem Pendelschlag antreibt — hier Schiffe im Amsterdamer Hafen. Uhren dieser Art erfreuten sich bei wohlhabenden Bauern besonderer Beliebtheit. Charakteristisch ist der dreifach gekrönte, vergoldete Figurenaufbau. Das 18. Jahrhundert war die große Zeit der Bodenstanduhren, die vorwiegend aus Holland eingeführt wurden und in vielen großbäuerlichen Häusern der Grafschaft Bentheim und im Artland Aufstellung fanden.

Es gab Alltags- und Sonntagsholzschuhe, die beide aus Weichholz, Erlen- oder Pappelholz, weniger häufig aus Gelbweiden angefertigt wurden.

Als besonders dauerhaft galten Schuhe aus Erlenholz. Fußtreter aus Weiden- und Lindenholz hielt man wegen ihrer weißen Farbe und ihrer Leichtigkeit für vornehm. Die abgesägten Kloben („Kuddel") ergaben je nach Stärke des Stammes 2 bis 4 Holzschuhe. Zuerst wurde mit dem Beil die grobe, dann mit dem Blockmesser („Blockmest") die feine Form geschaffen. Nach dem Einspannen der angehenden Holzschuhe besorgten Bohrer und Putzmesser die fußgerechte Aushöhlung. Nur im Notfall verwendete man Birkenholz. Dieses ist zwar fester, jedoch schwerer und war daher nicht beliebt.

Im allgemeinen hielten die Treter ein Vierteljahr, dann waren sie verbraucht. Um ihre Haltbarkeit zu verlängern, zog man oft einen Draht über die Deckelschale; dieser verhinderte das Reißen des Holzes.

Der Sonntagsschuh unterschied sich von dem gewöhnlichen durch einen schirmartigen und gezackten Lederbesatz über dem Deckel. Im Emsland und in der Grafschaft Bentheim zierten den Sonntagsschuh eingeschnitzte Blumen („Bläumken").

Zum Kirchgang scheuerte man ihn mit weißem Sand blitzsauber. In den Wilsumer Sandhügeln gab es Gruben, in denen besonders weißer Sand gefördert wurde, den man gern zum Reinigen der Holzschuhe und zum Streuen auf den Küchenboden benutzte.

Aus Sparsamkeitsgründen wurde der tägliche Schuh „upklaunt", d. h. vorn und hinten mit einem Stück Eisen oder Leder beschlagen. Wer noch sparsamer war, nahm die Holzken bei einem längeren Weg in die Hand, denn „dat Fell wöss wia" (das Fell wächst wieder).

Holzschuhmacher im Jahre 1983 in Uelsen (Grafschaft Bentheim). Mit „Poolmaß" (Schneidmesser) und Löffelbohrer bei der Arbeit.

Im Winter hatte der Kuhjunge — um die Jahrhundertwende gab es auf den größeren Höfen des Tecklenburger Landes noch einen Kuhjungen und ein „Kinderwicht" (Kindermädchen) — vom Hof Hasenpatt in Leeden, Gemeinde Tecklenburg, jedoch andere Sorgen. „Düsse upklaunten Holzken sind nich gout taun glünnern, un dorümme schneid ik dei Klauen drunne wech, un nauher mosse de öllern Knecht de well upklaun" (Die aufgeschlagenen Holzschuhe sind nicht gut zum Schliddern, und darum schneide ich die Klauen darunter weg, und nachher muß der Erstknecht sie wieder anschlagen). Es sollte nicht vergessen werden, daß in den „goldenen 20er Jahren" unseres Jahrhunderts, als noch wenig Zerstreuung auf dem Lande geboten wurde, auf mancher Diele das junge Volk zum „Holzkenball" antrat. Daß Knechte und Mägde in Klompen tanzten, die sie als „Zutat" zum Jahreslohn empfangen hatten, wollen wir gern annehmen.

Flachs zu bracken, zu racken und zu schwingen

Die Leinengewinnung

Nur vereinzelt sind noch Bleichhütten zu entdecken, die einst dem Manne als Unterkunft dienten, der das auf der Bleiche in langen Bahnen ausgelegte Leinen am Tage zu begießen und nachts zu bewachen hatte. Auf manchen Höfen erinnert eine verlassene „Rötekuhle", meist in Wassernähe, daran, daß hier früher der gebündelte Flachs rotten (gären) mußte, hierbei einen üblen Gestank verbreitend. Die Bedeutung dieser Einrichtung mag daran erkannt werden, daß die Höfe Becker, Drees, Offers und Schöler (Nölker) in Pye, westlich des Osnabrücker Piesberges, gemeinsam eine Rötekuhle benutzten und ihr „Viertelrecht" (Anteil) im Grundbuch eintragen ließen. Neunzehn Hofbesitzer der Bauerschaft Uphausen im Kirchspiel Bissendorf hatten ihre Rötekuhlen auf einer Länge von fast hundert Meter links und rechts des Bachlaufs im Zittertal.

Der Flachs, eine anspruchsvolle Pflanze, die zu ihrer vollen Entwicklung einen milden Lehmboden fordert, wurde im April, spätestens im Mai gesät. „Dai beste Flass maut 'n hunnertsten Dag sait weren", das war nach alter Bauernregel am 10. April. Im Durchschnitt konnten aus der Ernte eines Morgens etwa 300 Ellen Leinen hergestellt werden.

Nach seiner Reife in den Monaten Juli oder August zog man ihn büschelweise aus dem Boden. Sofort nach dem Einfahren der Ernte begann das Entfernen der Samenknoten (Fruchtkapseln) mit der Riffel (Reepe), einem kammartigen Gerät, gewöhnlich aus einem langen Balken mit aufrecht stehenden eisernen, etwa fußlangen Zinken bestehend, durch die die Flachsbüschel geschlagen wurden. Der größte Teil des ausgedroschenen Samens wurde zu Öl gemahlen. Neues Saatgut bezog man in der Regel aus dem Baltikum (Riga), da das eigene schon nach der zweiten Aussaat angeblich eine grobe Faserqualität ergab.

Um die wertvollen äußeren Fasern von dem inneren holzigen Teil zu trennen, legte man den gebündelten Flachs anschließend in der Regel „zehn Nächte" zum Rotten in ein flaches Wasserloch. Nach Beendi-

Bleichhütte (Hof Hackmann in Laggenbeck). Sie diente früher als Schlafstätte für den Aufseher über das auf der Bleiche ausgelegte Leinen.

Rest der Rötekuhle (Hof Siebert-Meyer zu Hage in Vehrte).

Ein Reep (Riffel) auf einem Hof im Raum Badbergen aus dem Jahre 1634. Das Reep brachte man gewöhnlich auf der Diele zwischen zwei Fachwerkständern an. Der Flachs wurde bundweise zwischen die Zinken eingeschlagen, damit die Samenknoten absprangen.

gung des Gärprozesses wurden die Bündel zum Trocknen aufgestellt. Im westlichen Münsterland brachte man den Flachs in besondere Dörröfen. Das nun lagerfähige Material konnte in den Wintermonaten gebrochen werden. Dazu gebrauchte man den Racken, eine Breche in einem derben Holzgestell. Mit einem messerartigen Klapphebel wurde jeweils eine Handvoll Flachs auf nebeneinander angeordnete Hartholzschienen gedrückt, wobei die einzelnen Stengel gebrochen wurden. Am besten gelang das Brechen in der Bokemühle. Vier oder mehr senkrecht stehende schwere Eichenstempel fielen im Wechsel auf einen Gegenblock, auf den man kleine Flachsbündel gelegt hatte. Angetrieben wurde die Mühle durch Wasserkraft. Dann mußten die Fasern „abgeschwungen", d. h. die Holzreste abgeschlagen werden. Eine schlitzartige Aussparung an einem senkrecht stehenden Brett des Schwingbocks hielt den Flachs fest, während das hölzerne Schwingmesser senkrecht am Brett vorbei auf den Flachs schlug. Große Arbeitserleichterung brachte die Schwingmaschine, mit der größere Flachsmengen in kürzerer Zeit bearbeitet werden konnten. An den Felgen eines senkrecht stehenden Holzrades befestigte und angeschärfte Bretter schlugen bei der Drehung des Rades dicht an einem Brett vorbei. In Arbeitshöhe war ein Schlitz eingeschnitten, in den lose Flachsbündelchen so lange hineingeschoben und umgedreht wurden, bis alle Holzteilchen abgeschwungen waren. Brechen und Schwingen waren sehr anstrengende Arbeiten, die oft Wochen in Anspruch nahmen. Um die letzten Holzteilchen aus den Fasern zu entfernen, hatte man schließlich die Flachsfaser noch durchzuhecheln. Auf dem Brett eines Hechelbocks befanden sich gewöhnlich zwei runde oder eckige, mit Nadeln (Nägeln) gespickte „Kissen". Die Faser wurde zunächst durch die grobe und anschließend durch die feine Hechel gezogen. Hin und wieder geschah es, daß bei der Arbeit Hede (Werg), ein Gewirr von Fasern, in der Hechel zurückblieb, das sich dort „verheddertete". Sauber gekämmt, war die Faser fertig zum Spinnen. Riffel, Bracke und Hechelbock sind wie Schwinge und Bokemühle lediglich als Schaustücke erhalten. Ebenso das Spinnrad und die Haspel, ein Drehgestell, mit dessen Hilfe man das Garn von der Spule nahm.

Das Weben war nicht auf den Landmann beschränkt. Auch die Töchter des Pastors und des Lehrers spannen und webten selbst ihre Leinwand. Es gab auch Weber, die für Lohn das ganze Jahr hindurch webten, vor allem in der Grafschaft Bentheim. Auch die Herstellung von Flachsgarn brachte gutes Geld ins Haus. Um 1800 konnten während der Winterszeit in einer Haushaltung oft 80 Reichstaler verdient werden. Der Gewinn war nicht allein den Erwachsenen zu verdanken. „Wenn ein Kind sechs bis sieben Jahre alt ist", berichtet der Zeitgenosse, „fängt es schon an zu spinnen und kann also schon etwas verdienen."

Die textile Heimarbeit lieferte noch Jahrzehnte später nicht nur mehr als die gesamte übrige Gewerbeproduktion auf dem Lande, sie übertraf mancherorts sogar die Agrarproduktion.

Gern wird an den Heuermann Engelbrecht erinnert, der um 1800 in einem Kotten des Bauern Hellige in Suttorf lebte. Er konnte ein so feines Garn spinnen, daß davon ein Bind — ein Faden von 75 m Länge — in einer Nußschale Platz fand. Er machte diesen Wunderfaden dem Landesherrn in Hannover zum Geschenk.

Das für den Verkauf bestimmte Garn wurde im Frühjahr gekocht und gebleicht. Um es schneller weiß zu machen und Pottasche zu sparen, mischte man es entgegen der Leggeordnung auch mit Kalk oder steckte es in einen zu heißen Backofen. Die Qualität des Materials litt darunter erheblich. Leggemeister überprüften mit Hilfe eines Hakens, ob sich das Linnen leicht einreißen ließ. War dies der Fall, war damit der Beweis für gekalktes Garn erbracht.

Wer in unseren Tagen jemanden „durchhechelt", „den Faden verliert", „sich verhaspelt" oder „verheddert", wird kaum auf den Gedanken kommen, daß sich hinter diesen Worten die Arbeit der Spinner und Weber verbirgt.

In den Nebenhäusern der 26 Groß- und Kleinbauern der Bauerschaft Holterdorf im Kirchspiel Neuenkirchen bei Melle arbeiteten 1772, wie die amtliche Statistik ausweist, 63 Spinner, darunter Markkötter und Heuerleute.

Schon für das Jahr 1050 scheint verbürgt, daß aus der Bauerschaft Eickholt im Altkreis Melle Leinen an den Grundherrn abgeliefert werden mußte. Verstärkter Flachsanbau und damit umfangreiche Eigenerzeugung, die sich wiederum in verstärkten Abgaben auswirkte, setzte nach dem Dreißigjährigen Krieg im Osnabrücker und Tecklenburger Land sowie in der Obergrafschaft Lingen ein, weniger in der Niedergrafschaft und im Raum Meppen, wo die mageren Böden den Ansprüchen nicht genügten. Wie sehr der Grundherr an der Leinengewinnung interessiert war, kann daraus ersehen werden, daß in den Abgabeverpflichtungen des Jahres 1723 dem Halberben Bönningsmann (Bensmann) in der Bauerschaft Gellenbeck im Kirchspiel Hagen aufgetragen wurde, „in der Flachsernte täglich zwei Personen, an einem Tag mit 30 Personen zum Flachsreinigen" anzutreten, oder der Halberbe Rotert in derselben Bauerschaft die Anweisung hatte, „in der Flachsernte täglich zwei Personen, einen Tag mit acht Personen zu braken" (Flachs zu brechen).

Noch im 18. Jahrhundert konnten Frauen, die aus körperlichen Gründen nicht fähig waren, „Flachs zu braken, zu racken und zu schwingen", vom Gutsherrn von der Heirat ausgeschlossen werden.

Alle Leinwandproduzenten des Hochstifts mußten das zum Verkauf bestimmte Gut der Legge in Osnabrück vorlegen. Bereits 1404 ist für Osnabrück eine „Leinwandbussen" (Leinwandbüchse) bezeugt, in die die Abgaben für die zu begutachtende Ware gelangten. Später konnte Leinen auch in neugegründeten Leggen in Tecklenburg (1650), Ibbenbüren und Minden, nach 1770 im Hochstift Osnabrück in den Orten Bramsche, Essen, Ostercappeln, Iburg, Dissen, Laer und Melle zur

Hechelbrett (Hof Sundermann, Osnabrück-Gretesch). Durch zwei auf einem Brett angebrachte mit Nägeln gespickte Einsätze wurde die Flachsfaser gezogen.

Blaufärberei in Wehrendorf um 1870 (zeitgenössische Darstellung von C. L. Alpers). Vor der Mitte des vorigen Jahrhunderts nahmen in den Dörfern Blaufärber ihre Tätigkeit auf. Gewöhnlich färbte man Leinen in klafterlangen Stücken. Mit Hilfe eines Göpelwerkes wurde das Leinen anschließend auf einem Walktisch geglättet. In manchen Färbereien, so in Bissendorf, Lotte und Menslage, wurde die Leinwand auch bedruckt (Blaudruck u. a.).

Hochrad oder Bockrad — Spinnrad mit 2 Spulen (Hof Arens-Fischer [Reineke] in Grovern). Im Unterschied zu dem gebräuchlichen Langrad, bei dem Antriebsrad und Flügel nebeneinander liegen, sind beim Hochrad die Flügel über dem Antriebsrad angebracht. Mit seiner Hilfe gewann man mehr Garn, doch mußte jede Hand einen Faden führen. Eine Arbeit nur für geschickte Spinnerinnen. Das „Hungerrad" war auch ein Versuch, in der Zeit des Wirtschaftswandels sich der industriellen Garngewinnung zu erwehren.

Schau gelegt werden. Das Leinen wurde dort begutachtet, klassifiziert und gestempelt. 1778, zur Zeit einer neuen Blüte „westfälischen Hausfleißes", wurden in den Leggen des Fürstbistums Osnabrück 27 247 Rollen Leinwand gestempelt, jede 4,6 bis 5,8 m lang. Durch diese Standardisierungsmaßnahmen konnte ein höherer Absatz erzielt werden. Die zum öffentlichen Verkauf bestimmten Erzeugnisse erwarben Händler unter Aufsicht und Vermittlung von Leggemeistern. Ein unmittelbarer Einkauf beim Erzeuger war streng untersagt.

„Unter den verschiedenen Sorten Löwelinnen", schreibt um 1792 der tecklenburgische Leggemeister Meese, „behaupten die Osnabrückschen den ersten Platz. Das Hochstift Osnabrück verdient das Vaterland und der erste Sitz der Westphälischen Löwendlinnen genannt zu werden, in dem ohngefähr die Hälfte der Löwendlinnen hier im Lande gesponnen und gewebt wird. ... Der besondere Vorzug, den das osnabrücksche Linnen vor dem übrigen Westphälischen Löwendlinnen hat, ist, daß es durchgehend weißer ist, und es größtenteils von Flachs ist, so läßt es sich besser bloßer Haut tragen. Größtentheils wird es von Bremen aus nach Spanien, Portugal und England ... versandt ... Das Tecklenburger Löwendlinnen ... besteht großentheils aus Hanf, und macht einen ansehnlichen Theil dem Westphälischen hänfenen Löwendlinnen aus. Diese werden sämmtlich von Bremen aus, nach England und zwar vornemlich nach Bristol, ein geringer Theil davon nach London gesandt, wo es vornemlich Soldaten, Matrosen, die Bergleute und übrigen geringen Einwohner, theils zu Ober- und Unterkleidern, theils zu Hemden brauchen; auch zu Reuterkitteln oder Röcken wird aufgekauft. Das gröbere wird zu Segeln auf kleine Schiffe angewendet, ein kleiner Theil von diesem Linnen wird nach den Britischen Colonien in Westindien gesandt." Das in Osnabrück vorgelegte Fabrikat wertete man nach den Aussagen von Stüve im Ausland derart hoch, daß die mit dem Leggezeichen versehenen Stücke um 20 % teurer verkauft werden konnten als die anderen Leinensorten aus dem norddeutschen Raum.

Das Löwendlinnen war so fest gewebt, daß es gegen Wind und Wetter schützte und Regen kaum durchließ. Daher trug auch der Landmann aus selbstgewebtem Linnen und selbstgesponnener Wolle angefertigte Kleidung. Die gewebten Stücke wurden vorher gefärbt, und zwar steckte man die Zeugmasse ins Moor oder in Morast, wo es sich auf natürliche Weise färbte, oder man bereitete Laugen von Eichen- oder Erlenholzspänen, die mit Moorerde gemischt wurden, und kochte darin Garn, Strümpfe, Jacken und Hosen. So bildete braun die Generalfarbe bei den Kleidungsstücken der ländlichen Bevölkerung in den moornahen Gebieten. In dörflicher Handarbeit wurde feines Linnen auch blau gefärbt, und man verschönte die Festkleider für die Frauen durch Buntdruck („Blaudrücksel").

Wie wichtig das Leinen für den eigenen Haushalt war, geht aus einem Ehevertrag von 1801 zwischen H. Haarannen aus Hollenstede im Kirchspiel Schwagstorf und M. M. E. Giesting aus Woltrup im Kirchspiel Bersenbrück hervor. Dem Bräutigamsvater war lebenslanger Unterhalt an Linnen zu gewähren, und jeder Tochter mußte der Neubauer „ein halbes Scheffel Lein auf gutem schicklichen Acker aussähen, und den davon kommenden Flachs derselben verabfolgen (zu) lassen". Aus einem Scheffel Saatland gewann man in der Regel zwei Stück Löwenlinnen, „jedes von einigen 90 Ellen". Da Flachs dichter als Roggen gesät wurde, konnte mit einem Scheffel Flachssamen nur halb soviel Land besät werden wie mit einem Scheffel Korn. Der mit Flachs bestellte Acker nahm deshalb nicht die Fläche ein, wie wir auf Grund der Bezeichnung „Scheffel" vermuten könnten. Bei der Übernahme des Hofes im Jahre 1849 versprach H. H. Haarannen seiner Schwester Maria Adelheid zusätzlich 10 Rollen Linnen.

Auch ein Vertrag des Erblassers vom Hof Heemann (Ibershoff) in Lienen vom 9. Oktober 1839 macht die Bedeutung der Heimweberei erkennbar. Der Anerbe hatte danach seinen fünf Geschwistern einen vollständigen ortsüblichen „Brautschatz", bestehend u. a. aus „Bracke, Hechelstuhl, Schwingelblock und Schwinge", auszukehren. Es gibt kaum einen Erb- oder Heiratsvertrag der Zeit, in dem diese Arbeitsgeräte nicht erwähnt werden.

Noch vor einigen Jahrzehnten war es üblich, daß die bäuerliche Braut am Tage der Hochzeit den Gästen voller Stolz ihren gefüllten Leinenschrank vorzeigte. Im Alt-Hannoverschen erhielt die Tochter eines Vollhofs unter anderem „veer Stücken in de Kammer", das waren zwei Betten, eine Lade von Linnen und ein Schrank voll selbstgewebten Beiderwandtuches. Im Tecklenburger Land gehörten noch um die Mitte des vorigen Jahrhunderts 30 bis 50 Rollen Leinen zur Aussteuer eines mittleren oder größeren Hofes.

Auch der Lohn wurde oft teilweise in Leinen ausgezahlt. In der Gesindeordnung für die Grafschaft Tecklenburg aus dem Jahre 1753 heißt es zwar ausdrücklich: „Wo Gesinde und Herrschaft überführt wird, daß Dienstboten statt des Lohnes Ländereien zur Besamung mit Lein überwiesen, sollen 5 bis 10 Reichsthaler Strafe erlegen, weil solches zum Ruin der Stätte gereicht, indem die Dienenden Mist und Korn zu stehlen verleitet werden." In der Folgezeit dürfte das Gebot der Obrigkeit kaum befolgt worden sein. Jedenfalls erhielt um 1820 eine Magd im Stift Leeden ein Jahresentgelt in Höhe von 2 Talern, 1 Paar Schuhen, 21 Ellen Leinwand, außerdem wurden für sie „3 Viertel Hanf" ($3/4$ Scheffel) gesät, den sie aber selbst verarbeiten mußte, um daraus Geld zu machen.

Auch in anderen Bereichen, wie z. B. im Artland, bekamen damals Dienstboten einen Teil ihres Lohnes in Flachssaat, der auf einer Fläche ausgesät wurde, die der Bauer laut Dienstvertrag zur Verfügung stellte. Der Großknecht bekam $1/2$ Scheffel, die Großmagd $1/6$ Scheffel, der zweite Knecht und die zweite Magd sowie der Kuhjunge „een verel Liens rümte", eine Ackerfläche von 15×15 Schritt in der Länge und Breite.

Haspel (Hof Arens-Fischer [Reineke] in Grovern). Mit ihr wurde das Garn von den kleinen Spulen „abgehaspelt". Je nach Umfang des Drehkranzes gewann man nach 50 bis 100 Umdrehungen ein „Bind". 10 bis 20 Bind bildeten ein Stück. Um leichter die Länge des Fadens feststellen zu können, baute man oft ein Zählwerk ein.

Selbstgewebtes Leinen (Hof Stramann in Natrup-Hagen).

Auf dem Hof Siebert-Meyer zu Hage in Vehrte konnte die Großmagd zum 1. April eines jeden Jahres zusätzlich zum Barlohn drei Rollen Leinen (und zwar bis in die Zeit des Ersten Weltkrieges) in Empfang nehmen und der Großknecht drei Leinenhemden mit langem Arm und Bündchen am Hals.

Gelegentlich wurde sogar der gesamte Jahreslohn einer Magd in Leinenrollen ausgezahlt und eine Fläche Leinsaat beziehungsweise Flachs von gewöhnlich „'n vädel saut" (= ¼ Scheffel), in älterer Zeit auch mehr, zur Verfügung gestellt, damit sie ihr eigenes Erzeugnis „in den Koffer" (Truhe) packen konnte.

Über Jahrhunderte brachte die Produktion von Hausleinen zusätzlichen Gewinn. Eine letzte gewichtige Zunahme erfolgte Ende der 30er Jahre des vorigen Jahrhunderts. Im Jahre 1847 wurden im Hochstift Osnabrück noch 52 106 Ellen Leinen im Wert von 620 000 Talern gestempelt, 1881 nur noch 7275 zum Preis von 258 000 Mark. Nachdem das billige Baumwollgewebe mehr und mehr Eingang in die Familien gefunden hatte und die Textilindustrie zu stark geworden war, kam es zum Erliegen der heimischen Leinwandmanufaktur. Auch die Einführung der Schnellwebstühle in Arbeitshäusern der Grafschaft

Webstuhl (Hof Högemann, Glandorf-Averfehrden). Längst haben Spinnen ihre Netze über den Webstuhl gelegt, der einst so wichtigen Erwerbsquelle. Der Webstuhl wurde am Arbeitsplatz zusammengesetzt. Von einem beweglichen Gestell aus führte man die Längsfäden auf den Garnbaum, zog diese dann durch den Kamm des Webstuhls und befestigte sie am Leinbaum. Das Schiffchen mit den Querfäden konnte nun hin und her geschoben werden. Mit Hilfe der Pedalen wurden die Kettfäden solange auf und ab gedrückt, bis der Garnbaum leer war. Ein guter Weber konnte an einem 14stündigen Arbeitstag ein Laken von 10 Ellen Länge und 1 Elle Breite weben. Daraus fertigte man nach Bedarf 1 Bettlaken, 1 Hemd und 1 Handtuch an.

Bentheim, die um 1850 nach holländischem Vorbild erfolgte, hat die mechanische Spinnerei nicht aufhalten können. 1871 gab es zwar im Bentheimischen noch 300 Handweber, die für ihre Auftraggeber Biber und Pilot, hervorragende Winterstoffe, anfertigten. Doch die Verbilligung des fabrikmäßig in Massen erzeugten Nessels aus Baumwolle führte zum völligen Erliegen der Handwebereien. Die Aufhebung der Tecklenburger Legge 1859 und der Osnabrücker Legge im Jahre 1902 war nur noch der Schlußstrich.

Zum persönlichen Gebrauch wurde mancherorts auch in der Folgezeit Flachs gesponnen und gewebt. Zur Eheschließung des Bauern Heringhaus in Glane-Visbeck stellte man auf dem Hof Glinz in Merzen ein Handtuch her mit der eingewebten Schrift „H. Hemelgarn u. Frau zur Hochzeitsfeier 26. Janr. 1898". Vereinzelt, wie auf dem Hof Heringhaus, wurde noch während des Ersten Weltkrieges Flachs gesponnen und gewebt, auf anderen Höfen nur Flachs angebaut und nicht mehr verarbeitet. Um die Hausweberei zu fördern, ließ die Landwirtschaftskammer für die Provinz Hannover im Jahre 1911 eine Umfrage ergehen, die ergab, daß noch 40 235 Webstühle im häuslichen Gebrauch waren.

Vierhundert Fuder Plaggen für 1 ha Ackerland

Der Ackerbau

Das älteste historisch faßbare Ackerland breitete sich inselartig auf trockenen Flächen mit niedrigem Grundwasserstand aus. Es sind die sogenannten Esche, die einst in Gemeinschaftsarbeit entstanden. Ihr Aussehen war über Jahrhunderte durch schmale Langstreifen geprägt. Im Durchschnitt nahmen diese insgesamt 30 bis 50 Morgen an Fläche in Anspruch, an denen in der Regel 3 bis 6 und mehr Höfe beteiligt waren. Der einzelne Hof besaß ursprünglich nicht mehr als etwa 10 Morgen Ackerland.

Die Eschkerne und damit die anfangs allein als Ackerland genutzten Flächen — im Vergleich zum Umfang der Mark, der Allmende, sehr klein — sind im ebenen Gelände leicht an ihrer uhrglasförmigen Wölbung und an ihren steilen Kanten zu erkennen. Durch Plaggendüngung kam über Jahrhunderte so viel Material auf das Feld, daß schließlich meterhohe Erhöhungen erreicht wurden. Die Plaggen gewann man in der Heide, im Wald und gelegentlich auch aus dem Grünland. Sie wurden geschaufelt, gemäht oder aufgekratzt, und zwar zwischen Frühjahrsbestellung und Ernte. Um ein Wiederanwachsen der Plaggen zu verhindern, durften die Sommerplaggen nicht länger als bis Jacobi (25. 7.) und die Winterplaggen bis Martini (11. 11.) in der Mark liegenbleiben. Wer zur Unzeit im Sommer dort noch Plaggen hatte, wurde mit einer Geldstrafe belegt.

Welche große Bedeutung die Plaggenwirtschaft für jeden bäuerlichen Betrieb hatte, geht aus zahlreichen Gesetzen und Verordnungen zur Regelung der Plaggenwirtschaft hervor. Am 30. 7. 1725 bestimmte der Holzgraf der Engter und Kalkrieser Mark, daß die Markgenossen

Plaggengewinnung auf der Schleptruper Egge (Bramsche), 1947. Die Plaggen wuden mit der Hacke aufgekratzt, zum Teil auch geschaufelt oder gemäht.

Plaggenlagerung auf einem Hof in Schleptrup (Bramsche), 1947. Die Plaggen, hier meist Heideplaggen, kamen nach kurzer Lagerung als Streu in die Ställe.

„nicht vor der Sonnen aufgange zu mehen, noch mehr beischlagen alß in einem Tage loß hauen können, wobey denn auch zu beobachten, daß keiner des anderen gemeheter Plaggen nebst den seinen wegfahren werden, auch aus fremden Marken keine Leute zu Hülfe zu nehmen, noch die Plaggen aus der einen in die andere Marck zu fahren..." Zuwiderhandelnde mußten mit einer empfindlichen Buße rechnen. Das Höltingsbuch der Bauerschaft Gr. Mimmelage weist aus, daß der Vollerbe Lüdeling im Jahre 1790 drei Mark Strafe zu zahlen hatte, weil er „in der Woche vor Bartolomaie (24. 8.) zur Zeit, da die Mark verschlossen war, Plaggen gemäht" habe. Da die Plaggendüngung im wesentlichen ein Transportproblem war, wurden auch Flächen in unmittelbarer Nähe des Ackerlandes in Anspruch genommen.

Um schneller entladen zu können, beförderte man die Plaggen mit Hilfe eines besonders gestalteten Wagens. In der Mitte unter dem Boden des Fahrzeuges war ein Balken angebracht, der das Auskippen der Ladung nach rechts oder links erleichterte.

Die Plaggen kamen meist über den Stall, seltener über den Komposthaufen auf das Feld — man rechnete doppel so viele Plaggen wie Mist, mancherorts sogar das Fünffache; die als Streu nicht geeigneten gelangten unmittelbar auf den Acker.

Für einen Morgen Land wurden je nach Beschaffenheit des Bodens 10 bis 30 Morgen Plaggenfläche benötigt. Kaum vorstellbare Mengen kamen jährlich auf den Acker. Aus einer Prozeßakte des Hofes Elting in Vehs geht hervor, daß der Bauer im Jahre 1699 allein über Nehmelmanns Oldenhof nach altem Recht über hundert Fuhren Plaggen geleitet hat. Bis weit in das 19. Jahrhundert hinein hatte die Plaggendüngung eine überragende Bedeutung. Wenn der Bauer und Müller Nordbeck in Hardingen bei Neuenhaus in seinem Tagebuch notiert, daß er am 20. Februar 1869 „Plaggen gezählt, von Schoemaker gestochen, 9300 Haufen", klingt das kaum glaublich. Doch gibt es keinen Zweifel an der Richtigkeit der rein privaten Eintragung.

Entsprechend der Hofgröße sind jährlich 250 bis über 500 Fuder Plaggenmaterial abgefahren worden. Im Artland rechnete der Bauer 5 Fuder Plaggen auf 1 Scheffelsaat, das entsprach hier 15 Fuder auf einen Morgen Ackerland.

Der Viertelerbe Evert Brink in Bakelde nördlich Nordhorn meldete anläßlich der Markenteilung im Jahre 1857 offiziell seine „servitutischen Rechte" an, indem er erklärte, daß er für 20 Müdde (1 Müdde = 3638 m^2) Ackerland jährlich 400 zweispännige Fuder Plaggen benötigte.

Im Laufe eines Jahres nahm die Plaggengewinnung auf den größeren Höfen wenigstens die tägliche Arbeitskraft eines Mannes in Anspruch.

Die Plaggen waren zwar humus- und mineralstoffhaltig, doch reichten sie zusammen mit dem bescheidenen Naturdung oft nicht aus. Es wurde daher zusätzlich auch mit Flußschlamm, mit Lehmboden oder Mergel gedüngt, selbst Asche, meist Torfasche, kam, so in Hardingen bei Neuenhaus und in Gr. Mimmelage, fuderweise aufs Feld. Wo im Untergrund kalkhaltiges Gestein anstand oder Geschiebemergel sich ausbreitete, grub man in Kuhlen Mergel, wie in Hörstel und Leeden im Tecklenburgischen oder in Hagen, Holte und Rulle im Hochstift Osnabrück. Da Plaggen aus Heidekraut den Boden stark versäuerten, war zusätzlich Kalkung dringend notwendig. Wie bedeutsam die Beschaffung dieses Naturdungs war, kann mittelbar aus einer Rechnung des Gastwirtes Hasemann in Ueffeln aus dem Jahre 1826 geschlossen werden, in der als Schuldner ein „Mergelsucher" aufgeführt wird.

Schließlich half sich der Bauer, dem wenig Plaggengrund zur Verfügung stand, indem er ein hochgelegenes Ackerstück in Hofnähe nach und nach metertief abgrub und die gewonnene Erde auf den Dungplatz vor den Hof fuhr und schichtenweise mit Stallmist durchsetzte. Im Herbst kam die Düngererde aufs Roggenfeld.

Die Plaggenwirtschaft hielt sich bis zum Beginn des industriellen Zeitalters, in abgelegenen Gebieten noch länger.

Die klimatischen Bedingungen und die Bodenverhältnisse erlaubten fast überall den Anbau von Roggen.

Es gab keine Dreifelderwirtschaft wie im Bereich der Gewannfluren. Der dreijährige Fruchtwechselzyklus, nach dem in einem Jahr Wintergetreide angebaut wurde, im anderen Jahr Sommergetreide und im dritten Jahr Brache folgte, wie auf den besseren Böden des übrigen Niedersachsens allgemein üblich, ersetzte bei uns das Einfeldsystem. Nur im südöstlichen Bereich gab es auch freie Körnerfolgen. Es herrschte der sogenannte ewige Roggenanbau. Aus den Hofbüchern des Halberben Schomburg in Engter, die von 1813 bis 1895 geführt wurden, geht hervor, daß bis zu 12 Jahren hintereinander auf derselben Fläche Roggen gesät wurde. Erst danach legte man ein Brachjahr ein, in dem das Land sich erholen konnte. Um Bohmte kam angeblich an einigen Stellen ohne Unterbrechung bis zu 50 Jahren (!) nur Roggen vom Feld. Der frühreife Emsroggen wurde jahrzehntelang hintereinander angebaut.

Im Winter diente das Stoppelfeld als zusätzliche Schweineweide und im Frühjahr mancherorts noch als Futterquelle für die Schafe.

Wegen der allgemein ungenügenden Düngung und der unzureichenden Bearbeitung des Ackers — zu geringe Pflugtiefe — blieben die Ernteerträge sehr gering und nahmen im Laufe der Zeit noch weiter ab. Schleptruper und Kalkrieser Bauern mußten im 18. Jahrhundert sogar als Fuhrunternehmer das hinzuverdienen, „was sie dem Landes- und Gutsherrn zu entrichten haben, indem auch die reichlichste Ernte für sie nicht mehr so viel abwarf, daß sie nicht immer noch Brotkorn zukaufen mußten". Vom Ackerland in der Ebene nördlich des Wiehengebirges „von den Kappelschen und Vennerbergen an, bis an die Hase", heißt es noch um 1800, es sei „so schlecht, daß man nur mit Mühe die Hälfte des nöthigen Getreides gewinnt, die andere Hälfte ersetzten Kartoffeln, Bohnen und Buchweizen". Eine Aussaat brachte

Eschrand (Vehs, Gemeinde Badbergen). Der Esch, das älteste Dauerackerland, wölbt sich als Folge jahrhundertelanger Plaggendüngung oft meterhoch über der ursprünglichen Anbaufläche und hebt sich im ebenen Gelände nicht selten durch Randböschungen vom umgebenden Grünland ab.

auf den mageren Böden des Fürstentums Osnabrück und des Emslandes gewöhnlich weniger als das dritte Korn, d. h. auf einem ha wurden kaum 6 dz geerntet. In unseren Tagen wird auf der gleichen Fläche mit einem durchschnittlichen Ertrag von über 40 dz gerechnet. Wie kostbar das Getreide war, erhellt die Tatsache, daß in den 50er Jahren des 18. Jahrhunderts, umgerechnet in heutige Maße, der Preis für 1 Zentner Roggen rd. 1½ Taler betrug. Für ein „fettes Schwein" mußten derzeit 2 Taler gezahlt werden. Nicht zuletzt führte die Verteuerung des Brotgetreides dazu, daß zunehmend die Kartoffel neues Grundnahrungsmittel wurde. Im Artland, wo sie Mitte des 18. Jahrhunderts eingeführt wurde — zuerst in den Gärten, später auf dem Felde —, gewann sie vor allem bei den Kleinbauern schnell an Boden. Die Kartoffel besitzt zwar nur den vierten Teil des Nährstoffes von Getreide, doch bringt sie auf der gleichen Fläche etwa den zehnfachen Mengenertrag. Der Kartoffelanbau fand daher als „Speise des armen Mannes" in der Folgezeit große Verbreitung.

Wenn die Getreidepreise auch je nach Ausfall der Ernte stiegen oder fielen, nahmen sie insgesamt von 1700 bis 1800 zu, trotz Bestehens der „Osnabrücker Korntaxe", die die Preise für Roggen, Gerste, Hafer und Weizen regelte und von 1624 bis 1783 jedes Jahr neu festsetzte. Es ging bei diesen Maßnahmen um die Erhaltung der Steuerträger, weniger um höhere oder bessere Produktion.

Im gesamten Raum von Hase und Ems baute man bis weit in das 19. Jahrhundert hinein auf nährstoffarmen Böden Buchweizen an. Das im Mittelalter aus Asien eingeführte und schon 1385 als Kornfrucht für die Lüneburger Heide bezeugte Korn gedieh auf den sandigen Böden des Emslandes besonders gut, so daß um 1800 Roggen dort „nur zur Notdurft verbauet" wurde. Auch im Osnabrücker und Tecklenburger Land war Buchweizen beliebte Anbaufrucht. Auf dem Hof Schomberg im Kirchspiel Lienen ist noch 1862 die für Buchweizen bestellte Fläche (2½ Scheffelsaat) so groß wie die für Gerste, sie übertrifft die des Rapses. Bis Ende des Ersten Weltkrieges wurde auf nicht zu nassen Böden Buchweizen angepflanzt; auf den mittleren Höfen beackerte man etwa einen halben Hektar. In den Moorgebieten des Emslandes war Buchweizen die wichtigste, nicht selten die einzige Anbaufrucht. Da der Buchweizen sehr frostempfindlich ist, konnte ein Ernteausfall hier besonders harte Folgen haben. Ihre Kultur wurde durch ein Moorbrandverfahren ermöglicht. Gegen Ende des 16. Jahrhunderts war diese Kultivierungsform von Holland aus in das Emsland vorgedrungen und behauptete sich hier noch in der zweiten Hälfte des 19. Jahrhunderts. Die Siedler Moss und Jacobs aus Georgsdorf schildern 1855, wie der Anbau im Moor erfolgte: „Zuerst werden die dazu bestimmten Flächen in längliche Vierecke von 50 bis 60 Schritt (in der Breite) und vielen hundert Schritt in der Länge geteilt und von allen Seiten in einem Abstand von 7—8 Schritt mit „Grüppen" und „Gossen" (Gräben) durchzogen und dann eine geraume Zeit dem Austrocknen überlassen.

Ist dies hinlänglich geschehen, so hackt man mit der Moorhacke den Boden ein bis zwei Fuß tief auf und läßt dann den Acker den Winter über in diesem Zustand liegen ... So wird die zerschlagene Oberfläche zerriebenem Torf ähnlich. Dann aber (im Frühjahr) ist es Zeit, ans Moorbrennen zu gehen. Man streut an einer möglichst großen Zahl von Stellen glühende Kohlen aus, wodurch auch bei mäßigem Winde der ganze Acker in Flammen gesetzt wird ... Sind Wind und Wetter günstig, so werden mehrere solche Mooräcker an einem Tage hinlänglich durchgebrannt." In die noch heiße Asche säte man den Buchweizen. Es war kein loderndes Feuer, sondern nur ein Schwelen und starkes Qualmen. Der Rauch zog bei Westwind als Höhenrauch bis tief nach Mitteldeutschland. Des belästigenden „Haarrauches" wegen wurde das Moorbrennen nach 1900 verboten.

Das bestellte Moor wurde acht Jahre hintereinander abgebrannt, dann mußte eine Ruhepause von 25 Jahren eingelegt werden. Dieselben Flächen konnten im Verlauf von hundert Jahren lediglich drei Brandperioden hindurch Ernteerträge bringen. Zu einer bäuerlichen Siedlung war daher ein großes Areal von Brach- und Ödland notwendig. So gehörten 1865 zur Georgsdorfer Gemarkung 4500 Morgen Anbaufläche, während nur 900 Morgen ständig genutzt wurden.

Schwierig war es, die Frucht vom Felde zu bringen. Leicht mußten die Wagen sein, welche die Lasten bewegen sollten. Den Buchweizen beförderten nicht nur im Saterland Wagen, deren oft fußbreite Vorderräder klein und deren Hinterräder groß waren, um die Last nach vorn zu drücken. Ihn zogen Pferde, die Holzschuhe trugen, leichte Bretter, die für die Hufe ausgehöhlt wurden, um ein Einsinken zu verhindern.

Buchweizen galt gemeinhin als ein Hauptnahrungsmittel, besonders bei der ärmeren Bevölkerung, und spielte wie die Kartoffel als Ergänzung der niedrigen Roggenerträge eine wichtige Rolle. Die aus Buchweizen hergestellte Grütze, mit Milch übergossen, gab es morgens zum Frühstück. Wenigstens zweimal in der Woche wurde der beliebte „Bookweiten-Janhinnerk" auf den Tisch gebracht, ein Buchweizenpfannkuchen, der dünn zubereitet und mit handlangen Speckstücken gespickt war. Arme Leute backten, wie der Gewährsmann berichtet, Buchweizenbrote, „eine elende Kost". In waldarmen Gegenden, wie im Emsland, war Buchweizen ebenso begehrtes Viehfutter. Das aus ihm gewonnene Schrot galt als bestes Mastfutter für die Schweine.

Die Erzeugung von Hafer, Gerste und Weizen hatte keine dem Roggen- oder Buchweizenanbau ähnliche Bedeutung. Weizen konnte nur auf den von Natur besseren Böden angebaut werden. Insgesamt blieb die Getreideerzeugung im Hochstift Osnabrück so gering, daß sie zur Versorgung der Bevölkerung meist nicht ausreichte. Es mußte Getreide eingeführt werden. Flurnamen wie „Rövekamp" (Rübenkamp) und „Bohnenrott" weisen darauf hin, welche Früchte ebenfalls feldmäßig angepflanzt wurden. Bohnen, gewöhnlich Pferde- oder Saubohnen, gehörten im Herbst zum täglichen Mittagsmahl. Ob diese Dauerkost

Pferdeschuh
Holzschuh für den Huf eines Pferdes, um ein Einsinken in den Moorboden zu verhindern. (Hof Meyer-Wellmann in Lorup, Hümmling).

Ein Scheffel-Maaß aus dem Jahre 1841 (Hof Meyer zu Stockum, Bissendorf).

immer mundete, mag aus der Frage des streng altreformierten Bauern Jan Hinnerk aus der Niedergrafschaft an den „nur" reformierten Pferdejungen vom Nachbarhof entnommen werden. „Beet ie 's middangs bi 't Etten ock?" (Betet Ihr des Mittags auch beim Essen?). „Bloß, wenn 't dicke Boonen giff" war die Antwort. Steckrüben und Futterkohl, unter dem Namen „Oldenburger Palme" bekannt, sowie Erbsen gehörten zu den begehrtesten Feldpflanzen. Zum allgemeinen Anbau von Kartoffeln und Klee kam es erst Ende des 18. Jahrhunderts. Den humuszehrenden Hackfrüchten folgte der humusmehrende Klee. Der Anbau von garemehrenden Blattfrüchten wurde mit dem des garemindernden Getreides verbunden. So veränderte sich in der Folgezeit die Struktur der Ackerlandschaft erheblich.

Die Faser- und Ölpflanzen, die früher bedeutende Flächen der guten Böden besetzten, sind heute von den Kulturflächen verschwunden, nur der Raps konnte sich behaupten. Auch Tabak, der bei Iburg in größeren Mengen gepflegt und dessen Anbau von König Georg III. noch erheblich gefördert wurde, wird in unseren Tagen vergeblich auf den Feldern gesucht. Vereinzelt versuchte man den Weinbau. Ende des 14. Jahrhunderts legten Domherren am Südhang des Teutoburger Waldes im Kirchspiel Ibbenbüren einen Weinberg an. In späterer Zeit ist nicht mehr die Rede vom Pflanzen der Reben in diesem Gebiet. Es blieb auch 1669 bei der löblichen Absicht der Stadt Osnabrück, am Piesberg Weinberge anzulegen. Als Besonderheit dürfte der Anbau von Wurzelzichorie erwähnt werden, der nach 1750 um Meppen und am Nordrand des Hümmlings größere Flächen beanspruchte. Um 1800 wurden jährlich 300 000 Pfund der gepulverten und gerösteten Wurzel als „Müppe Kaffee" nach Holland ausgeführt. Der Ersatz für die teure Kaffeebohne wurde auch von den Produzenten sehr geschätzt.

Der Qualität des Bodens kommt heute nicht mehr die frühere Bedeutung zu. Entscheidend ist seine Bearbeitung durch richtige Düngung, Fruchtwechsel und Tiefpflügen geworden. Auf Böden, die früher ausschließlich dem Roggenanbau vorbehalten waren, gedeiht heute Weizen, selbst die noch anspruchsvollere Zuckerrübe und auf einstigen Kartoffeläckern Mais. Die mit der gleichen Frucht bestellten Flächen sind großräumiger geworden. Der Zug zur Spezialisierung und zu größeren Produktionseinheiten sowie der damit verbundene Zwang zu hoher Arbeitsproduktivität kennzeichnet die heutige Landwirtschaft. Die Notwendigkeit zur Arbeitseinsparung, mehr und mehr durch fortschreitende Mechanisierung erreicht, führte in den letzten Jahrzehnten zur Einschränkung der arbeitsaufwendigen Hackfrüchte und Futterpflanzen und zur Ausweitung des arbeitsextensiven Getreideanbaus, und zwar stärker als je zuvor in der Feldwirtschaft unseres Raumes. Bis weit in das 19. Jahrhundert blieb die landwirtschaftliche Technik im wesentlichen unverändert. Der mangelnde Anreiz zu gesteigerter Landwirtschaftstechnik bedeutete Beibehaltung der traditionellen Arbeitsweise.

Erst nach Ablösung der Dienste und Abgaben und nach den Markenteilungen begann die Intensivierung der Landwirtschaft.
Die Feldarbeit setzte früher wie heute mit dem Pflügen ein. Der ursprüngliche Hakenpflug, der den Boden nur oberflächlich auflockerte, wurde schon im Mittelalter durch den Pflug mit Pflugschar ersetzt, mit dem der Boden tiefer bearbeitet werden konnte. Die Zahl der Pflugscharen wurde zwar in der Folgezeit vermehrt, doch haben auch weitere Verbesserungen die Arbeit des Pfluges nicht wesentlich erleichtert. Mähen und Dreschen waren und blieben daher langwierige und anstrengende Arbeiten. Doch hielt man sich streng an den Brauch. Auf manchem Natruper Hof hieß es noch vor wenigen Jahrzehnten: „Maundag wett nich wiäkenault, Dingesdag kiek wie in 't wiä, un Gounsdag küenn wi meggen un upstellen" (Montag wird nicht wochenalt, Dienstag gucken wir nach dem Wetter, und Mittwoch können wir mähen und aufstellen).
Das Korn wurde mit der Sense gemäht. Lag es von Regen und Wind zu Boden gedrückt, mußte es mit der kurzstieligen Sichel geschnitten werden. Gewöhnlich mähte man einen vollen Tag und band am nächsten, d. h. die Halme wurden zu Bindeschnüren für die einzelnen Garben zusammengeknotet, die Garben gebündelt und zu Mandeln aufgestellt. Von Sonnenaufgang bis Sonnenuntergang, unterbrochen von der None, dauerte in der Erntezeit die Arbeit. Wenn das Korn gut stand, konnte ein Schnitter an einem Tag 3 Scheffelsaat (= 1½ Morgen) bewältigen. Gemäht wurde zusammen mit anderen in strenger Reihenfolge. Gewöhnlich mußte das Korn einen oder zwei Tage auf dem Felde liegen, dann stellte man es in Garben zum Trocknen auf. Der Hafer braucht „11 Taue" (Morgentau), hieß es gemeinhin.
Das Dreschen gehörte zu den mühevollsten Arbeiten. Bis vor wenigen Menschenaltern drosch man mit Dreschflegeln, Klöppeln, die oft vom Bauern selbst aus Buchenholz angefertigt wurden. Auf kleinen Höfen arbeitete man mit ihnen stellenweise noch im frühen 20. Jahrhundert. Die Arbeit wurde im Herbst und im Winter ausgeführt und nahm viele Wochen in Anspruch. Auf manchen Höfen begann sie morgens um zwei Uhr. Man breitete die Garben lose in zwei Reihen auf der Diele aus und drehte hierbei die Ähren zueinander. Dann folgte das Dreschen. Bauer und Bäuerin, Knechte und Mägde, auch größere Kinder, die sich paarweise gegenüberstanden, schlugen im Vierertakt. In der Regel ging es vom Herdfeuer beginnend bis zur Niendör, dem Haustor, und wieder zurück. Nach dem Wenden des halb ausgedroschenen Korns begann wieder das Dreschen. Reihenfolge und Takt mußten genau eingehalten werden, damit die hochgeschwungenen Flegel nicht aneinandergerieten. Wie die Mädchen das Spinnen, so mußten die Jungen das Dreschen lernen.
Nach dieser Tätigkeit fing das Kornreinigen an. Das Getreide wurde in Wannen geschaufelt, diese hochgewippt und hin- und hergeschüttelt, so daß der Luftzug die leichten Stroh- und Schmutzteile forttrieb. Dies

wiederholte man mehrfach, bis das Korn gereinigt war und zur Mühle gefahren werden konnte. Einen großen Fortschritt brachte die Dreschmaschine; im wohlhabenden Artland trat sie erstmals 1850 in Tätigkeit. Es war eine schwerfällige Schlagleistungsmaschine mit hölzernem Räderwerk, die ein umständliches Hantieren erforderte. 17 Mann mußten sie bedienen und 4 Pferde sie fortbewegen. Im kargen Hümmling kamen die ersten Dreschmaschinen erst in den 80er Jahren des vorigen Jahrhunderts auf. Verbesserter „Daschkassen" und „Dömper", Dreschkasten und antreibende Lokomobile, zogen später Jahr für Jahr meist für einen oder mehrere Tage von Hof zu Hof. Von revolutionärer arbeitstechnischer Bedeutung wurde in unseren Tagen der Mähdrescher, der heute von fast allen Höfen eingesetzt wird. Die Ablösung der Handarbeit durch Maschinenarbeit tritt an keiner Stelle so überzeugend in Erscheinung wie beim Mähdrescher. Ein Arbeitsvorgang, der früher Tage und Wochen dauerte, wird auf Stunden oder wenige Tage reduziert. Waren ehemals Dutzende von Arbeitenden tätig, kann jetzt mit einem oder zwei Mann die gesamte Kornernte bewältigt werden.

„Die Viehweide ist das wahre Verderben und die Pest der Forstwirtschaft"
Der Wald

Wald und Heide waren für die Landwirtschaft bis weit in das 19. Jahrhundert unentbehrlich. Der Wald bedeckte noch im hohen Mittelalter die Höhenzüge des Teutoburger Waldes, des Wiehengebirges und weite Flächen von Geestplatte und Moränen. Zahlreiche Ortsnamen unseres Betrachtungsgebietes weisen darauf hin, daß der frühgeschichtliche Wald weitaus größere Räume einnahm als heute. Die Ortsnamenendungen —loh (Wald), -wede (geheiligter Wald), -hees (Buschwald), -stock (Baumstamm), -rode (gerodeter Wald) lassen unschwer erkennen, wo sich im einzelnen vormals Waldbestände ausbreiteten.
Der Wald wurde in der Folgezeit unterschiedlich genutzt. Er diente als Lieferant von Brenn- und Bauholz, von Plaggen und Streu und schließlich als Weide für Großvieh.
Ursprünglich stand der Wald wie Heide und natürlicher Grasanger als Gemeingut — „Gemeine Mark" — zur Verfügung. Mit dem größeren Bedarf an Nutzungsflächen infolge wachsender Bevölkerung und fortschreitender Besiedlung bildeten sich Wirtschaftsverbände, sogenannte Markgenossenschaften, welche die Rechte und Pflichten der einzelnen Beteiligten regelten. Die ursprünglich großen Marken wurden im Laufe der Zeit geteilt, so daß eine Bauerschaft für sich eine Mark besaß, oder auch daß verschiedene Bauerschaften oder Höfe, ohne Rücksicht auf Bauerschaften und Kirchspielgrenzen, zu einer Mark gehörten. Die Markgenossen, die jährlich eine bestimmte Menge Holz zugewiesen bekamen, holten dieses in der Form des Schlagholzbetriebes. Sobald Stangen zu gewisser Stärke herangewachsen und schwächere Triebe von Stamm und Wurzel zu sehen waren, hieb man diese heraus und benutzte sie als Brennholz.

Eine geregelte Forstwirtschaft war unbekannt. Der Wald entstand durch Selbstbesamung, er war das „Werk Gottes". Er dürfte ursprünglich jedoch nicht das Aussehen gehabt haben, wie es vom Grabower Altarbild des Meisters Bertram bekannt ist, der um 1380 die „Erschaffung des Waldes" als einen geregelten Bestand darstellt. Er wird eher einen urwaldartigen Charakter gehabt haben, wie wir es von einem Bild Albrecht Altdorfers kennen, der als erster deutscher Maler 1510 das Innere des Waldes auf einer Tafel malte.

Da ohne Rücksicht auf Bestand und Zukunft der wertvollen Wälder beste und stärkste Stämme herausgehauen und kranke Bäume meist stehengelassen wurden, und wegen Hut und Weide der natürliche Nachwuchs nur schwer aufkam, mußte der Wald verkümmern.

Die Eiche war meist der einzige Baum, dem man eine Pflege angedeihen ließ. Er lieferte das Baumaterial und in seinen Früchten — im Gesamtfutterwert mit der Gerste vergleichbar — die Nahrung für die Schweine. In einer Beschreibung der „uhralte(n) hochlöbliche(n) Graffschaft Tekelenburg" aus dem Jahre 1672 wird gesagt, wie aus „Buch (Bucheckern) und Eicheln man die Schweine mästen und eine gute feiste Küche kan machen von westfälischen Speck und Schinken so auch in weit abgelegene Länder geführet und daselbst nicht unangenehme seyn". Die Aufzucht von Schweinen gehörte zu einer der wichtigsten Erwerbsmöglichkeiten. Ähnlich den Wildschweinen, suchte sich das Borstenvieh sein Futter im Wald. Da auf den sandigen Böden der trockene Eichen-Birken-Wald und auf den Kalkböden der Buchenwald vorherrschte, waren Eicheln und Bucheckern als begehrtes Viehfutter meist ausreichend vorhanden. Das 100-Pfund-Schwein, das „Kind der Eiche", war der Maßstab für ein „fettes" Schwein. Auch die den Grundherren abzuliefernden Schuldschweine mußten dieses Gewicht nachweisen.

Der Schweinebestand war im 16. Jahrhundert besonders groß, einzelne Bauern im Kirchspiel Engter brachten es bis zu 50 Schweinen.

Osnabrücker und Lengericher Bürger, aber auch andere Interessenten, gaben Bauern Schweine als Kostgänger in Verpflegung. Viehbestand auf dem Lande galt als günstige Kapitalanlage. Dieses System zeigt aber auch, daß der kapitalschwache Bauer seinen Bedarf an Bargeld in einer verhältnismäßig risikofreien Wirtschaftsweise erlangen konnte.

So brachten dem Schulten tho Herkendorp in Leeden östlich Tecklenburg zwei Schweine, die 1639 Henrich Havixbecke aus Lengerich ihm zur Mast gegeben hatte, 3 Taler ein. Neunzehn Jahre später erklärte derselbe Lengericher Bürger, daß er auf demselben Hof ein Schwein und zwei kleine Ferkel „14 Tage lang bey ihm gahn gehabt, aber unmöglich half satt Eckeln gefressen hätten". Nicht jedes Jahr war ein Mastjahr. Der Mastbetrieb war nur möglich, wenn es genügend Eicheln gab. Das obengenannte „fette" Schwein fraß während der Mastzeit über einen Zentner Eicheln. Da ein fruchtbarer Baum selten mehr als 20 Pfund erbrachte, mußten beachtliche Eichenbestände für eine lohnende Schweinemast vorhanden sein, falls nicht mit Bucheckern,

„Leinkuchen", Buchweizenschrot und anderem zusätzlichen Kraftfutter nachgeholfen wurde.

Fügten die den Boden aufwühlenden Schweine dem Wald den geringeren Schaden zu, so haben unter dem Verbiß des Rindviehs und der Schafe, die in den Wald getrieben wurden, Sämlinge und junge Pflanzen stark gelitten.

Erst mit der Abnahme des Mastwaldes durch die Raubwirtschaft begann der Schweinebestand zu sinken. Die folgende Verheidung ließ mehr und mehr die Schafzucht in den Vordergrund der Viehwirtschaft treten.

Schon 1671 versuchte der Landesherr im Hochstift Osnabrück, durch eine Holzgerichtsordnung eine gewisse Aufforstung zu erreichen. Sie scheiterte am Widerstand der Landstände.

Obwohl Anfang des 18. Jahrhunderts über viele Bergwälder ein „Arrest", ein vollständiges Schlagverbot, verhängt wurde — in den Marken von Küingsdorf konnte bisher jeder Voll- und Halberbe zwei und jeder Erbkötter ein Fuder, die Adelssitze Overkamp und Königsbrück je 100 Fuder schlagen —, war der Verfall des Waldes nicht aufzuhalten. Hinzu kam, daß die Anordnung, nach jeder Zuweisung von Holz eine Anzahl „Potten" (= junge Bäume) zu pflanzen, kaum beachtet wurde.

Ein Erlaß des Bischofs Ernst August II. aus dem Jahre 1717, der bestimmte, daß jeder Bauer auf seinem Privatland einen Kamp mit Eichen und Buchen besäen sollte, bewirkte immerhin, daß gegen Ende des Jahrhunderts die großen Höfe von Eichen umgeben waren und über kleine Waldstücke verfügten.

In einem Bericht über das Revier Hilter im südlichen Bereich des Teutoburger Waldes Ende des 18. Jahrhunderts wird jedoch das insge-

Durch Schlagholzbetrieb degenerierter Wald am Nordhang des Wiehengebirges (Schleptruper Egge südöstlich Bramsche). Alles brauchbare Schlagholz und das wenige Stammholz wurden nach Bedarf geschlagen. Dürftiger Niederwald und einzelne Schlagholzhüchten sind das Ergebnis des Raubbaus. Um 1800 wurde fast alles gefällte Holz als Brennmaterial verwertet, hundert Jahre später benutzte man noch wenigstens die Hälfte zur Beheizung.

samt trostlose Aussehen des Waldes erkennbar: „Der Bestand dieses districts besteht aus geringen roth-Büchenen und Hagbüchenen, 50- bis 60jährigen alten Hüchten (= Stockausschlägen), wie aus geringgehaltenen Birken und Eichen Telgen mit hin und wieder vermoosten und verangerten, wie auch mit Heide bewachsenen ledigen Räumen, die Beynahe die Hälfte des districts ausmachen werden."

Wurde Bauholz benötigt, mußte um jeden Baum gerungen werden. Einem Markgenossen und Halberben aus der Bauerschaft Gr. Mimmelage, der zu eigenen Bauzwecken Holz benötigte, wurde schließlich ein Stamm bewilligt und dies im „Holtzungsbuch" gewissenhaft festgehalten. „..., daß bekanntermaßen kein gutes holtz Vorhannen wäre, sie wollte es Ihm inzwischen nicht absagen, sonderen mit gedachten Möllmann selbsten Einen mittelmäßigen Baum aussuchen, und wan und sodan mit solchen friedlich Ihm solchen gerne gönnen wozu dan auch hiermit und Kraft dießes den Erbholtzgräfliche Consens Ertheilet wird" (18. 9. 1771). Es wurde jedoch keineswegs für Neuaufforstung gesorgt. Im Gegenteil. Da „das anepflantzen neuer Bäume in der Marck verboten" war, wurden sogar Zuwiderhandlungen bestraft. So hatte 1788 der eben Genannte 3 Mark Strafe zu zahlen, weil er „einige Telgen (junge Eichen) auf die Marck gesetzet".

Eine Verordnung von 1778 bestimmte hingegen, daß in allen landesherrlichen Marken der zwölfte Teil aufzuforsten sei. Der Erfolg blieb gering. Gutsherren wußten sich zu helfen, indem sie gewisse Auflagen machten, wie das Kloster Gertrudenberg, das im Jahre 1759 den Pächter des Vollerbenhofes Rotert in Evinghausen verpflichtete, jährlich 30 Telgen neu anzupflanzen. Das Domkapitel zu Osnabrück gestattete als Gutsherr dem Bauern Meyer zu Hage in Vehrte im Jahre 1789 die

Buchenwald am Nordhang des Teutoburger Waldes östlich Tecklenburg.
Aus einem durch Schlagholzbetrieb degenerierten Baumbestand hat sich nach über 70jähriger Ruhe wieder ein Hochwald entwickelt.

Entnahme von Bauholz für die Errichtung eines neuen Erbwohnhauses nur unter der Bedingung, daß statt des gefällten Holzes „gehörig" neue Eichentelgen gesetzt würden.

Die Holz-, Forst- und Jagdordnung für die Grafschaft Tecklenburg von 1738 bestimmte, daß jeder Eigenbehörige, der Bauholz erhielt, für jede gefällte Eiche sechs junge auf seinem Hofe anzupflanzen habe, desgleichen sollten die Eigenbehörigen und andere Untertanen jeden Herbst sowohl in privaten als auch in gemeinen Holzungen sechs junge Eichen und vier Buchenstämme unter Aufsicht des Forstbeamten in die Erde setzen. Es dürfe auch niemand heiraten, weder Freier noch Eigenbehöriger, bevor er nicht sechs junge Eichen und sechs Obstbäume angepflanzt habe.

Der Bauer Kowert in der Bauerschaft Redecke im Kirchspiel Neuenkirchen (Melle) bekam 1799, wie er in seinen Aufzeichnungen berichtet, sogar eine Prämie von fünf Talern Schatzgeld, weil er innerhalb von drei Jahren 1253 Fuß neue Dorn- und Hagebuchenhecken angepflanzt hatte.

Um 1780 waren von den 2000 qkm des damals münsterschen Amtes Meppen weniger als 2 v. H. der Fläche mit Wald bedeckt. Heide und Moor beherrschten das Landschaftsbild. In Erlassen von 1768 und 1771 wurde der Anbau von Nadelholz verfügt. Bahnbrechend wurden im 19. Jahrhundert Aufforstungen im Bereich des kurzlebigen Herzogtums Arenberg, wo „Brabanter Kiefern", die ursprünglich aus dem Nürnberger Reichswald kamen, eine neue Kulturlandschaft schufen.

Erst Jahrzehnte nach der Markenteilung begannen die einzelnen Bauern ohne behördlichen Druck ihren Anteil an Ödland aufzuforsten oder in Grünland umzuwandeln. Noch bis um die Mitte des vorigen Jahrhunderts nahmen die meisten Waldflächen sogar ab. Auf den Sandsteinböden des Berglandes, dem natürlichen Standort des trockenen Eichen-Birken-Waldes, kam es zur Aufforstung mit schnell wachsendem Nadelholz. Auf den dürftigsten Sandböden, wie im Raum Lingen, pflanzte man Kiefern an. Überhaupt kann gesagt werden, daß der Wald sich vorwiegend auf Böden entwickelte, die ursprünglich für landwirtschaftliche Nutzung ungeeignet waren.

Noch um die Jahrhundertwende bestand der Bauernwald zum großen Teil aus Blößen und Niederwald, heute nimmt der Hochwald über 90 % der Fläche ein. Charakteristisch ist die Aufsplitterung in viele kleine Wäldchen mit hohem Anteil an ertragsschwachen Waldrandzonen, die überdies die Bewirtschaftung der landwirtschaftlichen Nutzfläche erschwert. Der Zusammenschluß zu Waldschutzgemeinschaften und Forstberatung führte zu dem Ergebnis, daß der Bauernwald, der bei uns heute 70 % des Waldanteils umfaßt, nicht mehr eine Quelle der Ausbeutung ist und von einem Bedarfsdeckungswald zu einem Erwerbswald werden konnte. Wenn das Holz als Rohstoff aus seiner zentralen Stellung auch verdrängt worden ist, bildet es insofern einen Wirtschaftsfaktor, als es weiterhin „Sparkasse des Bauern" ist.

Zinn- und Messinggut (Hof in Hardingen nordwestlich Nordhorn). Im Schrank ist Prunk- und Gebrauchsgeschirr, vorwiegend aus dem frühen 19. Jahrhundert, ausgestellt. Die großformatigen, der Repräsentation dienenden Teller wurden von dem Zinngießer Rötgert Arends II um 1750, Teekessel und Branntweinschalen von Rötgert Arends III, seinem Enkel, in Neuenhaus angefertigt. Die auf Stövken ruhenden Teekessel aus Messing sind mit punzierten Deckeln geschmückt. Das Porzellangut wurde derzeit in Holland erworben.

Pfennigsucher und Immen

Grasland und Heide

Meyer-Wellmann Roulfwes, Haus Nr. 168: beide Ohren stuf.

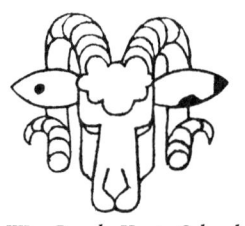

Ww. Bernh. Korte, Schauberrardsine, Haus Nr. 169: rechtes Ohr gelocht, links stuf mit Kearn unten.

Nikl. Reins, Reins, Haus Nr. 170: rechtes Ohr stuf mit Schlüppen.

Schafmale in der Gemeinde Lorup (Hümmling). Aus dem über Jahrhunderte währenden großen Schafbestand im Hümmling — das Viehschatzregister von 1545 weist allein für Lorup 2994 Schafe, die Zählung von 1883 sogar 7851 Tiere nach — ergab sich die Notwendigkeit, diese unverwechselbar zu kennzeichnen. Das geschah durch Einkerbungen in die Ohren. Seit dem 16. Jahrhundert sind Schafmale belegt. In Lorup verfügte jeder Markgenosse über ein Mal. Abgehende Söhne durften das Zeichen des Hofes übernehmen, doch mußten sie eine zusätzliche Markierung schaffen. Die obige Darstellung zeigt einen Teil der von dem Bauern Meyer-Wellmann (Lorup) gesammelten 93 Schafmale.

Die Heide hat sich besonders auf den nährstoffarmen Böden der Geesthöhen und sandigen Ebenen entwickeln können, wo sie den ursprünglich hier stockenden trockenen Eichen-Birken-Wald mit Ebereschen und Faulbäumen verdrängen konnte. Aus den Honigabgaben — je Hof zwei Eimer —, die im 11. Jahrhundert aus den Bauerschaften Aschen, Hölle und Westerwiede am Südrand des Teutoburger Waldes an das Kloster Freckenhorst gelangten, darf geschlossen werden, daß die fluvioglazialen Aufschüttungen südlich des Osnings noch großflächig mit Heidekraut bewachsen waren. Da die Heide durch den Viehverbiß nicht abstarb, sondern im Gegenteil sich ständig verjüngte, nahm ihr Umfang zu. Die jahrhundertelange Beweidung, der fortdauernde Plaggenhieb und das Schlagholzsystem, das vorzeitige Ausschlagen jungen Holzes, führten dazu, daß auch weite Bereiche ursprünglichen Waldes verheideten und sich Ortsteinböden bildeten.

Die Heide wurde vor allem als Schafweide in Anspruch genommen. Die Schafweide gelangte mit dem Verfall der Marken, beginnend im letzten Drittel des 17. Jahrhunderts, zu immer größerer Bedeutung. In der Grafschaft Tecklenburg durfte jedoch kein Bauer ohne Einwilligung des Landesherrn Schafe halten. Der Graf nahm das Weiderecht in den Gemeinheitsgründen für sich in Anspruch. Der Bauer Arlemann in der Bauerschaft Wechte im Kirchspiel Lengerich mußte 1588 für 50 Schafe, die er halten durfte, „im May 1 alt Schaf und zu Herbst 1 Lamp" abliefern.

Die Schafzucht war die mit dem geringsten Kapitalaufwand verbundene Form der Viehwirtschaft. Das anspruchslose Schaf kann sich fast ausschließlich von Heide ernähren. Die jährlichen Wolleistungen waren unterschiedlich. Sie reichten von 2,4 Pfund je Schaf bis unter 1 Pfund. In Sögeln, im Kirchspiel Bramsche, wurden 1560 nur 84 Schafe gezählt, 150 Jahre später hatte sich ihre Zahl um das Zehnfache erhöht. Zu eigenen Schafen kamen auch Kostgänger, die Bürgern gehörten oder kleinen Landwirten. Im benachbarten Kirchspiel Engter übertrafen diese 1659 sogar die der einheimischen Tiere. Noch in den 70er Jahren des vorigen Jahrhunderts zählte man in der Grafschaft Bentheim über 50 000 Schafe. Allein in Uelsen weideten 15 000, die 45 000 Pfund Wolle einbrachten. Eine erstaunliche Menge, da sich die „Pfennigsucher" ihre Nahrung in kleinsten Mengen zusammenklauben mußten. Den größten Schafbestand wies der Hümmling auf, hier weideten noch 1864 über 80 000 dieser Horntiere.

Die Heide diente nicht nur der Schafzucht. Um 1800 waren im Niederstift Münster, besonders in der Gegend zum Saterland hin und im südlichen Hümmling, Tausende von Bienenstöcken aufgestellt. Von einem Gastwirt Ellerbruch berichtet Hoche, daß er 1500 Stöcke besaß, die von fünf Arbeitern betreut wurden. In den Gegenden, wo „das Moor mit gutem Bienenfutter bewachsen", wurden Bienen auch „in die Kost gethan". Im Frühjahr fuhr man Bienenstöcke aus dem Hümmling zu Rüben- und Rapsfeldern in Ostfriesland, in Sonderheit zum

Poldergebiet am Dollart, und nach Ende der Blütezeit im Juli zurück. Dann stand im Hümmling der Buchweizen in Blüte. Entsprechend verfuhren die Ostfriesen mit ihren Bienenvölkern. Im August und September fanden die Immen in der blühenden Heide ihre Nahrung.

Ein Bienenstock brachte gewöhnlich 40 bis 100 Pfund Honig. Das Pfund wurde um 1800 mit 1 guten Groschen und 8 Pfennigen bezahlt. Der süße Stoff, der zusammen mit dem Wachs zum größten Teil nach Holland ging, war eine nicht zu ersetzende Geldquelle, die das Leben im „deutschen Sibirien" erträglicher machen konnte.

Im Bereich des Hochstiftes Osnabrück war die Bienenzucht weniger ausgeprägt, da die natürlichen Voraussetzungen fehlten, mit Ausnahme der Heide- und Moorgebiete in den Ämtern Fürstenau, Vörden und Wittlage. Schon 1719 versuchte Bischof Ernst August II., durch Dekret die Bienenzucht zu fördern. „Es ist Uns sehr befremdt vorkommen, daß in diesem Unserm Fürstenthum und Hochstiffte die Unterthanen sich so wenig auff die Bienenzucht worab sie jedoch wegen des Hönings (Honigs) und Wachßes dobbelten Nutzen schaffen, und beedes, soweit dieselbe jenes in ihren Haushaltungen nicht selbsten verbrauchen, teuer verkauffen können, befleißigen... Als habt ihr zu überlegen an welchen Örteren in dasigem Ambte die Situation dergestalt beschaffen seye, damit mehrbemeldte Bienenzucht füglich angelegt und conservi-

Entwicklung der Nutzungsflächen nach den Markenteilungen (Schleptrup, Kspl. Engter). Das Schema zeigt deutlich die fast sprunghafte unterschiedliche Entwicklung der Flur. Entscheidende Änderungen in der Wirtschaftsstruktur setzten mit der Markenteilung ein, die im Osnabrücker Land mit den sogenannten Bergteilungen Ende des 18. Jahrhunderts begann, als die Wälder hier ohne Aufhebung der gemeinsamen Weide unter die Markgenossen geteilt wurde. Die eigentlichen Teilungen (von 1790 bis 1864) brachten die Aufhebung des gemeinsamen Grundbesitzes der Markgenossenschaften und vollzogen sich in der Weise, daß jeder Bauer entsprechend seiner Hofklasse ein möglichst an seinen alten Besitz grenzendes Stück Markenland und weitere Markenteile von unterschiedlicher Bodenqualität unabhängig von der Lage zum Hof erhielt. Die Markenteilungen allein bewirkten noch keinen unmittelbaren wirtschaftlichen Aufschwung. Erst mit der Einführung des Kunstdüngers und besserer Saatgutpflege kommt es zu einer wirklichen intensiven Nutzung der neuerworbenen Flächen. Anstelle der extensiven Viehwirtschaft entwickelte sich die intensive.

Wald
Heide/Waldheide/Ödland
Grünland
Ackerland
Wohngebiet

1723　1787　1824　1876　1900　1980

Das Vollerbe Krützmann gehört zu den Urhöfen der ehemaligen Bauerschaft Beckerode im Kirchspiel Hagen (Hagen a. T. W.). Erstmals urkundlich erwähnt am 12. 3. 1400.

Das Bild zeigt die typische Anlage eines großen Hofes. Erbwohnhaus (1857) in Massivbauweise und Wirtschaftsgebäude sind annähernd zu einem offenen Viereck angeordnet. Im Mittelgrund der Speicher (1851).

Bienenkörbe auf dem Hümmling. Noch 1927 standen Bienenkörbe während des Sommers im langen „Tun" (Zaun) in der Heide. Im Winter wurden sie im „Schur", in einem länglichen, nach einer Seite offenen Schuppen, zusammengestellt.

Schafglocken (Werpeloh, Hof Rüters). Um verirrte Schafe leichter wiederzufinden, wurden ihnen kleine Glöckchen um den Hals gehängt.

ret werden könne..." Dem Landesherrn war mit seinen Bemühungen kein Erfolg beschieden. Das erscheint beachtenswert, weil Honig im 18. Jahrhundert das einzige Eigenerzeugnis als Mittel zum Süßen war; Rohrzucker konnte sich nur der Wohlhabende erlauben.

Heute tritt die Heide nur noch inselhaft in Erscheinung. Von einer hierauf basierenden Imkerei kann nicht gesprochen werden. Beginnend mit der Markenteilung, ist der größte Teil der Heideflächen zu Grünland kultiviert oder aufgeforstet worden.

Natürliches Grasland stand noch im 18. Jahrhundert nur in geringem Umfang in den Flußniederungen, an kleineren Bächen und am Rande der Moore zur Verfügung. Da die Grasgebiete nicht gepflegt wurden und unter häufigen Überschwemmungen litten, war die Weidenutzung beschränkt. Wiesen, die zu der Zeit weniger als ein Viertel des Kulturlandes in Anspruch nahmen, dienten als Weide oder wurden ein- oder zweimal geschnitten. Alle Wiesen waren aus dem natürlichen Grasland, aus feuchten Heidegebieten oder aus dem Wald kultiviert worden. Erst im 19. und 20. Jahrhundert entstanden die großen Grünflächen, die heute das Landschaftsbild auf weite Strecken bestimmen. Obwohl der Grasertrag gering war, und die Heumenge zur Fütterung des Viehs im Winter nicht ausreichte, lag das Schwergewicht der Landwirtschaft auf der Viehhaltung.

In einem Rechtsstreit der Vehser mit den Nortrupern im Kirchspiel Badbergen Mitte des 18. Jahrhunderts wird behauptet, daß die Vehser ihre Mark und Grasbrink so häufig abplaggen, daß ihr Vieh (Milchvieh) „aus Mangel an Weide genötigt wird in die Nortruper Mark zu gehen". Die Graserträge waren allgemein sehr gering und fielen deshalb auch als Winterfutter aus. Getreidestroh mußte zusammen mit Kräutern sowie Laub und nicht zuletzt Heide als Viehfutter im Winter dienen. Das Rindvieh war ständig unterernährt. Es war nach der erbärmlichen Stallfütterung im Winter am Tage des Frühjahrsaustriebes oft so schwach, daß die Tiere nach draußen geschleppt werden mußten. Die Beine trugen sie nicht mehr. Nach amtlichen Schätzungen lag noch um 1800 das durchschnittliche Gewicht einer Kuh unter 250 Pfund. Erklärlich, daß der Milchertrag gering blieb. Der Preis von 1 Reichstaler für 12 Pfund Butter war derzeit entsprechend hoch.

Das Moor

Fast zwei Drittel unseres Betrachtungsgebietes waren noch vor dreihundert Jahren Sumpf- und Moorlandschaft. Hümmling, Saterland und Geestflächen des ehemaligen Niederstifts Münster ragten wie Inseln aus einem grenzenlos erscheinenden Ödland, das vom Bourtanger Moor bis zum Teufelsmoor an der unteren Weser, von den ostfriesischen bis zu den großen Mooren des Osnabrücker Landes reichte. Bis an den nördlichen Rand des Wiehengebirges und an den südlichen Fuß des Teutoburger Waldes reichten stellenweise, von den Ebenen aus vorrückend, die Moorflächen. Der Ostenfelder Bruch, südlich Iburg —

heute fruchtbares Wiesen- und Weideland —, war bis weit in das 17. Jahrhundert eine Moorlandschaft, aus der der Graf von Tecklenburg als Holzgraf dem Kloster Iburg jährlich 9 Fuder Torf zusprach. Auch in den Kirchspielen Lienen, Wersen und Cappeln (Westerkappeln) wurde damals noch fleißig Torf gewonnen. Noch im Jahre 1706 kaufte der Bauer Hillebrand (Klinker) in Aldrup im Kirchspiel Lengerich eine halbe Torfkuhle, die er jahrzehntelang auch eifrig nutzte.

In einem Bericht aus den 60er Jahren des vorigen Jahrhunderts heißt es vom Bourtanger Moor: „Nirgends im Vaterland bietet sich ein so trostloser Anblick wie auf diesen weiten Moorflächen. Je weiter der Wanderer sich in diese Einöde hineinwagt, desto unheimlicher wird ihm. So weit er auch wandert, immer der gleiche, völlig ebene, dunkle Boden mit den dürren Moos- und Heidepflanzen."

Zeitgenössische Darstellung der Moorbrandkultur im Emsland.

Lebensfreude strahlt von den verbliebenen Moorflächen auch heute nicht aus. Doch ein Hauch von Stimmung ist spürbar an den Ufern der alten Kanäle, die sich still durch die Weite des Landes ziehen. Nur selten gleitet ein Kahn lautlos durch das schwarze Wasser.

Das Moor konnte nicht überall begangen werden. Über den tiefen moorigen Untergrund schob sich oft nur eine dünne, kaum tragfähige Heidedecke. Man mußte mit Hilfe eines langen Springstockes über verdächtige Moorstellen springen. Bevor die ersten Siedler ins Moor vordrangen, stachen die Bauern der nahen Geestrandgemeinden am Moorrand Torf. Sie gingen planlos vor; Pütte, in die zu viel Wasser gedrungen war, wurden liegengelassen und an anderer Stelle neu gegraben. Eine spätere Kultivierung und damit auch der Siedlungsbeginn wurde dadurch erschwert.

Torfarbeit ist Saisonarbeit. Torfgewinnung steht und fällt mit dem Wetter. Solange man Torf mit der Hand gewann, hieß es: „Törfstecken is Manslöwark" (Torfstechen ist Mannsleutearbeit). Wenigstens zwei Mann waren für die eigentliche Torfarbeit nötig, einer, der oben abstach, und der andere, der die „Törfe" mit dem „Törfspann" aufnahm und diese in die „Kuulbanken" setzte. „Ofdrägen kunn' Fraulö en grötere Jungs" (Abtragen können Frauensleute und größere Jungen)", erinnert sich Jan Smoor aus der Alten Piccardie. „Men ock dat ofdrägen was nich licht. Denn heelen Dag 20 bis 25 natte Törfe up de Koare, en dan twintig Meter of noch meär döart Venne, döar lang Größ en Häijde, doar höarde all iets to" (Aber auch das Abtragen war nicht leicht. Den ganzen Tag 20 bis 25 nasse Torfstücke auf der Karre und dann 20 Meter oder noch mehr durchs Venn ...). Die Torfstücke oder Torfbrote legte man ringförmig übereinander „auf Lücke", damit Sonne und Wind das Trocknen leichter besorgen konnten.

In den 80er Jahren des vorigen Jahrhunderts setzte die „deutsche Hochmoorkultur" ein. Um den Boden standfester zu machen, wurde das Moor dräniert, die oberste Schicht „gefräst" und gedüngt. Noch bessere Voraussetzungen für die Schaffung von Höfen brachte die neue Sandmischkultur. Kuhlpflüge, wahre Pfluggiganten, greifen bis 1,80

Taxushecke vor dem Erbwohnhaus Hof Berner in Wehdel.
Der Festsaal der barocken höfischen Gärten fand sich in manchem Bauerngarten, vor allem im Artland, wieder. Die Taxusanlagen geben eine Vorstellung davon, mit welcher Sorgfalt über Generationen Hecken gepflegt wurden.

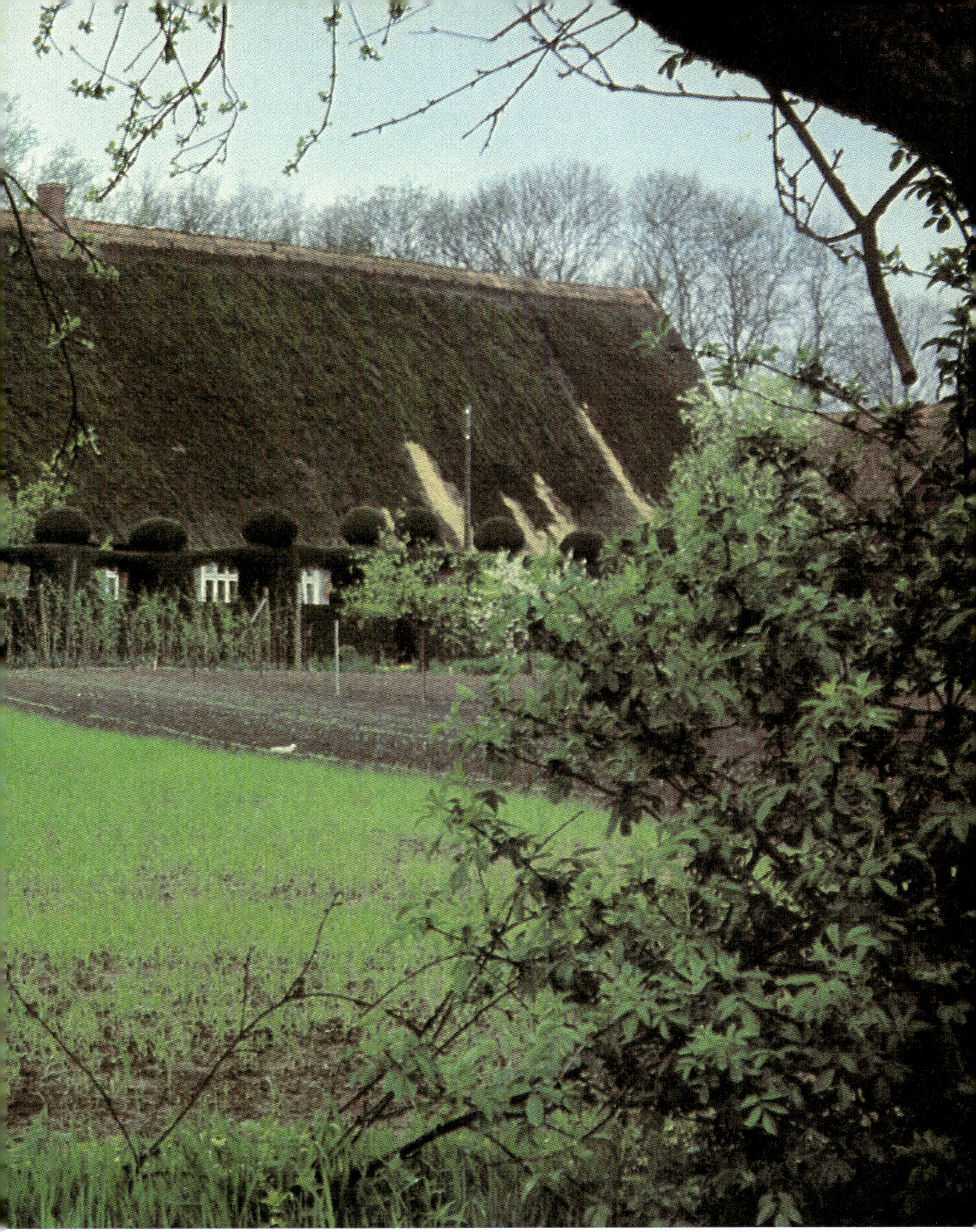

Meter tief in den Boden. Bunk, Weißtorf, Schwarztorf und mineralischer Untergrund liegen nach dem Umbruch in senkrechten Bänken nebeneinander. Horizontale Schichtungen, an denen sich wasserstauende Horizonte bilden könnten, werden dadurch beseitigt. Von der Gesamtfläche des Bourtanger Moores von 54 000 ha auf deutscher Seite sind heute 46 000 ha in Kulturland umgewandelt, aufgeforstet oder mit Siedlungen besetzt.

Garten und Park

In einer Zeit, als in ganz Deutschland bedeutende Landschaftsgärten entstanden, wurden auch im bäuerlichen Lebensbereich kleine Kunstwerke geschaffen, die sich jedoch mit der adeligen Gartenbaukunst nicht messen konnten. Die Garten- und Parkanlagen der Herrenhäuser waren bis zur Mitte des 18. Jahrhunderts gekennzeichnet durch die Vorstellungen französischer Gartenarchitektur. Sie kannte den axial gegliederten Garten, der im Parterre aus ornamental angeordneten Blumen, in den Boskets aus Strauchwerk und Bäumen zusammengesetzt war. Schließlich gab es dort Springbrunnen, allegorische Figuren und nicht zuletzt Orangerien. Der englische Landschaftsgarten, der die Idee des Natürlichen, des natürlich Gewachsenen, zur Geltung kommen ließ, löste den Barockgarten ab. In den bäuerlichen Gärten und parkähnlichen Anlagen großer Höfe unseres Betrachtungsgebietes zeigen sich Anklänge an die repräsentative Gestaltung vergangener Schloßgärten. Zweifellos sind auch holländische Einflüsse erkennbar.

Wie kaum ein anderer Bereich unserer Landschaft, zeichnet sich das Artland durch parkähnliche Anlagen aus. Ins Auge fallen hier vor allem die Taxushecken und Lauben, die, mit „Schere und Lineal" geschaffen, die geometrische Gartenbaukunst des Barocks wieder lebendig zu machen versuchen. Am eindrucksvollsten ist die kunstvolle Kulisse vor der Längsseite des Hofes Berner in Wehdel. Über 200 Jahre alte Taxusanpflanzungen auf den Höfen machen sichtbar, daß die gartenarchitektonische Wirkung schon im 18. Jahrhundert geplant war.

Die Hecken wirken keineswegs streng und abweisend, wie es dem nüchtern denkenden Hofbesitzer unseres norddeutschen Raumes wohl angemessen gewesen wäre.

Lustige, wohlgeformte Tierfiguren und Gartenzwerge, in Buchsbaum oder Eibe geschnitten, zeigen, daß der Gartenfreund auch sein Handwerk als „Frisiermeister" verstand.

Spiralförmig beschnittener, säulenartiger Taxus erreichte im Garten des Hofes Ruwe in Lechterke, Gemeinde Badbergen, fast die Höhe des Erbwohnhauses. Taxuspflanzen auf dem Hof Altmann im selben Ort sowie auf dem Hof Broking in Hahlen, Gemeinde Menslage — dorthin gelangten Taxus, Zedern und Trauerweiden durch Vermittlung des Hofgärtners in Potsdam um 1900 —, sind zu Phantasiefiguren gestaltet.

Leider verschwinden die Taxushecken mehr und mehr, oder sie verwildern, da im Zeitalter der Maschine keine menschliche Arbeitskraft

Taxushecke (Hof Hollenkamp in Rüssel, südl. Artland).

zur Verfügung steht. Das Heckenschneiden ist langwierig. Es nimmt schon deshalb viel Zeit in Anspruch, weil die Schere infolge Saftaustritts der Pflanzen schnell verklebt.

Die Häufung der gärtnerischen Anlagen im Artland ist nicht allein durch die günstigen Wachstumsverhältnisse bedingt. Sie mag in erster Linie Ausdruck für ein wohlhabendes und künstlerisch empfindendes sowie gestaltungsfreudiges Bauerntum sein. Auch Parkanlagen sind auf den großen Höfen im Land von Hase und Ems keine Seltenheit. Wir bewundern ausgedehnte Rhododendronhaine des Bauern Lößmann in Brochterbeck, Gemeinde Tecklenburg, Parkanlagen mit seltenen Koniferen, Azaleen und Rhododendren auf den Höfen Meyer to Bergte und Krützmann in Hagen a. T. W. Im Schatten von Hecken und Bäumen, zwischen Blumenbeeten und Heidekraut schlängeln sich hier die Wege. Überhaupt nimmt bei den großen Höfen im Osnabrücker und Tecklenburger Hügelland hausnaher Waldbestand oft den Charakter eines Parks an.

Hof und Recht
„Dit is min Mark, mit egen Handt getrocken"
Hausmarken und Wappen

Schon in einer Zeit, als der gemeine Mann des Lesens und Schreibens unkundig war, wurde die Marke nicht nur im deutschen Sprachraum in Stadt und Land zur Kennzeichnung des persönlichen Eigentums gebraucht. Ihre Entstehung ist ungeklärt, doch ist sie wesentlich älter als das Wappen, das, ursprünglich rein kriegerischen Zwecken dienend, erst im 12. Jahrhundert aufkam. Die neuere Forschung sieht in ihr ein ursprüngliches Persönlichkeitszeichen.

Die Höfe unseres Betrachtungsgebietes benutzten sie seit dem 15. Jahrhundert. In der Stadt Osnabrück waren Hausmarken schon im 14. Jahrhundert gebräuchlich. Wie das Wappen das jeweilige Geschlecht ausweist, so „klebte die Marke am Hof". Während der Anerbe die des Vaters unverändert übernahm, wandelten nachgeborene Söhne und Töchter, die den Hof verließen, die Hofmarke meist ein wenig ab oder schufen sich eine eigene.

Die Vererbung der Hausmarke war im nordwestdeutschen Raum keineswegs einheitlich. In Ostfriesland war sie nicht allgemein üblich. Es war durchaus möglich, daß die Geschwister einer Familie verschiedene Marken führten. In der Grafschaft Bentheim sind in Einzelfällen von einer einzigen Person auch unterschiedliche Zeichen gebraucht worden. Der Bauer Jan Dugge im Kirchspiel Gildehaus hat in der Zeit von 1691 bis 1711 fünf verschiedene Marken geführt. In der Regel ist seit der Zeit, als man die Buchstaben sicher schreiben konnte und mit seinem Namen unterzeichnete, im Raum von Hase und Ems die Marke des Vaters von allen Kindern in unveränderter Form übernommen worden. Damit war aus dem Personenzeichen ein Familienzeichen geworden. Die Ehefrau hatte von Haus aus ihre eigene, derer sie sich auch bediente, wie das Mal der Ehefrau des Bauern Bernd Dugge in Gildehaus aus dem Jahre 1650 ausweist. Während des 16. und häufig noch

Aus einer Akte des Hofes Wassink in Bookholt (Nordhorn).

Dit merck heefft Meester Harmen Danckwardt Eygenhandig getrocken
(Diese „Mark" hat Meister Harmen Danckwardt eigenhändig gezogen)
Joan Engelberts als getuyge
(Johann Engelberts als Zeuge)
Unterschrift, die H. Danckwardt im Jahre 1719 bei einem Arbeitsvertragsabschluß leistete.

Hausmarke und Namensscheibe von 1652 des Hofes Elting in Vehs, Artland. Hausmarke auf einem Schild, das von zwei Engeln gehalten wird. Statt Helm drei Blumen (Tulpen). Hunderte verschiedener Marken sind in den letzten Jahrzehnten in Ostfriesland und im Jeverland, im Ammerland und im Altkreis Lingen aufgenommen worden. Auch aus dem Osnabrücker Land und der Grafschaft Bentheim ist eine Fülle von Malen bekannt.

im 17. Jahrhundert gebrauchte man die Marke zur Bestätigung eines Erb- oder Heiratsvertrages, bei einem Kauf- und Arbeitsvertrag, bei Schuldverschreibungen, schließlich zur Besiegelung eines Testamentes. „Dit is min Mark mit egen Handt getrocken" bekannte der Unterzeichner, während der Notar oder ein anderer Zeuge beglaubigte, daß jener „sin egen Handtmark" — oder auch nur das Kreuzzeichen — gezogen hatte.

Wir finden Marken als Eigentumszeichen an Arbeitsgeräten angebracht, eingeschnitten oder eingekerbt in Truhen, Schränken, Kirchenbänken und -fenstern, Türen, Toren und Hausbalken sowie schließlich auf Grabsteinen.

Die Hausmarke tritt in zweckmäßiger Form als strichförmige Figur in Erscheinung, ähnlich dem Steinmetzzeichen der Bauhütten und ihrer Meister im Mittelalter, im Gegensatz zum Wappen, bei dem eine bestimmte Farbgebung notwendiger Bestandteil ist. Der Grundzug ist wie bei der germanischen Rune — mit der wahrscheinlich ein Zusammenhang besteht — der senkrechte Strich, an den sich waagerecht oder schräg Striche anfügen. Nicht selten wird die Marke mit vertauschten Seiten gebraucht.

Beliebt waren Wolfsangel (senkrechter Strich, an den sich oben und unten im spitzen Winkel ein schräger Strich nach rechts beziehungsweise nach links anschließt), Krähenfuß (senkrechter Strich mit seitlichem Dreieck an der Spitze), Merkurstab, Sonnenrad und Kreuzeszeichen.

Die 1558 in den Torbalken des Hofes Hillhoff = Hillebrand (Klinker) in Lengerich-Aldrup eingeschnittene Marke bildet eine Mittelschragensprosse mit Beistrichen. Kennzeichen dieser Art sind im bäuerlichen Bereich besonders häufig festzustellen.

Eine Marke, die am Räwbalken (Riffel) von 1634 — an der Wand des Backhauses vom Hof Elting in Vehs hängend — zwischen den Buchstaben J (Johann) und E (Elting) eingeritzt ist, zeigt zwei gekreuzte Striche, die am oberen Ende mit je einem Haken versehen sind. Es ist das Mal von Johann Warnefeld aus Talge im Kirchspiel Ankum, dessen Tochter auf den Hof einheiratete.

Neben die Marke gesetzte Buchstaben erscheinen im Osnabrücker Raum schon im 16. Jahrhundert.

Das 1682 am Speicher des Hofes Kahmann in Wehdel östlich Badbergen eingekerbte Kreuzeszeichen wird oben und unten durch eine barockartige Schleife halb eingefaßt. Es kann ein Zeichen der weiteren Entwicklung einer Hausmarke sein.

Recht häufig finden wir Marken, die mit den eigenen Initialen verbunden sind. Die Buchstaben sind entweder an die Marke angehängt, mit ihr verschlungen oder neben sie gestellt. Durch diese Hinzufügung wurde das Mal zum persönlichen Zeichen eines Familienmitgliedes. Es handelt sich hierbei um eine jüngere Ausbildung, die auch in anderen Gebieten des deutschen Sprachraumes, wie etwa im Elsaß, schon um

Hausmarke des Hofes Meyer-Wellmann in Lorup (Hümmling). Die Marke ist nachweisbar seit 1492, als der Bauer diese statt einer Unterschrift bei Abgabe des „Grafenzehnten" an den Grafen von Oldenburg benutzte. In Lorup führen heute noch 7 Höfe eine Hausmarke.

Hausmarke des Hofes Kahmann (Wehdel, östlich Badbergen) 1682 am Speicher des Hofes eingeschlagen.

Hausmarke des Hofes Hillhoff (= Hillebrand; heute Klinker in Lengerich-Aldrup) von 1558 über der „Niendör". Die zugehörigen Buchstaben tragen gotischen Charakter.

1600 üblich war. An die wohl ursprünglich als Merkurstab mit Kreuzeszeichen ausgebildete Marke des Bauern Krützmann in Hagen sind die Initialen M und ein umgekehrtes C (Crützmann) angefügt. Der Grundfigur eines seitenverkehrten Merkurstabes, der 1622 am Dachbalken des Erbwohnhauses Rottmann im selben Ort eingeritzt wurde, sind die Buchstaben I und R hinzugefügt. Über dem barocken Tor eines ursprünglich im Jahre 1666 in der Bauerschaft Föckinghausen im Kirchspiel Oldendorf errichteten Erbwohnhauses, das heute vor dem Eingang zum Gut Ostenwalde steht, sind die Marken des Bauern Everhart Berckhoff und seiner Ehefrau Gertrud Schultes angebracht. Dem Mal des Mannes, einem Merkurstab, wurden die Buchstaben E (Eberhard) und B (Berckhoff) beigegeben. Die Marke der Frau besteht aus einem Winkel, den drei Blätter zieren. Hier wird die Verbindung von Hausmarke mit heraldischer Figur deutlich. Ähnlich bei der Marke des Bauern Kasselmann in Hagen, die eine Mittelkreuzsprosse über Wellenlinien darstellt. Nach der Überlieferung des Hofes soll dieses Zeichen seit 1322 in Gebrauch sein. Als Hausmarke kann auch das Zeichen des Hofes Elting in Vehs, Gemeinde Badbergen, angesehen werden, wenn es auch kein runenähnliches Gebilde mehr ist. Die übereinander gesetzten Buchstaben E, L und T ergeben ein zusammenhängendes Zeichen, das wahrscheinlich in der zweiten Hälfte des 16. Jahrhunderts in Glas gefertigt wurde. Vermutlich ist hier die alte Hausmarke zu einem reinen Buchstabenmonogramm umgebildet und zu einem graphischen Kunstwerk gestaltet worden. Das Mal bildet den Inhalt eines von zwei Engeln gehaltenen Wappenschildes. Anstelle des Helmes leuchten drei Blumen (Tulpen). Das selbe Fenster schmücken zwei weitere Marken, ein Kreuzeszeichen und ein Merkurstab mit angehängten Buchstaben T und A beziehungsweise M sowie seitenverkehrtes S und D. Vermutlich handelt es sich um Kennzeichen eingeheirateter Frauen.

Während man sich der Hausmarken im 17. Jahrhundert noch eifrig bediente, wird von ihnen im Laufe des folgenden Jahrhunderts immer weniger Gebrauch gemacht, bis sie schließlich nicht mehr benutzt werden. Nachdem die Kunst des Schreibens Allgemeingut geworden war, lief die Zeit der Hausmarke endgültig ab.

Obwohl die Male keinen symbolischen Sinn haben, gingen sie auch in Wappen über. Wir finden sie hier unverändert oder heraldisiert. Erstaunlich oft können Übergangsformen festgestellt werden, wie etwa am Zeichen des Hofes Erpenbeck in Ringel südwestlich Lengerich. Auf einer Wandplatte des Erbwohnhauses werden dreisprossige Blumen (Lebensbaum) über Wellenlinien sichtbar. In diesem „redenden Wappen" gibt das Wappenschild den Namen teilweise bildlich wieder. Hausmarken wurden auch über oder neben den Wappenschild gesetzt, oder man zeigte die Marke auf der einen Seite eines gespaltenen Schildes und das Wappenbild auf der anderen, so daß die Hausmarke zu einem Teil des Wappens wurde.

Hausmarke des Hofes Krützmann in Hagen a. T. W. an einem Pfeiler der Hofeinfahrt.

Hausmarke des Hofes Berckhoff an der „Niendör" des Erbwohnhauses aus dem Jahre 1666 (heutiger Standort des Hauses westlich vor Schloß Ostenwalde nördlich Melle).

Im Gegensatz zu dem mehr oder weniger häufigen Vorkommen von Hofmarken treten Wappen nur selten in Erscheinung. Im nordwestdeutschen Raum macht lediglich der Marschenrand Ostfrieslands eine gewisse Ausnahme.

Der in einer Urkunde Kaiser Ottos II. aus dem Jahre 977 erstmalig erwähnte Hof Meyer zu Wehdel besitzt ein Wappen, eine stilisierte dreisprossige Pflanze aus unbestimmter Zeit. Dem Wappenspruch „Deo dante intondet invides deo negante quid labor" (dem Gott gibt, den trifft Neid; dem Gott nicht beisteht, bleibt die Arbeit) steht gegenüber das auf einem Petschaft des Hofbesitzers eingravierte Wort „Deo dante nil valet invidia" (dem Gott gibt, kann der Neid nicht schaden). Der Inhalt des Schildes ist hier jedoch ein anderer.

Vor hundert Jahren brachte der auf den Meyerhof zu Malbergen, Gemeinde Georgsmarienhütte, einheiratende Eickenscheidt sein Wappen vom früheren Oberhof Eichenscheidt in der Bauerschaft Kray, einst zum Essener Stiftsgebiet gehörend, mit in das Osnabrücker Land. Das Wappen — drei Pramen — erscheint erstmals 1291 auf einem Siegel der Herren von Altendorf, die es an das Geschlecht Eickenscheidt weitervererbten.

Das Geschlecht Große Brömstrup in Gaste, Gemeinde Hasbergen, nimmt ausweislich vorhandener Unterlagen sein Wappen seit 1639 in Anspruch. Das Alter des Wappens — eine Weinranke mit drei Reben darstellend — ist unbekannt.

Seit 1615 ist der Hof Schulze-Holmer in Samern südlich Schüttorf in männlicher Erbfolge in der Familie. Urkundlich genannt wird erstmalig ein von Holenborne (später Hollenberg, Hollember, Holmar) im Jahre 1213. Aus welcher Zeit das Familienwappen, ein Laubbaum zwischen zwei Flügeln stehend, überliefert ist, kann nicht mehr festgestellt werden.

Das Wappen der Familie Geers (Schulte-Geers) in Grovern bei Ankum bildet eine Tanne. Es erscheint nicht ausgeschlossen, daß das Wappen der Familie von dem Geschlecht des Lehnsträgers übernommen wurde, der 1350 mit der „curia (Gut) to Groveren", dem späteren Hof Geers, belehnt worden war.

Den Inhalt des Wappens des Geschlechts Meyer zu Starten bildet ebenfalls ein Nadelbaum. Das Jahr der Wappenentstehung kann nicht nachgewiesen werden.

Eine stilisierte Pflanze, dreisprossige Blume oder ein Baum sind am häufigsten Inhalt der von uns betrachteten bäuerlichen Wappen. Hier dürfte ein Zusammenhang mit der Tätigkeit des Wappenträgers zu sehen sein.

Selten treten auf den Höfen Wappen auf, die an die Welt des Adels erinnern. Das Wappen des Hofes Kohnhorst in Ladbergen zeigt einen goldenen Balken mit beiderseits fünf Zinnen, der schräg durch einen blauen Schild führt. Die Farben des heutigen Familienwappens wurden mit denen des früheren getauscht.

Hausmarke des ehemaligen Hofes Rottmann (heute Krabbemeyer) in Hagen a. T. W. 1622 an einem Balken angebracht. Der Grundfigur eines seitenverkehrten Merkurstabes I und R hinzugefügt.

Hausmarke Hof Roeßmann in Wulften, Artland. 1753 an der vorderen Giebelwand des Erbwohnhauses in eine Sandsteinplatte eingemeißelt. An den „Merkurstab" sind die Buchstaben C und W angehängt, nach Vorbild des Adels heraldisch erweitert durch Helm und Helmzier.

Wappen des Meyer zu Wehdel (Wehdel, Gem. Badbergen) über der Toreinfahrt des Erbwohnhauses. Wappen in Nachahmung adeligen Brauches angefertigt. Inschrift: 1792 M (Meyer) Z (zu) W (Wehdel).

Hofname und Anerbenrecht

Allianzwappenstein im Erbwohnhaus Erpenbeck (Ringel östlich Ladbergen) von 1681. In beiden Wappen ist das im bäuerlichen Kulturbereich immer wiederkehrende Lebensbaummotiv aufgenommen worden.

Wappen des Geschlechtes Brömstrup (Hof Gr. Brömstrup, Gaste, nördlicher Ortsteil von Hasbergen) nach einem Original von 1638 in einer Fensterscheibe des Erbwohnhauses. In der klassischen Zeit der Heraldik wurden nur Pflanzen in das Wappen aufgenommen, die sich heraldisch stilisieren ließen. Häufiger als Blumen wählte man Blätter oder Bäume, die mit wenigen typischen Merkmalen wiedergegeben wurden. Das hier gezeigte Wappen im barocken Stil mit Kartusche als Schildersatz. Wiederholung des Schildinhaltes im Oberwappen. Kennzeichnend der dem Nichtadeligen (aus Gründen der Unterscheidung) zugebilligte Stechhelm.

Die ersten Hofnamen treten im 11. Jahrhundert in Güterverzeichnissen, Lehnsprotokollen und Lagerbüchern auf in Verbindung mit Klöstern, Kirchen oder Rittersitzen. So ist der Hof Hekholte (Eickholt) bei Melle in den Heberegistern des Klosters Freckenhorst aus dem 11. Jahrhundert verzeichnet; der Besitz Bramborne in Schapen, Kreis Lingen, erscheint als Haupthof des Klosters Corvey im selben Jahrhundert. Der Hof ist später in 3 Vollerben und 1 Halberben zerfallen. Am 3. 3. 1058 schenkt König Heinrich IV. den heutigen Hof Schulte-Loose in Leeden bei Tecklenburg als „praedium, quod dicitur Losa" (Landgut, das Losa genannt wird) an die Kirche zu Minden.

Manche Höfe sind über viele Jahrhunderte in der Hand einer Familie geblieben. Der Hof Högemann in Averfehrden, Gemeinde Glandorf, befindet sich seit Ende des 14. Jahrhunderts im Besitz desselben Geschlechts.

Hofnamen wechseln in der Folgezeit, sie festigen sich erst mit dem 15. Jahrhundert, wie auch der Bestand der Voll- und Halberben sowie der Erbkötter seit dieser Zeit relativ konstant bleibt. Hof- und Familiennamen bildeten eine untrennbare Einheit. Der Name des Hofes blieb auch erhalten, wenn dieser aus irgendwelchen Gründen eine Zeit „wüst" lag, das heißt ohne Bauernfamilie und deshalb an den Grundherrn zurückgefallen war und mit einem Fremden besetzt werden mußte. Wurde eine Tochter erbberechtigt, übernahm bei ihrer Heirat der einheiratende Mann den Namen des Hofes. Dieser Namenswechsel ist seit dem 15. Jahrhundert im westfälisch-niedersächsischen Raum bezeugt. Sehr viele Inschriften an Erbwohnhäusern, Speichern, Backhäusern und Wagenschuppen des 18. und 19. Jahrhunderts weisen auf diesen Brauch hin. Am 1742 gezimmerten Fachwerkspeicher mit angebautem Backofen auf dem Hof Gr. Brömstrup in Gaste, Gemeinde Hasbergen, steht in markanten Lettern „Johan Hinrich Struvee genand Brömsterup". „gerdt willm Bäumer genandt Strötker" heißt es am Balken des 1765 abgezimmerten Erbwohnhauses Strötker (seit 1918 Strothmann) in Niederlengerich. Über dem Tor des 1813 geschaffenen Erbwohnhauses Niemöller (heute Baumhöfener) in Holzhausen, Gemeinde Lienen, lesen wir „Johann Wilhelm Niemöller geborener Austrup". Die Inschrift über der Haupttür des Hofgebäudes Pötter in Gellenbeck, Gemeinde Hagen a. T. W., gibt an, daß der Erbauer des 1815 geschaffenen Hauses „Plantholt genat Pötter" ist. Vor dem Speicher des Hofes Westenberg in Sudenfeld, derselben Gemeinde zugehörig, ist zu lesen „Barlag genat Westenberg 1822".

Das herkömmliche Namensrecht blieb auch nach der Eingliederung des Hochstiftes Osnabrück, der Grafschaft Bentheim, der Niedergrafschaft Lingen und des Amtes Meppen im Niederstift Münster in das Kurfürstentum, das spätere Königreich Hannover, erhalten. Bis zur Einverleibung des Königreichs in den preußischen Staat 1866 konnte bei der Aufheirat bzw. bei Hoferwerb der Hofname an die Stelle des Familiennamens treten. Dieser mußte allerdings in Klammern hinzugefügt werden.

Mit der Einführung des Allgemeinen Landrechts für die preußischen Gebiete wurde auch für die Provinz Hannover der Name des Mannes als Familienname ausnahmslos vorgeschrieben. Das Tragen von Gutsnamen blieb adeliges Vorrecht. Doch wurde im Landdrosteibezirk Osnabrück gemäß Oberpräsidialerlaß von 1870 die Ablegung des Familiennamens bei Übernahme einer Hofstelle geduldet. In Westfalen war dem Hoferwerber nur erlaubt, seinem Familiennamen den Hofnamen mit der Formulierung „genannt N. N." anzufügen.

Die Annahme des Hofnamens wurde in der Folgezeit nicht erleichtert. H. G. Siebert, der am 14. 12. 1905 Anna M. L. Meyer, Tochter von Maria L. Meyer, geb. Meyer zu Hage, heiratete, stellte als künftiger Hofbesitzer den Antrag auf Änderung des Familiennamens „Siebert" in „Siebert-Meyer". Der Regierungspräsident von Osnabrück teilte ihm am 29. 11. 1911 mit: „Ihrem Antrag vom 20. November d. J. auf Änderung Ihres Familiennamens ‚Siebert' in ‚Siebert-Meyer' kann ich nach den bestehenden Grundsätzen nicht stattgeben. Es steht jedoch den derzeitigen Besitzern der angeheirateten Höfe frei, ihrem Familiennamen den Hofesnamen nachzusetzen. Sie würden demnach, wenn Sie in den Besitz des Hofes gelangt sind, alsdann ohne weiteres den Namen ‚Siebert genannt Meyer' oder ‚Siebert-Meyer' führen können. Diesen Doppelnamen dürfen nach Auflassung des Hofes Sie und Ihre Ehefrau führen, während die Kinder sich nur mit dem Namen ‚Siebert' bezeichnen dürfen. Ebenso darf Ihr Nachfolger sich in gleicher Weise mit dem Hofsnamen nennen, sobald er in den Besitz des Hofes gelangt ist."

Am 25. Februar 1931 entschied jedoch der Justizminister: „Der Herr Hofbesitzer Hermann H. G. Siebert in Vehrte, Kreis Osnabrück, geboren am 26. Juli 1878 daselbst, führt anstelle des bisherigen Familiennamens den Familiennamen Siebert-Meyer zu Hage. Diese Änderung des Familiennamens erstreckt sich auf die Ehefrau."

Keine Schwierigkeiten hatte der einheiratende Bauer Gustav Sommer, der 1922 in Schleptrup, Gemeinde Bramsche, den Hofnamen Vegesack annahm. Der heutige Inhaber des Hofes Klein-Endebrock in Kalkriese, ebenfalls in der Gemeinde Bramsche, wurde mühelos 1948 Namensträger des Hofes, als er eine Nichte des Altbauern geehelicht hatte. Die beiden einzigen Söhne des Hauses waren gefallen.

Die Führung von Hofnamen oder die Angliederung des Hofnamens an den Familiennamen in Form von Doppelnamen ist auch heute noch möglich, wenn der Eigentümer auf dem Hof sitzt. Nach neuem Familienrecht ist ohnehin freie Namenswahl bei Heirat erlaubt.

Die Erhaltung des Hofnamens wurde durch das Anerbenrecht begünstigt. Danach übernimmt ein Sohn oder eine Tochter den Besitz ungeteilt, die übrigen Kinder werden abgefunden. Im Mittelalter bestand zwar der Grundsatz der Unteilbarkeit, doch wurde dieser nicht streng befolgt; die Existenz der „Halberben" und „Erbkötter" weist auf die Möglichkeit der Teilung hin. Erst das 1618 erlassene „Dismembrationsverbot" untersagte im Hochstift Osnabrück Teilung und Zersplitte-

Wappen Kohnhorst (Hof Kohnhorst, Ladbergen), 1395 erstmalig in einem Siegel nachweisbar.

Wappen Schulze-Holmer (Hof Schulze-Holmer, Samern südlich Schüttorf). Ursprung des in spätgotischer Manier Ende des 19. Jahrhunderts angefertigten Wappens ist unbekannt. Seit dem 13. Jahrhundert wurden auf dem Helm plastische Figuren als Helmzierde angebracht. Beliebt war der sogenannte Adlerflug, hier auch zum Schild gehörend.

Wappen des Geschlechtes Eichenscheidt auf dem Meyerhof zu Malbergen (Stadt Georgsmarienhütte). Über dem Wappenschild ein Stechhelm. Erstmals 1291 auf einem Siegel.

Schreibschrank (Hof Lansmann in Gildehaus-Achterberg westlich Bentheim) aus dem ersten Viertel des 19. Jahrhunderts. Er kam als Heiratsgut des einheiratenden Schulze-Holmer von dessen elterlichem Hof in Samern südlich Schüttorf hierher. Unterbau mit drei Schubladen, herausziehbare Schreibplatte mit Klappe, Aufsatz zweitürig, hinter Schreibplatte Fächer und Schublädchen, Gesims in Anlehnung an klassische Formen.

rung von Hofstücken. Ähnliche Verordnungen erfolgten auch in anderen Gebieten des heutigen Niedersachsens (Braunschweig, Hildesheim, Calenberg, Lüneburg u. a.). Der Landesherr hatte aus steuerpolitischen Gründen größtes Interesse am Bestand und an der Leistungsfähigkeit der Höfe. Erst durch die regelmäßige Zahlung der Schatzungen und Kontributionen der Bauern konnte der Staatshaushalt gesichert werden. Auch dem Grundherren war an der Erhaltung eines Hofes gelegen, wodurch allein er seine Existenz sichern konnte. So verbot das Stift Leeden im Amt Tecklenburg in den Gewinnbriefen den neuen Wehrfestern ausdrücklich jede Zerstückelung ihres Besitzes.

Daß das Anerbenrecht als sinnvoll angesehen wurde, mag der Erbvertrag des Bauern Hillebrand (Klinker) in Aldrup im Kirchspiel Lengerich vom 25. 9. 1751 deutlich machen. „Und obgleich das Hillebrandene Colonat Cammerfreye Güter sind mithin nach Kammerfreyem Rechte der Braut ihre illete(!) zurückfallen müßten, falls sie vor dem Bräutigam, ohne leibes-Erben, mit Tode abgienge, so ist dennoch, da zum Hillebarnde von undenklichen Zeiten her, zur Erhaltung des Colonats, das Recht der Erstgeburt in der Erbfolge eingeführt und des Endes denen abgehenden Kindern nur ein sicheres, gleich denen Eigenbehörigen, zur Aussteuer mitgegeben wird, solche Nützliche Einrichtung hiedurch Bestätigt und festgesetzet worden, daß der Braut ihr eingebrachtes, auch in Vorgedachtem falle, der Hillebrands Stätte Verbleiben . . ."

Die Erbfolge war von Ort zu Ort verschieden. In den Kirchspielen Lengerich und Badbergen herrschte das Jüngstenerbrecht vor, in anderen Kirchspielen konnte es von Hof zu Hof wechseln, so daß hier der älteste Sohn und dort der jüngste der Anerbe wurde, entsprechend eine Tochter, wenn kein männlicher Nachkomme existierte.

Die Höhe der Abfindung richtete sich nach der Größe des Hofes und der Anzahl der Kinder. Es konnte durchaus geschehen, daß bei großer Kinderzahl die abgehenden Söhne und Töchter „mit'n witten Stock afftrocken sind" (mit dem weißen Stock abgezogen sind).

Es war keine Seltenheit, daß „weichende" Söhne, um ihre Existenz zu sichern, die ältere Erbin eines Hofes in Kauf nahmen. „Hei neimt'n Wahrappel" (Er nimmt einen Dauerapfel [= eine Frau „in den besten Jahren"]), meinte dann der Volksmund.

„Dei Messhaupen wett van buoben avdriägen" (Der Misthaufen wird von oben abgetragen), oder auch „Aules Braut wett to irst giäten", hieß es im Osnabrückschen, d. h. es mußte zuerst die älteste Tochter geehelicht werden. Daher kam der auf Brautschau Gehende oft unverhofft auf den Hof. Er mochte auf diese Weise leichter erkennen, ob eine Bewerbung sich lohnte. Es wird gern erzählt, wie der schüchterne Jan Hinrik aus der Grafschaft auf Brautschau ging. Nachdem man ihm gewisse Verhaltensregeln mit auf den Weg gegeben hatte, betrat er die Küche eines stattlichen Bauernhofes, wo mehrere Töchter unter die Haube wollten, und begann seine Werbung mit folgenden Worten:

„Moe wear van dag! Dick Speck an' Balken! Kan 'k ure ölste dochter wal kriegen?" (Schönes Wetter heute! Dicker Speck am Balken! Kann ich Eure älteste Tochter heiraten?)

Söhne und Töchter, die nicht auf einen gleichwertigen Hof einheiraten konnten, verzichteten nicht selten auf die Ehe. Sie zogen die lebenslange Mitarbeit auf dem elterlichen Hof einem Abstieg in die „niedrigere" Schicht vor.

Kinder, die sich nicht verheirateten, erhielten lebenslänglich eine „freie Stätte" auf dem Hof und mußten in gesunden und kranken Tagen „in allen Notwendigkeiten" unterhalten werden.

Seine abgehenden Kinder stattete der Bauer nach Möglichkeit großzügig aus. Zum Heiratsgut abgehender Töchter eines mittleren Hofes gehörten im 17. und 18. Jahrhundert wenigstens 50 bis 100 und mehr Reichstaler, dazu im allgemeinen ein Pferd, drei Kühe und drei Rinder, mehrere Schweine, ein „Koffer" (Truhe) mit Leinenrollen gefüllt, ein „Ehrenkleid" und zugehörige Wäsche sowie die zum Spinnen und Weben notwendigen Ausrüstungsgegenstände und schließlich mehrere Zentner Roggen und Hafer.

Da Möbel im bäuerlichen Leben bis weit in das 18. Jahrhundert hinein nur eine geringe Rolle spielten, waren sie auch bei der Aussteuer seltener zu finden.

Großbauern konnten es manchem Herren von Adel gleichtun. In einer Schrift über „das Herkommen in Ansehung der Absteuer und des Verzichts adlicher Töchter im Stift Osnabrück" vom Jahre 1589 heißt es, „daß wann die Hausleute (Bauern) ihren Töchtern oder Schwestern acht- oder mehr hundert Thaler zu Brautschatz versprechen..., zuvor unter adelichen Personen solcher Brautschatz wohl hätte paßiren können".

Der Großbauer Jürgen Elting (Hofgröße Ende des 17. Jahrhunderts ca. 30,8 ha) in Vehs im Kirchspiel Badbergen, der 1647 Trine, eine Tochter vom Meyerhof zu Bergfeld, im gleichen Kirchspiel gelegen, geheiratet hatte, bemängelt in einer Aufstellung vom Jahre 1653, daß die Aussteuer noch immer nicht vollständig geliefert sei. Es fehlten „Zwey Kisten (Truhen), ein Schrein, eine Bette, achte Hauptkuessen, achte Laken, eine Decken, achte Dwelen (feine Handtücher), achte Handlaken, einen Stuel mit zwey Kuessen, zwolff Stuelkuessen, einen Rocken mit einem Boten (Bündel) Flasch (Flachs?), sechzehn geschwungene Boten Flasch, einen silbernen Gortel, dafür 6 Rtlr., ein lang Dischlaken, ein Dischlaken uffen runden Disch... Vier duchtige Pferde, vier milchgebende oder drechtige Kühe, vier guette schmale Rinder, achte duchtige Schweine. Einen Ummenhang, ein Schwingelbock mit der Schwingen, einen Ribbellappen (lederne Schürze) mit dem Eisen, noch einen newen Rock, ein Spinnrad... Eine Pfeffermuhlen, eine Kanne, eine Riben (Reibe?), einen Degel (Tiegel)... item eine Hechel".

Für abgehende Söhne galten ähnliche Maßstäbe. Am 21. 1. 1792 wurde vor dem Notar „eine Christliche Eheberedung aus sonderbarer Fügung

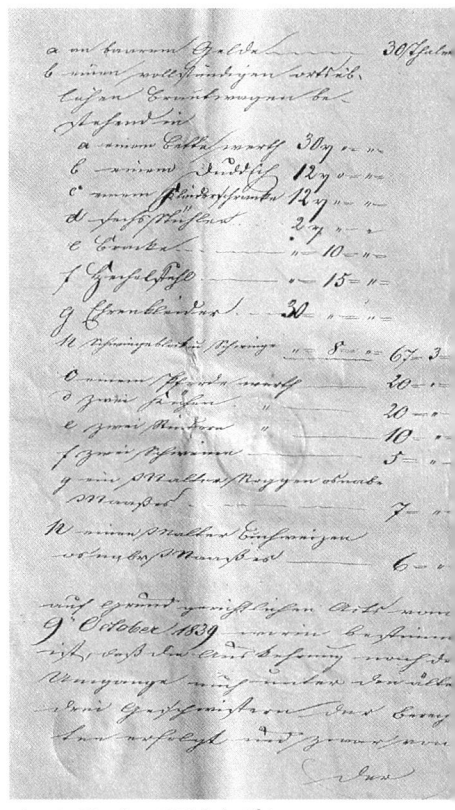

Am 9. Oktober 1839 bekräftigte vor dem Königl. Preuß. Land- und Stadtgericht in Tecklenburg mit drei Kreuzen anstelle der Unterschrift die Witwe des Bauern Heemann aus der Bauerschaft Dorfbauer in Lienen, daß der Anerbe den 5 Geschwistern „einen nach Observierung der Stätte Hergebrachten Brautschatz auskehren" soll, und zwar jedem Kinde folgende Abfindung.

a an baarem Gelde 30 Thaler
b einen vollständigen ortsüblichen Brautwagen bestehend in
  a einem Bette werth 30 Rt
  b einen Duddich 12 Rt
  c einem Kleiderschranke 12 Rt
  d sechs Stühle 2 Rt
  e Bracke — 10
  f Hechelstuhl — 15
  g Ehrenkleider 30 Rt
  n Schwingelbock u Schwinge 8
                    67 3
  o einem Pferde werth 20
  d zwei Kühe werth 20
  e zwei Rindern werth 10
  f zwei Schweinen 5
  g ein Malter Roggen osnabr Maaßes 7
  p einen Malter Buchweizen osnabr Maaßes 6

Gottes Vermehrung Menschlichen Geschlechtes auch erweiterung ehrbarer Freundschaft zwischen den achtbaren Jan Herman Rietman ehelichen Sohn aus Rietmans Wohnung (im 18. Jahrh. rd. 45 ha, nach der Markenteilung im 19. Jahrhundert 97 ha) zu Hörstel Kirchspiels Riesenbeck als Bräutigam einer, und der ehrsamen Frau Anna Maria Ratersmann verwitlebte wehrfesterin Niemans wohnung zu Birgte Kirspels Riesenbeck als Frau Braut anderer seiten vermög ausgebung des Gottespfenniegs und der Treu folgender gestalt Beschloßen und eingangen... Versprach anweßender jetziger Colonus Rietman seinen Schwager den Bräutigam zur aussteuer mitzugeben, und selber der niemans wohnung anzubringen Dreyhundert schreibe 300 Reichsthaler, wovon gleich Beym ehrentage zwei hundert und übrige ein hundert Reichsthaler jährlichs mit zwanzig Reichsthaler sollten Bezahlt und abgetragen werden, item die Kistenfüllung zu sechß gut in der Kiste und zu Vier im stalle als Vier Kühe, Vier Ochßen, Vier schmaalrinder, auch ein pferd oder fünfzehn Reichsthaler dafür, ferner ein ehren Kleid, welches er Bereits empfangen und ein freyen Halß, so ihn schon versorget".

Im 19. Jahrhundert wurde in gleicher Weise für die abgehenden Kinder gesorgt. Ein Übergabevertrag, den der Besitzer des eben genannten Hofes (heute Theil-Rittmann) am 22. 7. 1850 abschloß, verpflichtet diesen, „seinen übrigen drei Geschwistern Namens Maria Anna, Gerhard Hermann und Anna Clara jedem als Abfindung von dem elterlichen Vermögen sechshundert Thaler Courant auszuzahlen, außerdem einem jeden eine Kuh, und zwar die beste aus dem Stalle, ein einjähriges Pferd oder dessen Werth von fünf und zwanzig Thalern, so wie eine Ausrüstung bestehend aus einem Schranke, zwei Koffer (Truhen), einen Tisch, zwölf Stühlen, einen Haspel, Spinnrad, Brache, Hechel und Hechelstuhl, zwölf Bettlaken, zwölf Tischtücher, zwölf Servietten, einem vollständigen Bette, bestehend aus einem Ober und Unterbette, einem Pfühl, acht Kissen, nebst den herzugehörigen Ueberzügen, einem vollständigen Brautkleide, und zwar für den Gerhard Hermann und dessen zukünftige Braut, zu liefern..."

Die Inschrift auf dem Balken über der „Niendör" des Erbwohnhauses Espel (Lienen-Meckelwege) weist darauf hin, daß der auf den Hof eingeheiratete Bauer den Namen des Hofes angenommen hat.

Oft genug mag die Abfindung eines Kindes dem Hofbesitzer schwergefallen sein. Im Jahre 1809 hatte der Bauer Lütkestockdick im Kirchspiel Ladbergen seinem Stiefsohn Johann Wilm, der Anna Christina Elsabein Manecke geheiratet hatte, und als Heuermann „nichts eigenes" besaß „und aus dieser Ursache genöthiget wäre(n) zu heuren", folgenden Brautschatz versprochen:

„1. An baaren Gelde 30 Reichsthaler
 2. Fürs Pferd 10 Reichsthaler
 3. zwey Kühe, wovon eine in Natura gegeben und die andere mit 5 Reichsthaler bezahlt wird
 4. Zwey Rinder oder 2½ Reichsthaler
 5. Zwey Schweine oder 1½ Reichsthaler
 6. Zwey Münster Malter Rocken, welche beide in Natura geliefert werden
 7. Anstatt der Ehrenkleider werden den Jungen Mann 7 Rthl. bezahlt
 8. Ein Schapp
 9. Ein Dudiek (Bettschrank)
10. Ein Schwingeblock mit der Schwinge
11. Zwey Bracken
12. Ein Hechelstuhl
13. Ein halbes landesübliches Bette.

Da der jetzige Colonus und Vater dem jungen Ehemann Wilm Lütkestockdiek vor und nach 150 rthl schuldig geworden ist, so wird mit Genehmigung des großjährigen Anerben Friedrich festgesetzt, daß er zu dem Heuerhause, welches im Eichelkamp belegen ist, nebst 10 Scheffelsaat Landes für ein jährliches Heuer Quantum von 15 rthl halb in Golde und halb in Courant zu genießen haben sollte ... auch kann er das Holz, welches auf dem ihm zur freien Benutzung übergebenen

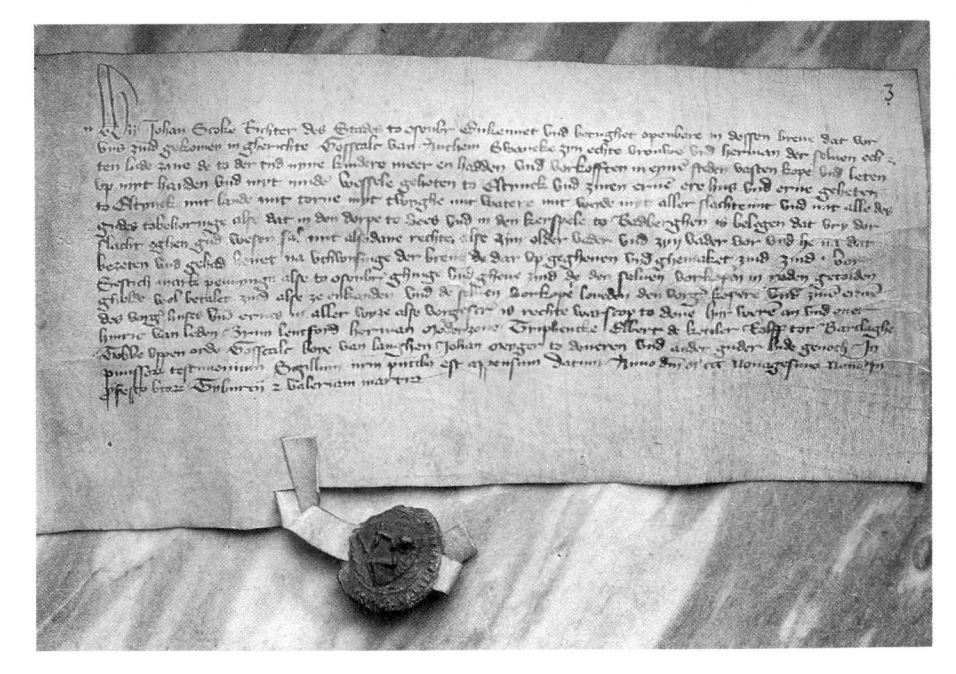

Urkunde über den Kauf des Hofes Elting in der Bauerschaft Vehs, Artland.
*In dem vom 13. April 1399 datierten Schriftstück erklärt der Osnabrücker Stadtrichter Johann Scoke, daß Gottschalk von Ankum mit Frau und Sohn an Wessel to Eltynck und seine Erben verkauft und aufgelassen haben ihr Haus und Erbe to Eltynck „mit Torve (Rasen), mit Twyghe (Zweige), mit Watere, mit Weyde, mit aller schlachte Nut (Nutzung jeder Art) und mit alle des Gudes Tobehoringe ... dat vry dorslacht eghen Gud (vollfreies Eigentum) wesen sal ..."
Als Kaufpreis werden 60 Mark in Osnabrücker Währung angegeben.*

Branntweinschale (Hof Rüters in Werpeloh, Hümmling). Neben der Branntweinschale mit waagerecht stehenden Ohren zum Festhalten gibt es auch solche mit senkrecht stehenden Griffen. Auch Halter in Form von Seepferdchen sind nicht selten. Branntweinschalen wurden an manchen Orten — jedoch nicht vor Ende des 18. Jahrhunderts — auch als Taufschalen benutzt. Die gravierte Schale ist eine Arbeit des Haselünner Zinngießers G. Eckholt (1776—1830).

Grunde wächst, ohne Bezahlung von dem Graben hauen. Ferner ... soll er fünf Jahrlang jährlich 2 Fäßer Torf auf der Kuhle des Coloni unendgeltlich stechen."

Die letzte Rate des Brautschatzes konnte erst neunzehn Jahre später entrichtet werden, ein Zeichen dafür, wie stark der Hof durch die Abfindung belastet war. Noch länger hatte der Erbe Garbert in Wilsum in der Grafschaft Bentheim an der Befriedigung eines abgehenden Kindes zu tragen. Der fortziehenden Tochter stand laut Vertrag von 1896 ein Betrag in Höhe von 2500 holländischen Gulden (4166$^2/_3$ Mark) zu, die in jährlichen Raten zu 100 Gulden zu entrichten waren.

Ein erfreulicher Anblick nicht nur für Braut und Bräutigam, wenn der volle „Brautwagen", der auf wenigstens drei, oft auch auf sechs und mehr Fahrzeugen das Heiratsgut zum Hof des Mannes brachte. Der Hochzeitswagen allein mit seinen geschwungenen Seitenwangen, geschnitzten Docken zwischen den Längsbalken und reich verzierter Rückenlehne mit Initialen und Jahreszahl war ein sehenswertes Schaustück. Er hat als Motiv anregend auf andere Bereiche bäuerlicher Handwerkskunst gewirkt. Wir finden sein Bild auf Fensterbierscheiben und selbst auf Waffeleisen.

Nur auf dem Hof des Bräutigams durfte das Fest der Hochzeit sein. Doch der Feier wurde ein Maß gesetzt. In den Accidentalia der Grafschaft Tecklenburg für die Jahre 1606 und 1607, in denen besondere Steuereinnahmen und Strafgelder eingetragen wurden, lesen wir, daß „wider der Obrigkeit Vorbott zur Hochzeit Kindtauff und Kistenvullungh (Kistenfüllung) und mehr gesterie geholdenn unnd leute geladen alß ihnen inn der ordnung zugelaßen gebenn derwegen zur straff wie folget Johann to Settel, Lagemann, Worpenbergh, Stille, Doveke (aus dem Kirchspiel Lengerich) je 2½ Gulden".

Nach der Verordnung des Osnabrücker Landesherrn vom 18. 8. 1780 durfte die Hochzeit „der gemeinen Bürger und Bauernstandes-Personen auf dem Lande bei Voll- und Halberben, Erb- und Markköttern nicht länger als zwei Tage und bei Heuerleuten, sie mögen auf steuerpflichtigen oder freien Gründen wohnen, nicht länger als einen Tag währen ... Ein Voll- und Halberbe soll nicht mehr als 80 Gäste laden und ansetzen, ein Erb- und Markkötter nur 30 und geringere oder Heuerleute nur 20 Personen. Wenn der Hochzeitsgeber diese Zahl überschreitet, soll er für die ersten fünf überzähligen Gäste fürhaupts 1 Rthlr. (Reichtstaler), für die zweiten fünf überzähligen Gäste fürhaupts 2 Rthlr. und für die dritten fünf überzähligen fürhaupts 3 Rthlr. ...erlegen. ... Alles Übermaß in Essen und Trinken, der Wein überhaupt und das Verweilen bis in die späte Nacht ist bei willkürlicher Strafe verboten".

Im Mittelpunkt bäuerlichen Denkens stand der Hof, daher durften die wirtschaftlichen Grundlagen unter keinen Umständen erschüttert werden. So wird das Wort des Vaters an seinen Sohn verständlich: „Dei Baum, unne denn Du t' Schure gaun wullt, denn drafs Du nich dei

Töige afsnien" (dem Baum, unter dem Du Schutz suchen willst, darfst Du nicht die Zweige abschneiden). Man blieb stets darauf bedacht, bei der Heirat gleiches zu gleichem zu gesellen. So streng die hierarchische Gliederung der Bevölkerung vor der Aufklärung im 18. Jahrhundert war, so stark war noch weit über diese Zeit hinaus auch innerhalb der bäuerlichen Welt das Standesbewußtsein ausgeprägt. Der Grundbesitz war das wichtigste Kriterium der sozialen Differenzierung auf dem Lande. Daher wurde sehr selten unter dem Stand geheiratet. Die Braut sollte möglichst von einem Hof stammen, der dem des Bräutigams an Qualität und Größe nicht nachstand. „Dei Hectars müet t'haupe passen" (die Hektare müsse zusammen passen), hieß es noch allgemein vor wenigen Jahrzehnten. Das persönliche Glück trat im Interesse des Hofes zurück. Die junge Bäuerin hatte nach Möglichkeit das „Kostgeld fürs Leben" mitzubringen. Es wurde alles wohl bedacht, denn „Kiämesbraut, do wätt nicks drut" (Kirmesbraut, da wird nichts draus). In der „Eheberedung" wurde gewissenhaft schriftlich festgehalten, was die Braut als Mitgift zu erwarten hatte.

Erbwohnhaus mit Steinwerk. Reinecke (Arens-Fischer) in Grovern im Artland.

Auffahrt, Sterbefall und Freikauf

Freie und eigenbehörige Bauern

Der weitaus größte Teil der Bauern war im Laufe des Mittelalters freiwillig oder unfreiwillig unter die Grundherrschaft der Kirche oder des Adels geraten. Bis ins 19. Jahrhundert blieb im Osnabrücker Land der Freibauer die Ausnahme. Im Jahre 1275 hieß es noch, das Kirchspiel Bramsche mit den Bauerschaften Achmer, Epe, Hesepe, Pente, Rieste und Sögeln sei größtenteils von freien Leuten bewohnt. 1667 gab es dort nur noch 9 Bauern, die ihre Freiheit bewahrt hatten.
In der Grafschaft Ravensberg waren 1685 insgesamt 85 v. H. der Bauern unfrei. Im Eigentum des Landesherrn befanden sich 43 v. H., der Ritterschaft 45 v. H. und der Kirche 12 v. H. der unfreien Höfe. Als erstaunlich hoch muß die Zahl der freien Altbauern im vormaligen Kreis Lingen angesehen werden. Im 16. und 17. Jahrhundert war hier fast ein Fünftel der Höfe frei. Im Gegensatz zum Hochstift Osnabrück war überhaupt im Lingenschen die grundherrliche Bindung lockerer. Im Hümmling lagen die Verhältnisse ähnlich. In einer Urkunde vom 21. 1. 1394 wurden vom Richter Abel von Sögel als Vertreter des Landesherrn 38 erschienenen Bauern aus allen Orten des adelsfreien Hümmlings, die um Anerkennung gebeten hatten, ihre uralte Freiheit und gemeindliche Selbstverwaltung bestätigt. Im alten Amt Grönenberg konnten die zum Villikationshof zu Wetter gehörenden Bauern, die sogenannten Wetterfreien, die sich „nach allen vier Winden wenden" konnten, ohne biesterfrei zu werden, ihre persönliche Unabhängigkeit bewahren. Da im Hochstift Osnabrück jeder Freie sich eines besonderen Schutzes versichern mußte, hatten sich die Wetterfreien unter die Obhut des Klosters Neuenheerse bei Paderborn gestellt, das ihre Rechte ausdrücklich verbriefte; der Graf von Ravensberg wiederum schützte als Vogt Kloster und Wetterfreie.

Es gab auch Höfe, die zwar personenfrei waren, doch als Winnerbe in bestimmten Zeitabschnitten neu „gewonnen" werden mußten. Der Meyer zu Heringdorf im Kirchspiel Neuenkirchen hatte jedes 12. Jahr seiner Winnpflicht zu genügen, ebenso das dem Stiftskapitel zu Quakenbrück gehörige Erbe Vegesack im Kirchspiel Engter. Am 5. Oktober 1783 beurkundet der zuständige Oekonom, daß der Colon Hinrich Vegesack „um Verlängerung derer Winn-Jahre gehörig gemeldet, anderweitig auf zwölf nacheinander folgende Jahre à Termino Michaelis anni currentis bis dahin 1795 Winn gethan habe, also ... dem Capitel in Quakenbrück jährlich zwey Malt Mark gängigen reineren Rocken osnabrückscher Maaß ehrlich und ohne Viele anforderung entrechten und abliefern sollte ... und soll er nach Verlauf derer zwölf Jahren um neue Winnung sich am gehorigen orte wieder melden ..."

Die unfreien Bauern waren ohne Rücksicht auf ein Grundstück mitsamt ihren Kindern hörig und zu Dienstleistungen verpflichtet; Söhne und Töchter hatten ein halbes Jahr beim Grundherrn umsonst zu arbeiten.

Der Eigenbehörige besaß zwar ein vererbliches Nutzungsrecht am Hof, doch war dies in vieler Hinsicht beschränkt. So durften ohne Einwilligung des Grundherrn keine Grundstücke verkauft, noch der Hof mit Schulden belastet oder Eichen und Buchen gefällt werden. Durch diese Maßnahmen sollte die Wirtschaftlichkeit des Hofes gesichert werden.

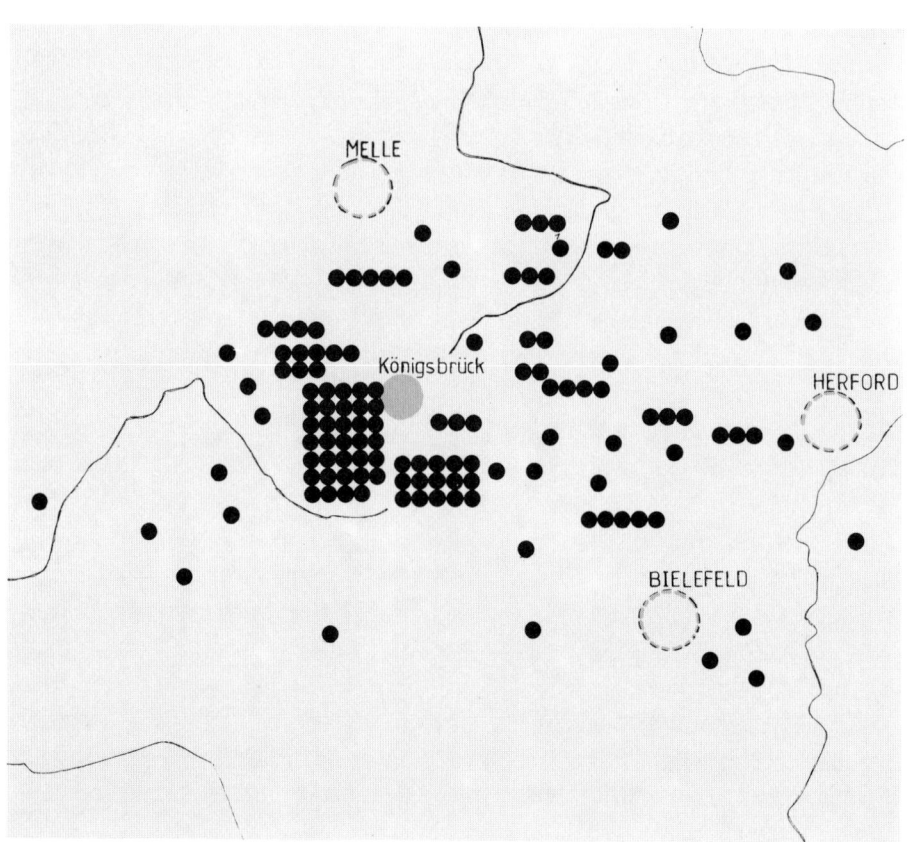

Höfe der Eigenbehörigen, die 1767 zum Königsbrücker Rittersitz gehörten. Die 134 Höfe lagen in 51 Orten verstreut im Fürstbistum Osnabrück, in der Grafschaft Ravensberg, im Bistum Münster und in der Grafschaft Lippe.

Eigenbehörige konnten unter gewissen Umständen von ihrem Erbe entfernt werden, wenn sie den Hof schlecht bewirtschafteten, etwa die schuldigen Dienste nicht leisteten oder ohne gutsherrliche Genehmigung heirateten. Von der Abäußerung wurde jedoch im Hochstift Osnabrück nur selten Gebrauch gemacht. Die vielfältigen Verpflichtungen mochten den eigenbehörigen Bauern zwar drücken, doch galten sie nicht als „entehrend", sie wurden als nicht zu ändernde Tatsache der bestehenden Gesellschaftsordnung gesehen.

Im Laufe der Zeit kam es aus vielerlei Gründen, meist durch Verkauf oder Tausch des Hofes, zu einem Wechsel des Grundherrn, doch hatten viele Höfe über Jahrhunderte den gleichen Grundherrn. So blieb der Hof Osterhaus in der Bauerschaft Natrup von 1270 bis zur Auflösung des Stiftes Leeden, des vormaligen Zisterzienserinnenklosters, im Jahre 1812 dessen Eigenbehöriger.

Um eine gewisse Mitsprache zu erreichen, schlossen sich die unter der Grundherrschaft der Kirche oder eines Klosters stehenden Bauern zu Hausgenossenschaften zusammen. Den Ritterbehörigen war diese Möglichkeit benommen.

Ein Eigenbehöriger konnte gegebenenfalls von einem Grundherren ausgetauscht werden. Das mochte eintreten, wenn etwa aus Geldmangel kein Freikauf der abgehenden Tochter möglich war. So haben verschiedentlich die Klöster Frenswegen und Wietmarschen sowie der Graf von Bentheim im Austausch für eine abgegebene Arbeitskraft

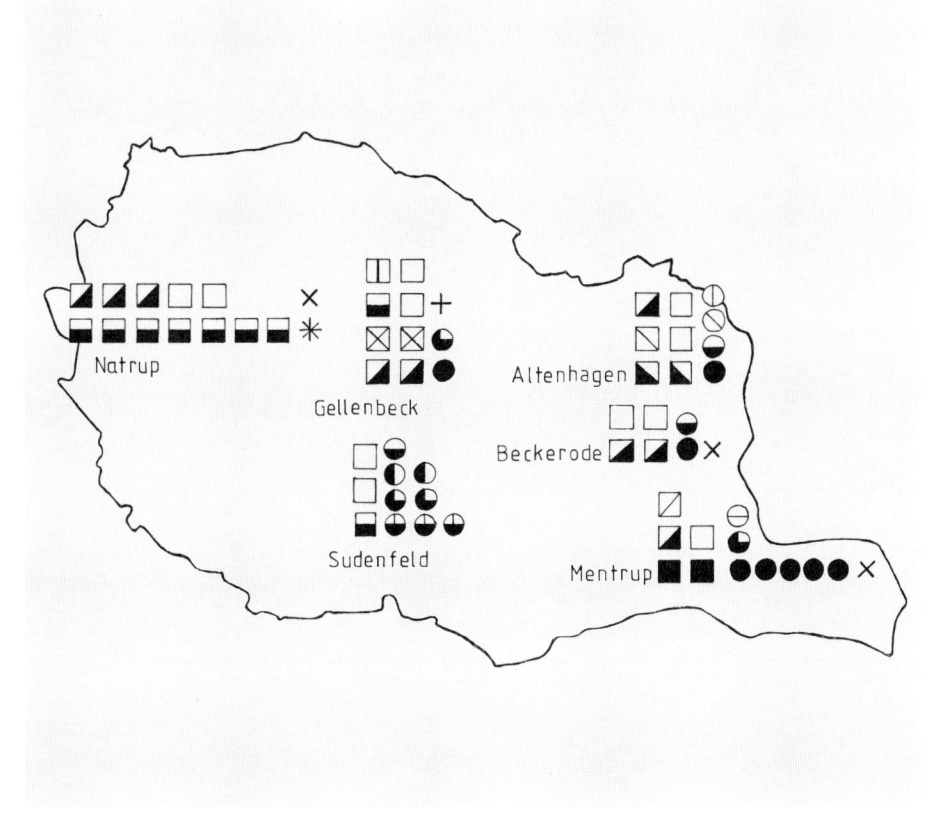

Eigenbehörige und freie Altbauern im Kirchspiel Hagen nach der „Tabelle der im Amte Iburg lebenden Menschen nach ihrem Stande und Handthierungen 1772". Die frühere Bauerschaft „Große Heide", 1860 mit der Bauerschaft Altenhagen vereinigt, ist in der Grafik nicht berücksichtigt, da sie erst um 1540 besiedelt wurde und daher keine Altbauern aufweist.

■ *Landesherr*
◤ *Domkapitel*
◨ *Stift Leeden*
◣ *St. Johann, Osnabrück*
⊠ *Kirche zu Hagen*
◪ *Kloster Iburg*
◩ *Kloster Oesede*
⊓ *Kloster Gravenhorst*

● *von Stael (Sutthausen)*
◕ *von Korff (Sutthausen)*
◓ *von Böselager (Honeburg)*
◑ *von Morsey (Tecklenburg)*
◐ *Kronenburg (Tecklenburg)*
◔ *Scheventorf (südl. Iburg)*
⊘ *Osthoff (Harderberg b. Osnabrück)*
⊖ *Sandfort (Osnabrück-Voxtrup)*

✻ *Dr. Lokmann*
+ *Dr. Berghoff*
× *H. Sattler*

☐ *frei*

einen „gelykwardige Wederwessel" (gleichwertigen Ersatzmann) erhalten. 1586 wechselt das Stift Leeden mit Luining von Cappeln die Catarina to Herkendorp und empfängt dafür die Veltmannsche zu Cappeln. Am St.-Thomas-Tag anno 1614 wechselt das gleiche Stift mit Egbert Kyrstapel in Lienen den Eigenbehörigen Weßman zu Synen und empfängt dafür Jürgen Stapenhorst, der Schulte zu Herkendorf wird. Erst mit der Osnabrücker Eigentumsordnung von 1722 wurde der Austausch von Eigenbehörigen abgestellt. Auf Verlangen mußte jedem Eigenbehörigen gegen Zahlung eines bestimmten Geldbetrages der Freibrief ausgestellt werden.

Die Abgaben der Eigenbehörigen eines Klosters sind über Jahrhunderte gleichgeblieben. „Unter dem Krummstab ist gut leben!" konnte zu Recht gesagt werden. Die meisten Erben, die nach dem ältesten Heberegister die vierte Garbe in Roggen, Hafer, Gerste oder seltener in Weizen zu entrichten hatten, haben noch im ausgehenden Mittelalter die gleiche Menge zur Verfügung gestellt.

Recht mannigfaltig waren bis zur Mitte des 13. Jahrhunderts die Abgaben für das bischöfliche Tafelgut. Zwanzig verschiedene Arten von Naturalien wurden angefordert, doch änderte sich das in der Folgezeit. Es durften schließlich nur noch Getreide und Geld abgeliefert werden. Außerdem waren Hand- und Spanndienste zu leisten.

Die jährlichen Abgaben, die sogenannten „gewissen Gefälle", an den Grundherrn betrugen bis zur Aufhebung der Eigenbehörigkeit durchschnittlich 23 bis 30 v. H. der Hofeinkünfte. Sie bestanden aus Naturalgaben, zu denen „Schuldkorn", „Schuldschwein", „Schuldhühner" und dergleichen gehörten.

Die Naturallieferungen der rittereigenen Höfe waren besonders schwer zu erfüllen. Grundherren, wie die von Grothus auf Haus Krietenstein in der Angelbecker Mark, haben hauptsächlich im 17. Jahrhundert durch überzogene Forderungen erreicht, daß einige Besitzer ihre Höfe aufgeben mußten und der Grundherr den Hof zu seinem eigenen Land schlagen konnte. Bischof Ernst August I. beklagte sich in einer Verordnung darüber, daß Grundherren absichtlich Höfe wüst liegen ließen, um diese selbst nutzen zu können. Da die Regierung an der Erhaltung der Höfe als Steuerzahler interessiert war, mußte ihr an der Wiederbesetzung gelegen sein. Es wurde daher angeordnet, daß wüste Höfe innerhalb eines Jahres wieder besetzt werden sollten. Bischof Karl von Lothringen (1698—1715) drohte den Grundherren, sie bei Nichtbesetzung für den Fehlbetrag in voller Höhe der Abgaben der wüsten Höfe haftbar zu machen.

Die einem Grundherren eigenbehörigen Höfe lagen nicht geschlossen in einer Gemeinde. So waren um 1790 die 134 Bauern, die dem adeligen Haus Königsbrück bei Neuenkirchen verpflichtet waren, in 51 Orten des Hochstiftes Osnabrück und im Ravensbergischen ansässig.

Die Belastungen gleichwertiger Höfe innerhalb einer Bauerschaft oder eines Kirchspiels waren, bedingt durch die verschiedenen Grundherren, oft sehr unterschiedlich.

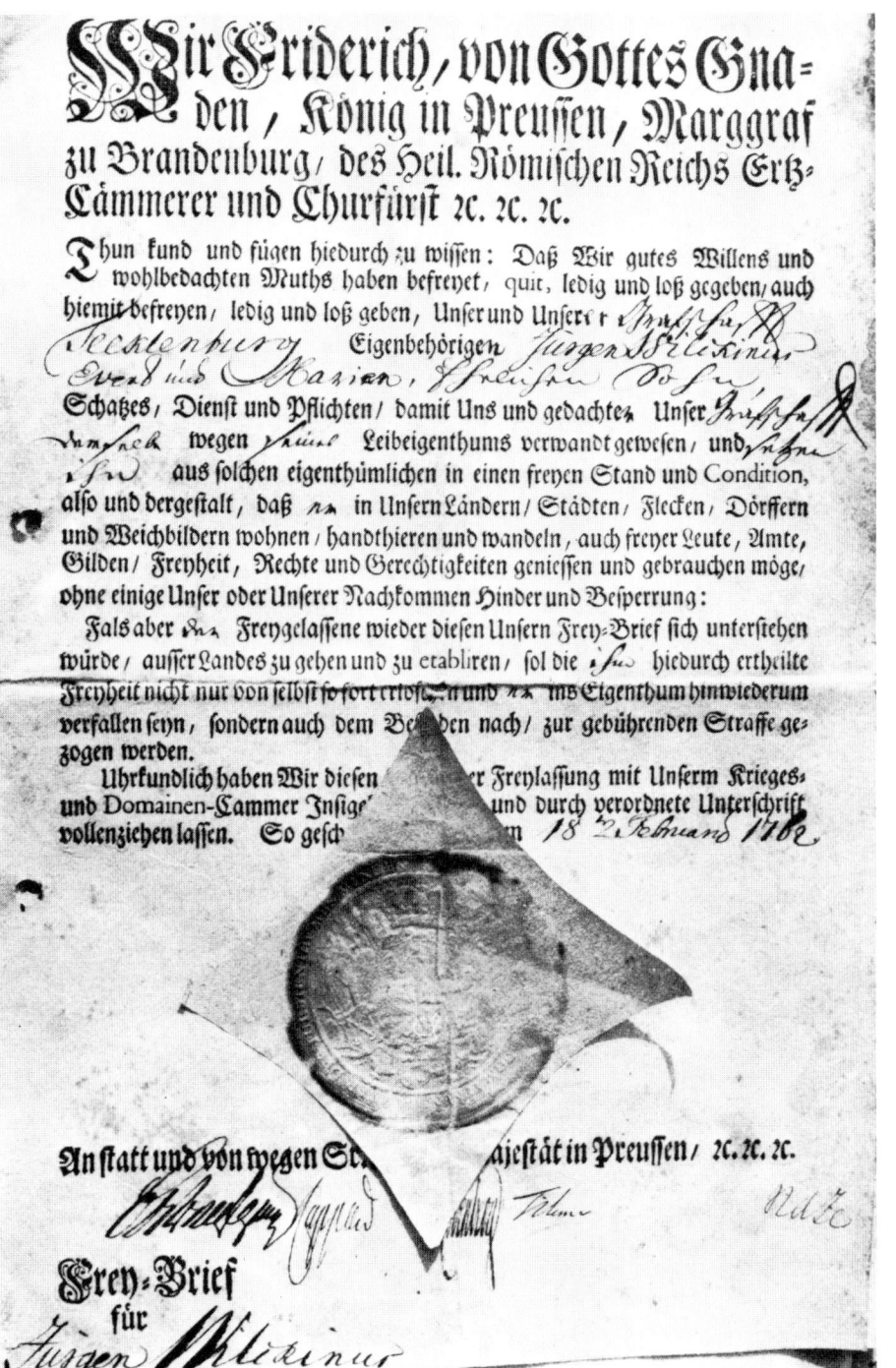

Freikaufbrief, ausgestellt für den Eigenbehörigen „Jürgen Wilckinus Evert und Marien, Ehelichen Sohn" vom Hof Wilkens im Kirchspiel Lengerich (Grafschaft Tecklenburg) am 18. Februar 1762.

Zu massenweisen Enteignungen, Verfallserklärungen oder Aufkäufen, wie in Mecklenburg und Pommern („Bauernlegen"), die zu einer Einverleibung bäuerlicher Betriebe in die adeligen Güter führte, kam es zu keiner Zeit. Die Verhältnisse waren allerdings auch hier schwer erträglich und begannen sich erst zu bessern, als der Osnabrücker Bischof in der Eigentumsordnung von 1722 eine willkürliche Bedrückung der Eigenbehörigen und insbesondere eine Erhöhung der Dienstleistungen untersagte. Die übertriebenen Ansprüche der Grundherren stellten insofern eine Bedrohung des Landesherrn dar, als sie den Bauern als Steuerzahler und Träger der öffentlichen Lasten trafen.

Beim Tod des Wehrfesters (Bauern) gebührte dem Grundherrn der Sterbefall, d. h. „der halbe Erbteil der beweglichen Güter", die der Verstorbene hinterlassen hatte. Die andere „Halbscheidt" verblieb dem überlebenden Ehegatten bis zu dessen Tode.

In der Regel pflegte der Gutsherr eine Schätzung vornehmen zu lassen und gegen ein bestimmtes Entgelt die Nachlassenschaft den Angehörigen zur Verfügung zu stellen.

Beim Tode der Bauersfrau Grethe Meyer zu Hage in Vehrte im Jahre 1655 waren nach Hausgenossenrecht 4 Pferde, 6 Kühe, 3 Rinder, 3 Kälber, 1 Ochse und 1 „Mutte" (Sau) mit 12 Ferkeln sowie 18 Scheffel zu entrichten. Der Sterbefall wurde vom Osnabrücker Domkapitel mit 45 Talern veranschlagt und zu 40 Talern gelassen. Der Meyerhof in Tömmern, Kirchspiel Bramsche, hatte um 1700 als Sterbefall an das Domkapitel zu Osnabrück vom Manne das beste Pferd, von der Frau das Trauer- oder Hochzeitskleid und von allem vierfüßigen Vieh die „Halbscheidt" zu liefern.

Es wurde jedoch nicht schematisch gehandelt. Beim Tode des Bauern Schulte-Herkendorf 1716 in Leeden verfuhr der Grundherr, das Stift Leeden, recht milde. „In anbetracht seines jetzigen schlechten Zustandes, als voriges Jahres Mißwachs von Korn, auch viel annoch haftenden Schulden wird ihm der Sterbfall gnädig erlassen für 6 Reichsthaler." Das war annähernd der Wert eines Rindes.

Den Bauern wurde eine Vielfalt von Diensten abgefordert. Zu den eigenartigsten mag die Verpflegung von Hunden für die Herrschaft gehört haben. 1770 hatten 38 Bauern aus Bakelde, Bimolten, Bookholt, Frensdorf und Hesepe für die Fütterung der Meute des Grafen von Bentheim zu sorgen. Vor allem zog sie der Grundherr zu Hand- und Spanndiensten entsprechend der Hofgröße heran. Daß der Bauer sich hierbei nicht übereiferte, macht das in der Zeit gebräuchliche Wort deutlich: „Wer sich im Herrendienst totarbeitet, ist wert, unter den Galgen begraben zu werden." Trotzdem zahlten die meisten Eigenbehörigen lieber Dienstgeld. Ihnen fehlte die Zeit für die eigene Wirtschaft. In einer Liste über die Verpflichtungen der Bauern des Kirchspiels Menslage aus dem Jahre 1625 wird bemerkt, daß sechs Bauern sich „anno 1623 in sedis vacantis die Dienste ausgekauft" und Dienstgeld geben. Im übrigen war auch der weit entfernt wohnende Grundherr oft geneigt, Arbeitsleistung in Dienstgeld umzuwandeln.

Die Verhältnisse im Hochstift Osnabrück unterschieden sich hierbei kaum von denen in den Nachbargebieten. Als Beispiel, wie bis in die kleinste Einzelheit Verpflichtungen festgelegt werden konnten, mögen die jährlichen „Eigenthumsgefälle und Prästationen" dienen, die der Hof Broking in Hahlen, Kirchspiel Menslage, seit Generationen an den Grundherrn von Hammerstein in Loxten zu entrichten hatte.

Die Ablösungskommission des Distrikts Bersenbrück zeichnete am 10. 5. 1834 auf:
1. 5 Malter 3 Scheffel Weißkorn nach hiesigem Maaß
2. 2 Hühner und 60 Eier
3. 6 Thaler Dienstgeld
4. 2 Thaler Torfdienst
5. 1 Thaler 3 Mariengroschen Mähdienst
6. 1 Thaler Flachsdienst
7. 2 Schweine durch den Winter zu füttern oder einen Jagdhund aufzufüttern
8. An Spanndiensten eine lange Fuhre mit 2 Pferden auf 2, 3 oder mehr Tage, zwei kurze Stadtfuhren, jede mit dem ganzen Spann zum Zehnten und Heu einfahren, werden ferner von den Verpflichteten bis zu einer etwaigen Ablösung gezahlt, geleistet und geliefert, jedoch bleibt dem Berechtigten die Befugnis, den Handdienst auch in natura zu verlangen.

Die öffentlichen Abgaben drückten den Bauern als Hauptträger aller Staatslasten erheblich. So hatten die Vollerben des Stiftes Leeden während des 18. Jahrhunderts jährlich zwischen 35 und 52, die Halberben zwischen 35 und 40 Tage öffentliche Dienste zu leisten. Der Arbeitspflicht für die Obrigkeit war auf verschiedene Weise zu entsprechen, als Mitarbeit beim Straßen- und Brückenbau, in den ursprünglich aus Kriegsdiensten hervorgegangenen Rundefuhren, in der Einquartierung von Soldaten — Kavallerieverbände wurden oft auf das Land verlegt —, in Lieferungen von Verpflegung an das Militär u. a. „Lange Fuhren"

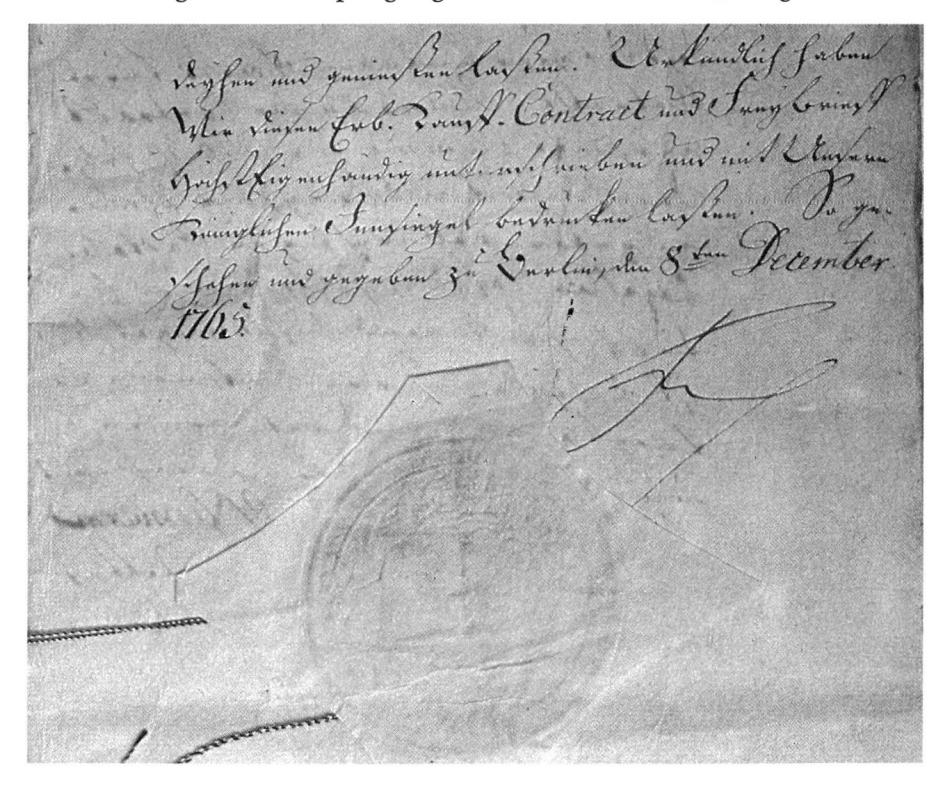

Freibrief für den Eigenbehörigen Niemann aus dem Kirchspiel Glandorf vom 8. Dezember 1765. Der ursprünglich dem Grafen von Tecklenburg eigenbehörige Hof wurde nach der Abtretung der Grafschaft an Preußen unmittelbar dem König eigen. Friedrich der Große unterschrieb das Papier. Am gleichen Tag kaufte sich der Vollerbe Kasselmann aus dem Kirchspiel Hagen frei, dessen Hof auch über den Grafen von Tecklenburg an den preußischen König als Eigentum kam. Friedrich II. zeichnete den Freibrief ebenfalls mit seinem Namen ab.

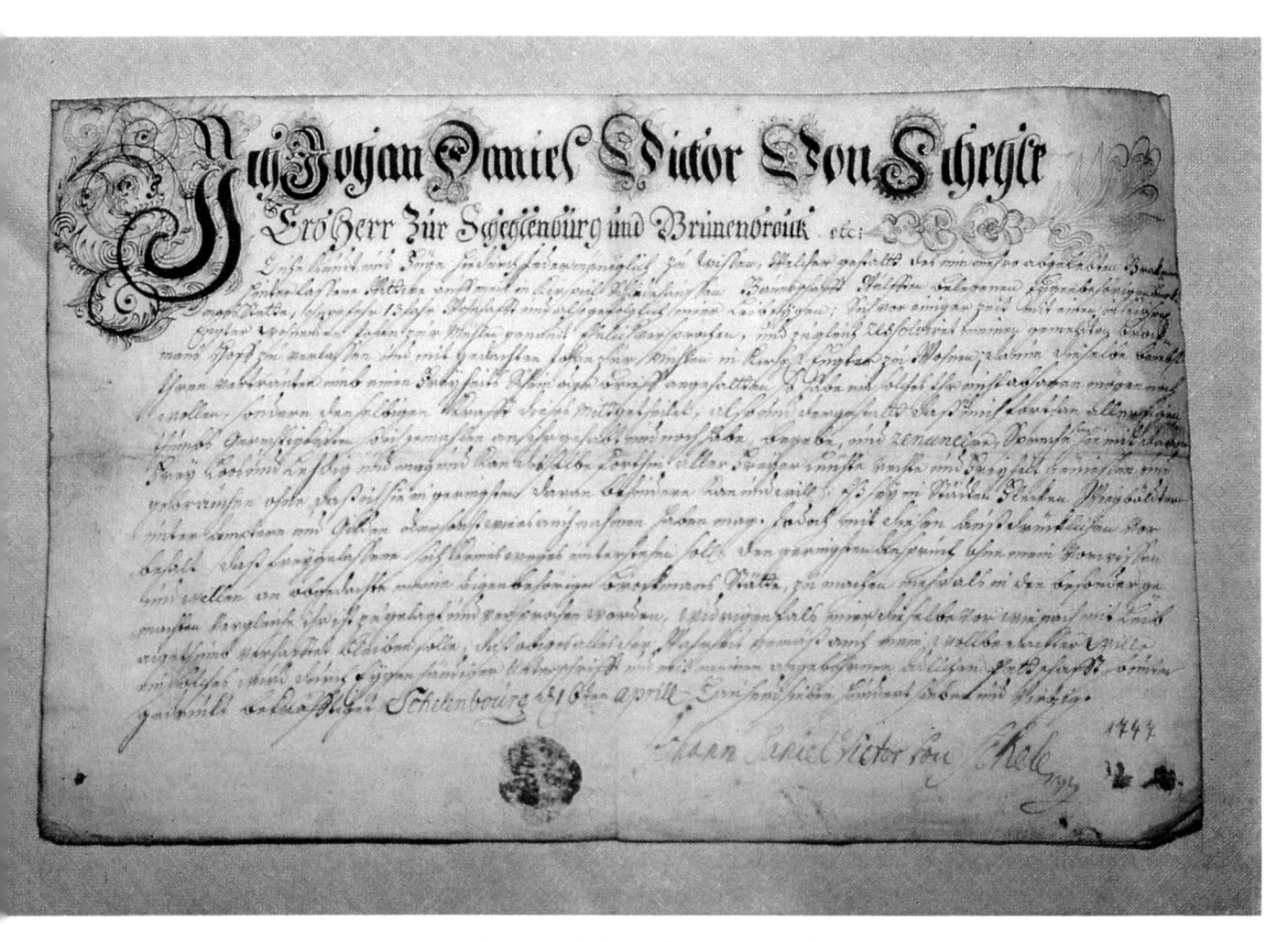

„Freyheits Schein" für die Witwe Brockmann aus Wulften ausgestellt von J. D. V. von Schele Erbherr zur Schelenburg am 16. 4. 1747.

und Kriegsfuhren konnten mehrere Tage dauern, wenn sogenannte „Kornfuhren" aus dem Gebiet des Hochstiftes Osnabrück nach Minden, wo das benötigte Korn lagerte, und zurück zu leisten waren.

Die Bauern waren bei meist nicht ausreichender Entschädigung, etwa während des Siebenjährigen Krieges, der unser Betrachtungsgebiet nicht unmittelbar berührte, zu Spanndiensten verpflichtet, hatten monatelang Soldaten in Quartier zu nehmen und zu verpflegen und schließlich erhebliche Mengen Futter für Armeepferde zu liefern. Aus einer 1763 ausgegebenen Originalfuhrliste ist zu entnehmen, daß während der Kriegszeit vom Halberbe Kerrenkamp in Wehdel 504 Fuhren mit zwei Pferden abzuleisten waren.

Der Bauer Rittmann in Hörstel gab zwei Jahre zuvor in seinem Tagebuch an, „von daß Hannoversche Leib Regiment einen Quartiermeister und einen Corporal und einen gemeinen Reuter siebentzehn Wochen in winter quartire gehabt welche ich essen Bier und Brantwein habe geben müssen... facit 89 rl (Reichstaler) und auch dazu 108 Rattionen Haber (Hafer) Hew und stroh liferen müssen gerechnet Zu achtzehn rthlr (Reichstaler) wiederum in Kriegsdiensten wenigstens Täglich ein pferdt und fuhr knecht auf die Reise gehabt und oft in der

Ich Johan Daniel Victor von Scheyle (Schele)
Erbherr zur Scheylenburg und Brunenbroick etc.
Tuhe Kundt und füge hiedurch jedermäniglich zu wissen, welcher gestaltt des nun mehro abgelebten Brokman
hinterlaßene Witwe aus mein im Kirspiel Schledehaussen Bauerschafft Wulfften belegenen eygenbehörigen Brock
mans Stette, ohngefehr 13 Jahre wohnhafft und also gefolglich mier leibeygen; Sich vor einiger Zeit mit einen im Kirspiel
Engter wohnenden Johan zur Mühlen genandt ehelich versprochen, und zugleich resolviret meinen gemeldten Brock
mans Hoff zu verlassen und mit gedachten Johan zur Mühlen in Kirspiel Engter zu wohnen; da nun dieselbe benebst
ihren Vertrauten umb einen Freyheits Schein und Brieff angehalten, so habe ein solches Ihr nicht absagen mögen noch
wollen, sondern denselbigen krafft dieses mittgetheilet, also und dergestaltt daß ich mich forthan aller Eigen
thumbs Gerechtigkeiten so ich gemahlter an ihr gehabt und noch habe, begebe, und renuncire, Spreche sie hier mit davon
frey loos und lehdig und mag und kan dießelbe forthin aller freyer Leuthe Rechte und Freyheit geniessen und
gebrauchen ohne daß ich sie in geringsten daran behindern kan und will, eß sey in Städten Flecken Wiegboldten
unter Aemptern und Gilden oder sonst wie es auch Nahmen haben mag. Jedoch mit diesen außdrücklichen Vor
behalt daß Freygelassene sich keineswegs unterstehen soll den geringsten Anspruch ohne mein Vorwissen
und Willen an obgedachte meine eigenbehörige Brockmans Stätte zu machen mehr als in den besondere
machten Vergleiche ihr ist zugelagt und versprochen worden, widrigenfals mier dieselbe vor wie nach mit Leib
aigethumb verhafftet bleiben solle. Daß obiges alles der Wahrheit gemäß auch mein Vollbedachter Wille
ein solches wird durch Eygenhändiger Unterschrifft und mit meinen angebohrenen adlichen Pettschafft so unter
gedruckt bekräftiget, Schelenbourg den 16. Aprill Tausend sieben hundert sieben und virtzig

Johan Daniel Victor von Schele

m(anu) p(ropsia)

maß zu Kurtz gekommen und sich auch Cooß (Kost) dar zu gekauft haben so gerechnet Zu drey und dreißig rthlr und an Contributions gelder geben müßen Zehn und einen Halben rthlr noch Zehn fuder Holtz an die Hannoverschen zu Rheine geliefert".

1763 — nach Friedensschluß — heißt es im Tagebuch „Dan ihr meine Lieben Kinder, ihr Könnt gelauben nicht waß ich habe gelitten mit, ich habe mit 2 Pferden unser erbe (heutige Größe 97 ha) Bearbeiten müßen, und wan die Husaren Kamen musten wir uns in Büschen und strauch Verkriegen. So haben wir noch ohn unser Beschwer, und außgaaben an schulden auß unser Bauerschaft gehabt 3000 rthlr."

Schon im späten Mittelalter kommt es gelegentlich zu Freikäufen. Hier sei an den Hof Elting in Vehs im Artland und an den Hof Högemann in Averfehrden im Altkreis Iburg erinnert. Zu vermehrten Freikäufen kam es Ende des 17. und vor allem im 18. Jahrhundert, einer Zeit wirtschaftlichen Aufstiegs. Mitte des 18. Jahrhunderts waren von den 7 Vollerben der Bauerschaft Vehs 6 frei, von den 10 Halberben 3.

Eine Braut, die auf einen Hof einheiratete, mußte sich von ihrem Grundherren den Freibrief erwirken. So erhandelt am 9. Oktober 1694 des Schulten to Herkendorfs Tochter Mechthild ihre Freiheit von

„Ihrer hochwohlgeborenen Frau Äbtissin Emilie Charlotte Gräfin von Bentheim-Tecklenburg" für 10 Reichsthaler ohne Schreib- und Siegelgeld. Weil sie aber schon einige Zeit im Hause ihres Bräutigams weilte, „soll ein Kind, daß innerhalb 40 Wochen geboren werde, dem Stifte eigen verbleiben".

Die Höhe des Freikaufsbetrages schwankte entsprechend den gegebenen Verhältnissen, sie betrug gewöhnlich etwa ein Zehntel der in Aussicht gestellten Mitgift.

Der Brautvater Johann Gerhard Rahmeier aus Aldrup im Kirchspiel Lengerich i. W. versprach seiner „Tugend begabten" Tochter, ihr anläßlich der Verlobung mit dem „Ehrsamen Arnold Henrich Hillebrand", wohnhaft im gleichen Ort, den „freyen Halls zu verschaffen". Am 2. September 1751 verpflichtet er sich außerdem schriftlich, derselben eine „gute milche Kuh" (tragende Kuh) zur Aussteuer mitzugeben, dazu „einen Durrich (Bettschrank), eine Kiste (Truhe), einen viereckten Tisch und einen Weber Stuhl".

Mit zunehmendem Wohlstand wuchs der Wille nach Befreiung von den feudalen Abgaben und Leistungen. Vor allem in der zweiten Hälfte des 18. Jahrhunderts kommt es vermehrt zu Freikäufen.

In einem Schreiben des Königl. Kammerpräsidenten vom 19. 10. 1764 wird dem „bisher Königl. Eigenbehörigen Unterthan Niemann aus dem Kirchspiel Glandorff" bescheinigt: „Freykauf vom Eigenthum, Pachten, Diensten und allen praestandis wo mit Er Sr. Königl. Majestät in Preußen, meinem allergnädigsten Herren Verpflichtet ist, dahin bis auf allerhöchste approbation bedingen: daß Er vor die Erlaßung aller dieser Pflichten die Summa Von Drey Hundert und dreißig Reichsthaler . . . bezahlen soll . . ." Der Freibrief mit der eigenhändigen Unterschrift Friedrichs des Großen wird dem Genannten am 8. 12. 1765 ausgestellt.

Die Beträge für den Freikauf konnten nicht selten nur durch Landverkäufe aufgebracht werden. Der dem König von Preußen eigenbehörige Vollerbe Meyer to Bergte in Gellenbeck im Kirchspiel Hagen a. T. W., der zur Zeit des Freikaufs 1757 29 Malter und 4 Scheffel Land (132 ha) bewirtschaftete, konnte die Kaufsumme von 2610 Talern nur dadurch aufbringen, daß er 18 Scheffel Garten- und Ackerland, 18 Scheffel Wald, ein Backhaus mit 9 Scheffel Land sowie 10 Scheffel Land aus seinem Besitz am Spelbrinker Esch veräußerte.

Noch 1800 schreibt der Chronist Hoche, die „Leibeigenschaft" sei hierzulande „zwar bei weitem nicht so streng als die pommersche war und die mecklenburgische noch ist, aber sie ist doch immer noch so drückend, daß die Menschen eine Erlösung wünschen müssen. Sie wird und muß erfolgen".

Es kam in dieser Zeit aber auch vor, daß frei gewordene Bauern, um einer verstärkten öffentlichen Belastung zu entgehen, sich wieder in die Eigenbehörigkeit und damit aufs neue in den Schutz des Grundherrn begaben, wie der Bauer Wolter in Hardinghausen nordwestlich Nordhorn.

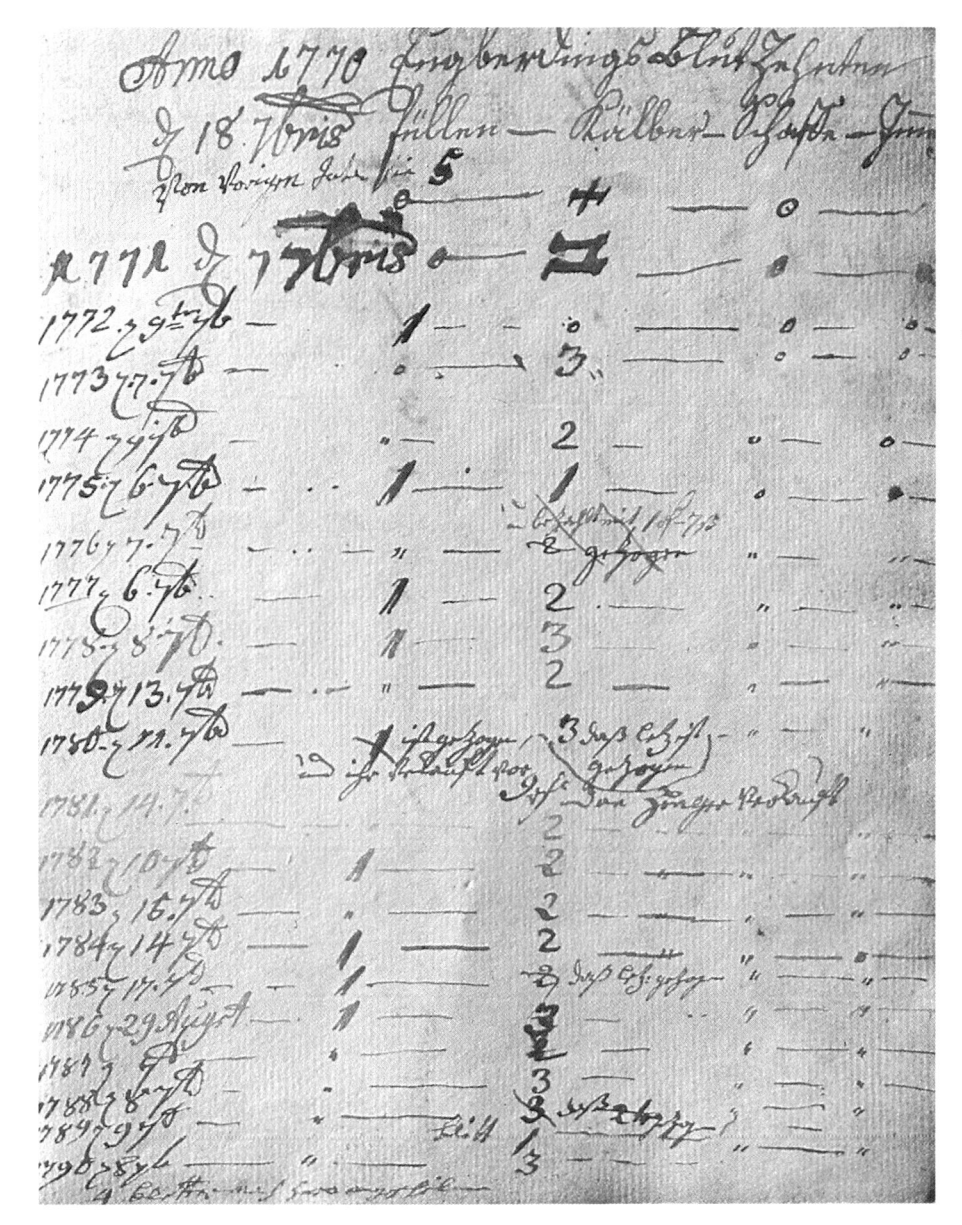

Aufzeichnung des Blutzehnten, den der Vollerbe Engberding in Gr. Mimmelage (Artland) in der Zeit von 1770 bis 1790 zu entrichten hatte.
Der Blutzehnte umfaßte ursprünglich den 10. Teil der auf einem Hof geborenen Fohlen, Kälber, Lämmer, Ferkel sowie Federvieh und Bienen. Meist erfolgte seine Umwandlung in Geld, im allgemeinen blieben jedoch Fohlen und Kälber davon ausgenommen.

Der Zehnte, ursprünglich ein Zehntel des Ernteertrages, der der Kirche zu geben war, bedrängte die Bauern weniger. Seine Bestimmung hatte sich im Laufe der Zeit gewandelt, er war vielfach verpachtet und zweckentfremdet worden, so daß sogar weltliche Herren Anrechte an ihm erworben haben. Im übrigen war der Zehnte zu einer unterschiedlichen, von Ort zu Ort wechselnden Größe geworden. Als Blutzehnten hatte der Bauer anfangs das zehnte Stück Vieh abzugeben. Er war vielerorts durch Geldzahlungen abgelöst. Aus Aufzeichnungen des Hofes Lüdeling in Gr. Mimmelage im Kirchspiel Badbergen geht hervor, daß die Höfe Engberding (ca. 93 Morgen), Möllmann (ca. 94 Morgen) und Ösing (ca. 102 Morgen) in der Zeit von 1770 bis 1790 durchschnittlich jedes Jahr 2 Kälber und in jedem dritten Jahr 1 Füllen als Blutzehnten an den Grundherrn entrichtet haben.

Oft sahen sich Klein- und Mittelbauern gezwungen, einen Nebenerwerb zu betreiben, um ihren Abgabepflichten genügen zu können. Am schwerwiegendsten und nicht selten existenzbedrohend waren die „ungewissen Gefälle" für Auffahrt, Sterbefall und Freikauf. Ihre Höhe war eine Ermessensfrage. Sie konnten, da keine gesetzlichen Regeln festgesetzt waren, leicht mißbraucht werden. Äußerst selten wurde bei der Auffahrt, d. h., bei der Übernahme eines Hofes, nur eine symbolische Zahlung vom neuen Besitzer gefordert, gewissermaßen als Anerkennung der Eigentumsrechte des Grundherrn am Hof. Bei der Neubesetzung mußte oft der halbe Reinertrag eines Jahres gezahlt werden. Es kam auch vor, daß die Mitgift einer Frau verwandt wurde. So erhielt eine Tochter des Bauern Schulte-Loose in Leeden, die Mitte des 18. Jahrhunderts auf den Hof Osterhaus in der Bauerschaft Natrup im Kirchspiel Hagen einheiratete, von ihrem Vater den „freien Hals" und 125 Reichstaler Mitgift, die sie als Auffahrt dem Stift Leeden entrichtete. Als Aussteuer blieben ihr Hausgeräte und einige Stück Vieh.

Die Gedanken der Französischen Revolution, das Verlangen nach Freiheit und Gleichheit, haben sich auf die Bauernbefreiung nicht unmittelbar und nur zögernd ausgewirkt. Die französische Besatzungsmacht hatte in den ersten Jahren des vorigen Jahrhunderts in Nordwestdeutschland die feudale Abhängigkeit nur kurzlebig beseitigen können. Die Verteidiger der alten Ordnung konnten sich wieder durchsetzen, bis schließlich die Stein-Hardenbergschen Reformen neue Wege eröffneten. Die Befreiung aus der Hörigkeit und die staatsbürgerliche Gleichstellung nahmen lange Jahre in Anspruch. Gesetzgebung, Steuerpolitik und Behördenapparat mußten neu geregelt bzw. organisiert werden.

In Westfalen wurden die Eigenbehörigkeit und die damit verbundenen Abgaben und Dienste endgültig 1825 beseitigt, in Hannover und damit auch im ehemaligen Hochstift Osnabrück erst 1831. Alle Lasten und Abgaben konnten gekündigt und durch den 25fachen Betrag des Jahresdurchschnitts für alle Zeiten abgelöst werden. Die ungewissen Gefälle berechnete man für ein Jahrhundert und legte als Ablösungssumme den vierten Teil fest.

Die Abgaben durften entweder in eine feste Geldrente verwandelt oder auch sofort gänzlich abgelöst werden. Von der letzten Möglichkeit haben nur wenige Bauern Gebrauch gemacht, da der Mehrheit von ihnen das nötige Geld fehlte. Gewöhnlich zahlte der Staat die Entschädigungssumme an den Grundherren aus, und die Bauern hatten das Geld an die Staatskasse in jährlichen Raten zu entrichten. Dies konnte in den preußischen Landesteilen in Fristen bis zu 56½ Jahren geschehen. Von der Kündigung wurde nach und nach Gebrauch gemacht.

Als Beispiel sei hier der Hof Heemann (Ibershoff) in Lienen-Dorfbauerschaft genannt. Das Königlich-Preußische Land- und Stadtgericht in Tecklenburg stellte am 8. 1. 1846 folgende „Beständige Lasten- und Einschränkungen des Eigentums oder der Disposition" des Hofes fest:

I. Für das Domaniatsgut Schleppenburg im Hannoverschen
   A die gesetzlich beibehaltenen ungewißen Eigenthumsgefälle
   B folgende jährliche ständige Abgaben.
      a vier Thaler Conventionsmünze als Dienstgeld
      b einen Thaler baar
      c ein fettes Schwein von einhundert fünf und zwanzig Pfunden
      d zwei Hühner
   eingetragen nach der Anmeldung vom 31. Dezember 1816 Morgens eilf Uhr
   ad I A die vorstehenden ungewißen Eigenthumsgefälle namentlich die auffahrtsverbindlichkeit oder die Verpflichtung zur Erlegung eines Laudemie (!) bei Besitzungen des Kolonats die Verpflichtung zur Erlegung eines Weinkaufes bei Veräußerung desselben, sowie das Heimfallrecht sind zufolge des am 25ten October 1845 gerichtlich recognoscierten Vertrages vom 8 October 1845 in eine jährliche und unveränderliche Geldrente von vier Thaler sechs gute Groschen nach dem vierzehn Thaler füße ausgeprägter grober Münze am 1. Januar jährlich zahlbar verwandelt. Subintabulirt ex decreto vom 8. Januar 1846
II. Für den Domanialfiskus folgende jährliche ständige Abgaben
      a drei Hühner
      b fünzig Eier
      c einen Thaler eilf Schillinge drei Groschen Markengeld
      d ein Schilling vier Groschen Dienstgeld von der Wierwostenwiese
      e dreizehn Schillinge ein ½ Groschen Bergtheilungskanon
   eingetragen nach der Anmeldung de eodem dato ad d beim Widerspruch des Besitzers nur protestativisch
   Lasten und Einschränkungen Heemann-Lienen
III. Für den Küsterdienst zu Lienen jährlich:
      a einen halben Scheffel Roggen
      b sechs Eier
   eingetragen nach der Anmeldung vom 21. Dezember 1816 Nachmittags 4½ Uhr ad b beim Widerspruch des Besitzers nur protestativistisch
IV. Für die erste Pfarrstelle in Lienen jährlich
      a einen halben Schweinekopf
      b einen Stuten
      c drei Schillinge zu Weihnachten
      d zwölf Eier zu Ostern
   eingetragen nach der Anmeldung de eod. dato
V. Für die Ehefrau ...
Am 17. 8. 1854 beantragte Heemann die Ablösung von den Reallasten durch Kapitalzahlung. Er verpflichtete sich, den Ablösungsbetrag in Höhe von 251 Reichsthalern, 26 Silbergroschen und 6 Pfennigen bis zum 1. April 1855 zu entrichten.

Maße und Münzen Gebräuchliche Maße und Münzen im Land von Hase und Ems im 18. und 19. Jahrhundert (Fürstbistum Osnabrück, Grafschaft Tecklenburg, Niederstift Münster, Grafschaft Bentheim)

Längenmaße:

1 Rute = 16 Fuß = 8 Ellen
Seit 1780
1 Rute = 4,673 m
1 Elle = 0,584 m
1 Fuß = 0,292 m

Flächenmaße:

1 Malter Saat (14 153 m² = 1,4 ha) = 12 Scheffel Saat
1 Scheffel Saat (1179 m² = 11,8 Ar) = 4 Viertel
1 Viertel (295 m² = 2,9 Ar)   = 4 Becher
1 Becher (74 m²)

1 Quadratrute (21,84 m²)

1 Morgen (2500 m² = 25 Ar)   = 2 Scheffel Saat (ca.)

1 Müdde (3638 m² = 36,3 Ar)

Getreidemaße:

Die Getreidemaße waren von Land zu Land verschieden.
In Hannover galten
1 Last   = 2990,59 Liter
1 Malter = 186,91 Liter
1 Himten =   31,15 Liter
1 Metze   =   7,79 Liter

Die Größe der Maße war auch im Fürstbistum Osnabrück nicht einheitlich. Es gab das Osnabrücker, das Ankumer, das Menslager, das Quakenbrücker, das Badberger und das Dammer Maß. So enthielt 1 Malter Ankumer Roggenmaß 14 Scheffel und das Dammer Maß nur 8 Scheffel.

Die folgenden Maße galten für den Osnabrücker Bereich:
1 Last   = 8 Malter und 4 Scheffel
1 Fuder   = 6 Malter
1 Malter   = 12 Scheffel
1 Scheffel = 4 Viertel
1 Viertel   = 4 Becher

1 Scheffel Hafer   = ca. 30 Pfund
1 Scheffel Gerste = ca. 40 Pfund
1 Scheffel Roggen = ca. 44 Pfund
1 Scheffel Weizen = ca. 50 Pfund

Gewichtsmaße

1 Osnabrücker Pfund (ca. 500 g)	= 16 Unzen
1 Unze (ca. 31 g)	= 2 Lot

Flüssigkeitsmaße

Das Ohm war das Flüssigkeitsmaß für Wein, die Kanne gewöhnlich für Branntwein und die Tonne für Bier.

1 Fuder (934,56 Liter)	= 6 Ohm
1 Ohm (155,76 Liter)	= 28 Viertel
1 Kanne	= 4 Ort
1 Ort	= 4 Helfgen (¼ Liter)
1 Tonne	= 112 Kannen

Das Geldsystem

In der Zeit des Heil. Römischen Reiches Deutscher Nation wurden in Hunderten von Teilstaaten und Städten eigene Münzen geprägt. Erst nach der Gründung des Deutschen Kaiserreiches von 1871 entstand eine einheitliche deutsche Währung.

Das Münzwesen war auch auf kleinem Raum außerordentlich zersplittert. Selbst in den einzelnen Währungsgebieten gab es kein einheitliches Geld. So wurden im Fürstbistum Osnabrück neben den eigenen Stücken Münzen der benachbarten Herrschaftsgebiete sowie niederländische und französische Münzen gebraucht. Das Umrechnen war besonders schwierig, da die Kurse dauernd wechselten. Der Geldwert richtete sich nach dem Edelmetallgehalt der Münze. Eine Osnabrücker Mark galt nicht gleich einer Bremer Mark, wenn der Metallfeingehalt der Münzen nicht übereinstimmte. Die Währung bestimmte das Geld aus gutem Silber.

Gerechnet wurde im Betrachtungsgebiet mit Dukaten, Reichstaler, Gulden, Mark, Schilling, Groschen, Kreuzer, Stüber, Heller und Pfennig. Die gängigen Münzen im Fürstbistum Osnabrück waren nach 1500 bis ins 19. Jahrhundert Reichstaler, Schilling, Mariengroschen, Pfennig und Heller.

Im 18. Jahrhundert wurden heimische und niedersächsische Geldsorten vom Dreier bis zum Gulden ausgegeben. Die letzte Prägung für das Bistum erfolgte 1766 in der Münze zu Hannover.

Graf Ernst Wilhelm nahm 1659 in der Grafschaft Bentheim die seit dem Mittelalter ruhende Münztätigkeit wieder auf, indem er Dukaten, Taler, Stüber und andere Geldstücke prägen ließ.

In der tecklenburgischen Münze in Rheda und für kurze Zeit auch in der Münze auf Gut Kirchstapel bei Lienen schlug man im 17. Jahrhundert u. a. Mariengroschen „von feinem Silber", die meist das Wappen, auch den Löwen von Rheda oder den tecklenburgischen Helm zeigen,

Bistum Osnabrück
24 Mariengroschen 1675

Bistum Osnabrück
12 Feinsilbermariengroschen
1674

Bentheim, Tecklenburg, Rheda
24 Mariengroschen 1679

Brandenburg-Preußen
Gulden 1691

nur wenige trugen das Bild der Mutter Gottes mit dem Kind. Zum letzten Mal wurden in Rheda — obwohl die Grafschaft schon 1707 an Preußen gefallen war — während des 7jährigen Krieges Münzen geprägt, und zwar Kupfergeld (1- bis 6-Pfennig). Im übrigen stand das Tecklenburger Land im Mittelalter und in der Neuzeit ganz unter dem Einfluß Osnabrücker Geldes.

Niederländisches Geld drang in das westliche Münsterland, in die Grafschaft Bentheim, das Emsland und in Teile von Oldenburg und Ostfriesland ein. Die fremden Sorten wurden in Westfalen nachgeprägt.

Oft nahm man Münzen in einem Nachbargebiet nicht zum vollen Nennwert an, weil der Münzherr aus Gewinnsucht diese unterwertig im Gewicht (Schrot) oder Feingehalt in Edelmetall (Korn) ausgebracht hatte. Das Osnabrücker Geld war nach dem 30jährigen Krieg davon kaum betroffen, weil das Münzwesen hier weitgehend von den auf gute Münze bedachten welfischen Herzögen und Kurfürsten kontrolliert wurde. Tecklenburgische und Bentheimer Münzen dagegen waren öfter von Abwertungen betroffen.

Die wertmäßige Verrechnung einzelner Münzen untereinander gemäß den Münzvorschriften im 17. und 18. Jahrhundert.

1 Dukat(en)	= 2 Reichstaler (etwa)
1 Reichstaler	= 1½ rheinische Gulden
1486 in der Tiroler Münzstätte Hall	= 2½ holländische Gulden
als „Guldengroschen" ausgebracht.	= 21 Osnabrückische Schillinge
Er erhielt den Namen Taler, als im	= 28 Münstersche Schillinge
16. Jahrhundert große Mengen dieser Münze in Joachimsthal (Böh-	= 36 Mariengroschen
	= 30 kaiserliche Groschen
men) geprägt wurden; in vielen	= 24 gute Groschen
Ländern nachgeahmt („Dollar").	= 50 Amsterdamer Stüber
Vielfach wurde er auch als Zähltaler gebraucht. So bezahlte der	= 54 Emdener Stüber
	= 72 Matthier
Bauer Lütke Stockdiek im Kirchspiel Ladbergen am 1. 8. 1774 65	= 90 Kreuzer
Reichstaler, indem er die eine	= 252 Osnabrücker Pfennige
Hälfte in Louisdor und die andere	= 336 Münstersche Pfennige
Hälfte in Preußisch Courant beglich.	= 504 Heller

Bei Preußisch Courant rechnete man gemäß dem Münzfuß von 1753, nach dem aus 1 Mark (ca. 233 Gramm Feinsilber) 14 Taler geprägt wurden.

1 Mark	= 1/3 Rechnungstaler
	= 1/4 Reichstaler
	= 12 Mariengroschen
	= 24 Matthier
	= 96 Pfennige

1 Schilling	= 12 Pfennige
Guter Groschen (lat. grossus = dick)	10½ Pfennige
1 Mariengroschen	= 7 Pfennige
1 Pfennig	= 2 Heller

(älteste „deutsche" Münze, im 8. Jahrhundert als Silbermünze geprägt, im Laufe der Jahrhunderte zur Kupfermünze geworden)

1 Heller	= 1/2 Pfennig

Seit 1858

1 Taler	= 30 Neugroschen = 300 Pfennige

Seit 1873 dekadisches System

1 Mark	= 100 Pfennige

Brandenburg, Calenberg, Hannover
⅓ Feinsilberthaler 1695

Worterklärungen

Auffahrt	Zahlung des neuen Hofbesitzers an den Grundherrn
Alkoven	siehe Duddich
biesterfrei	Bauern, die („frei in der Wildnis irrten") unter keinem Schutz standen. Ihr Nachlaß fiel nach ihrem Tod an den Landesherrn
Brautschatz	Anteil vom elterlichen Vermögen, den die abgehenden Kinder erhielten
Brautwagen	„unsträflicher Brautwagen" = der nicht aus Geld und Naturalien bestehende Teil des Brautschatzes
Bühne	Raum über den Stuben des Kammerfaches
Duddich (Durtich, Durk)	Bettschrank
Eigenbehörige	Bauern, die einem Grundherrn abgabe- und dienstpflichtig waren
Erbe	Hof eines Altbauern
Freikauf	abgehende Kinder eines Eigenbehörigen mußten durch eine Abgabe an den Grundherrn freigekauft werden
Fehn	bäuerliche Siedlung zur Urbarmachung eines Moorgebietes
Flett	Raum zwischen Diele und Kammerfach
Gefälle	Abgaben
Gemeine Mark	Allmende = der ganzen bäuerlichen Gemeinde gehörendes Land
Hausgenossen	Eigenbehörige, die zu einer Villikation gehörten
Hahl (Hal)	Wendebaum am Herd
Hode	Hut, Schutz
Hölting	Holzgericht
Kammerfach	Wohn- und Schlafteil hinter dem Flett

Legge	Ort, an dem das zum Verkauf bestimmte, in Heimarbeit erzeugte Leinen vorgezeigt werden mußte
Leibzucht	Kotten, der als Altenteil des Hofbesitzers diente, aber auch als Unterkunft für Heuerleute Verwendung fand
Majuskel/Minuskel	Großbuchstabe/Kleinbuchstabe röm. Ursprungs
Motte	wasserumgebener wehrhafter Erdhügelhof
None	Mittagspause (nur während der Sommerzeit von Maimarkt bis Stoppelmarkt)
Plaggen	Fußdicke Stücke aus der Oberschicht von Heide-, Moor- oder Sandböden
Plauten (Platen, Rähm)	Längsbalken über der Ständerreihe d. Hallenhauses
Punzierung	Einschlagen von Ornamenten in Metall oder Leder
Püssen	Mütze
Racken	Brechen des Holzteiles eines Flachsstengels mit dem Holzmesser
Rähm	siehe Plauten
Riffel (Reep)	Balken mit aufrecht stehenden eisernen Zinken, die sich nach oben verjüngen. Der Flachs wurde bundweise zwischen die Zinken geschlagen.
Rittereigene	Eigenbehörige, die zu einem adeligen Grundherrn gehörten
Rutenberg	offene Feldscheune mit beweglichem Dach
Schap	Schrank
Scherwand	Wand zwischen Flett und Diele
Schwingen	die hölzernen Abfälle von der Flachsfaser trennen
Spanndienste	Fuhrdienste des Bauern an den Grund- u. Landesherrn
Sterbfall	Leistung des Hörigen an den Grundherrn beim Todesfall
Taustabknagge	Knagge, bei der die verzierenden Muster quer laufen
Telgen	junge Eichen
Underschur	Platz vor dem eingezogenen Dielentor
Villikation	Verband der Höfe, die von einem Grundherrn abhängig waren
Vollerbe	ein Erbe, das die volle Berechtigung in der Mark besaß
Verfehnung	Nutzung des Bodens nach Abtorfung des Moores, wobei sandiger Untergrund mit obersten leichten Torfschichten vermischt wird
Wehrfester	Besitzer eines Erbes
Zehnte	ursprünglich $1/10$ des Ertrages, der vom Bauern an den Bischof abzuliefern war
Zuschlag	Erwerbung aus der Mark

Heimatmuseen

Museumsgut zum Thema dieses Buches befindet sich in folgenden Museen:
Bad Bentheim, Kreismuseum, Schloßstraße (bäuerliches Möbelgut, Hausgeräte, Trachten)
Bad Rothenfelde, Heimatmuseum, Wellengartenstraße (bäuerliches Möbelgut, Küchengeräte, Irdenware, Fayenceteller, Arbeitsgeräte zur Flachsverarbeitung)
Bersenbrück, Kreismuseum, Stiftshof (Gerüst eines Zweiständerhauses, Flett und Feuerstelle, Inneneinrichtung eines Bauernhauses, Fensterbierscheiben, Hausmarken, bäuerliche Arbeitsgeräte, Brautwagen)
Clemenswerth, Schloß (emsländisches Möbelgut aus dem 18. u. 19. Jahrhundert, Porzellane, Schnapsglassammlung)
Emsbüren, Heimathof, Ludgeristraße (Zweiständerhaus von 1766, bäuerliche Stube mit Möbelgut, Bettschrank, Webstuhl, Arbeitsgeräte für Haus und Hof; Backhaus; Schafstall)
Hagen a. T. W., ehemalige Dorfkirche (Arbeitsgeräte zur Flachs- und Hanfbearbeitung, Trachten)
Haselünne, Freilichtmuseum an der B 213 nach Lingen (Zweiständerhaus 1780, Zweiständerhaus 1759, Zweiständerhaus ohne Angabe des Baujahres, Backhaus von 1778 mit Ankerbalkengerüst als Marienklause umgestaltet; bäuerliches Möbelgut und Arbeitsgeräte; Einrichtung einer Schmiede)
Ladbergen, Lönsheide (bäuerliche Herdstelle, bäuerliches Möbelgut, darunter Tisch mit eingearbeiteter Suppenschüssel, Bettschrank, Arbeitsgeräte zur Herstellung von Leinen)
Lingen, Kreismuseum, Burgstraße (ackerbürgerliche Wohnkultur, Bauernküche, Zinngut, Fayencen, Fensterbierscheiben)
Melle, Grönenberger Heimathaus (Zweiständerhaus mit Geck 1652 [heute Museum: Trachten, Geräte zur Leinenherstellung], Zweiständerhaus mit Geck 1655, Dreiständerhaus mit Geck 1620 [heute Gasthof], Dreiständerhaus mit Geck 1780 [heute Landesturnschule], Zweiständerhaus mit Geck 1780 [heute Landesturnschule], Fachwerkspeicher mit Geck 1771 [heute Museum: Schlafkammer mit Himmelbett, bäuerliches Wohngut, Haus- und Küchengeräte])
Mettingen, Tüötten-Museum, Ortsmitte (ehemaliger Heuerlingskotten aus der Bauerschaft Wiehe stammend und zwei weitere ehem. Heuerhäuser als Museum eingerichtet mit bäuerlichem Möbelgut und Hausgeräten, Geräte zur Herstellung von Leinen)
Osnabrück, Kulturhistorisches Museum am Wall (Flett eines Bauernhauses mit Haus- und Küchengeräten, Himmelbett mit Wiegen, Stollen- und Kufentruhen, Zinngut, Fayencen, Irdenware, Fensterbierscheiben, Hausmarken; Trachten; Geräte zur Flachsbearbeitung)
Quakenbrück, Heimatmuseum, Alençonerstraße (ackerbürgerliche Wohnkultur)
Rheine, Falkenhof, Stadtmitte (Webstühle und andere Geräte zur Leinenherstellung)
Tecklenburg, Heimatmuseum unterhalb des Kreisheimathauses (bäuerliches und ackerbürgerliches Möbelgut, Arbeitsgeräte zur Herstellung von Leinen in fast vollständiger Zusammenstellung: Brake, Hechel, Haspel, Spinnrad, Webstuhl; Leggetisch; Handwerksgerät eines Holzschuhmachers)

Handschriftliche Aufzeichnungen

Aalmink, Großringe, Emlichheim: Hofakten 19. Jahrh.
Baumhöfener, Holzhausen, Lienen: Hofarchiv 17.–19. Jahrh.
Broking, Hahlen, Menslage: Hofakten 18. u. 19. Jahrh.
Ekenhorst, Heesterkante, Emlichheim: Hofakten 19. Jahrh.
Elting, Vehs, über Quakenbrück: Hofarchiv 14.bis 18. Jahrh.
Heringhaus, Glane-Visbeck, über Iburg: Hofakten 18. Jahrh.
Ibershoff, Lienen-Dorfbauerschaft: Hofarchiv 18. u. 19. Jahrh.
Klinker, Lengerich-Aldrup: Hofakten 18. u. 19. Jahrh.
Krützmann, Hagen a. T. W.: Hofarchiv 18. u. 19. Jahrh.
Lansmann, Gildehaus-Achterberg: Hofakten 19. Jahrh.
Lüdeling, Gr. Mimmelage, über Quakenbrück: Höltingsbuch, Hofarchiv 18. u. 19. Jahrh.
Meyer zu Belm, Belm, über Osnabrück: Hofarchiv 18. u. 19. Jahrh.
Meyer zu Wehdel, über Badbergen: Hofarchiv 18. Jahrh.
Meyer-Wellmann, Lorup, Hümmling: Hofarchiv 18. u. 19. Jahrh.
Nordbeck, Hardingen, über Neuenhaus-Dinkel: Tagebücher 19. Jahrh.
Osterkamp, Tecklenburg-Leeden: Hofakten 18. u. 19. Jahrh.
Schulze-Holmer, Samern, über Schüttorf: Hofakten 18. u. 19. Jahrh.
Siebert-Meyer zu Hage, Vehrte, über Osnabrück: Hofakten 18. u. 19. Jahrh.
Staatsarchiv Osnabrück
Stramann, Natrup-Hagen a. T. W.: Hofakten 19. Jahrh.
Teil-Rittmann, Riesenbeck-Hörstel: Hofakten 18. Jahrh.
Tymann, Wilsum, Emlichheim: Hofakten 17.–19. Jahrh.
Vegesack, Engter-Schleptrup, über Bramsche: Hofakten 18. Jahrh.
Wessink, Nordhorn-Bookholt: Hofakten 17. u. 18. Jahrh.
Zur Wähde, Dalvers, über Berge: Hofakten 18. Jahrh.

Literatur

Achilles, W.: Die Lage der hannoverschen Landbevölkerung im späten 18. Jahrhundert, Hildesheim 1982
Baillie, G. H.: Watchmakers & Clockmakers of the world, London 1929
Bauer, A.: Bad Rothenfelde und seine Umgebung, Dissen 1952
Bechtluft, H. H.: Die Historie von Twist, Meppen 1977
Beitl, Kl.: Liebesgaben – Zeugnisse alter Brauchkunst, München 1980
Beitl, R.: Deutsche Volkskunde, Berlin 1933
Bendermacher, J.: Dorfformen in Westfalen-Lippe, Münster 1977
Blanke, H.: Emsländische Moorkolonien im Kreise Meppen, Osnabrück 1938
Blum, J.: Die bäuerliche Welt, München 1982
Bökenhoff, J.-Grewing: Vorzeitliche Wirtschaftsweise in Altwestfalen oder Landwirtschaft und Bauerntum auf dem Hümmling 1929. Neudruck Lingen 1981
Bomann, W.: Bäuerliches Hauswesen und Tagewerk im alten Niedersachsen, Weimar 1929. Neudruck Hildesheim 1982
Borchers, W.: Volkskunst in Westfalen, Münster 1970
Borck, H. G.: Die Verwendung von Hofnamen als Familiennamen im Regierungsbezirk Osnabrück seit 1815, in: Osn.-Mit., 78. Bd., 1971
Boucaud, Ph. u. Frégnac, Cl.: Zinn – die ganze Welt des Zinns von den Anfängen bis ins 19. Jahrhundert, Bern und München 1978
Bramer, G.: „Merks" aus dem Kirchspiel Gildehaus, in: Bentheimer Jahrbuch 1983, Bad Bentheim 1983
Brandi, K.: Das Osnabrücker Bauern- und Bürgerhaus, in: Osn.-Mitt., Bd. 16, Osnabrück 1891
Brinkmann, M.: Glaner Heimatbuch, Osnabrück 1950
Clauß, H.: Hausinschriften des Kreises Bersenbrück, Ankum 1973
Dettens, M.: Reisebemerkungen über das Niederstift Münster im Jahre 1794, in: Neues fortgesetzte Westphälische Magazin zur Geographie, Historie und Statistik, 1. Jahrg. 1798, Wesel 1798
Dettmer, H.: Volkstümliche Möbel aus dem Artland und den angrenzenden Gebieten, Löningen 1982
Dierks, H.: Aus dem Tagebuch deiner Väter, Oldenburg 1937
Ditt, H.: Struktur und Wandel westfälischer Agrarlandschaften, Münster 1965
Dobelmann, W.: Mittelalterliche Dorfbefestigungen im Osnabrücker Nordland, in: Mitt. d. Kreisheimatbundes Bersenbrück, 7. H., Quakenbrück 1959
Dobelmann, W.: Das Zehntwesen im Osnabrücker Nordland, in: Heimat gestern und heute – Mitt. d. Kreisheimatbundes Bersenbrück, H. 15, Quakenbrück 1968
Dühne, H.: Geschichte des Kirchspiels Badbergen und der Bauerschaft Talge, Osnabrück 1870
Edel, L.: Hausmarken in der Grafschaft Bentheim, in: Jahrbuch d. Heimatvereins d. Grafschaft Bentheim, Bentheim 1955
Eitzen, G.: Ein Grafschafter Bauernhof, in: Jahrbuch d. Heimatvereins d. Grafschaft Bentheim, Bentheim 1955
Flensberg, A.: Brief an Justus Möser, in: Göttingisches Magazin der Wissenschaften und Literatur, Göttingen 1782

173

Fredemann, W.: Geschichte und Besiedlung d. Neuenkirchener Mark, Melle 1935

Fredemann, W.: Unser Plattdeutsch, Grönenberger Hefte, H. 16, Melle 1982

Funke, L. W.: Über die gegenwärtige Lage der Heuerleute im Fürstentum Osnabrück, Bielefeld 1847

Giese, E.: Die untere Haseniederung, Münster 1968

van Giffen, A. E.: Die frühgeschichtlichen Marschensiedlungen, die Terpen oder Warfen, in: Jahrbuch 36 der Männer vom Morgenstern, Bremerhaven 1955

Haedeke, H. U.: Zinn — Zentren der Zinngießerkunst von der Antike bis zum Jugendstil, Hanau o. J.

Hardebeck, W.: Bericht über die Zustände im Vorm. Amt Fürstenau, in: Mitt. Hasegau, 7. H., Lingen 1898

Hasemann, W.: Norddeutsche Bauernhöfe in der Geschichte, Bramsche 1933

Heckscher, K.: Bersenbrücker Volkskunde, Osnabrück 1969

Heilmann, M.: Der Flachs und seine Bearbeitung im Amt Grönenberg, in: Grönenberger Heimathefte, H. 4, Melle 1958

Heinemeyer-Ottenjann: Alte Bauernmöbel aus dem nordwestlichen Niedersachsen, Leer 1978

Herkenhoff, H.: Hagen a. T. W. — Chronik und Heimatbuch, Osnabrück 1976

Herzog, F.: Das Osnabrücker Land im 18. und 19. Jahrhundert, Oldenburg 1938

Hoche, J. G.: Reise durch Osnabrück und Niedermünster, Bremen 1800

Horstmann, H.: Die Entwicklung der Haus- und Hofmarken in ihren Grundzügen, in: Jahrbuch d. Emsl. Heimatvereins, Bd. 10, 1963

Hudig, F.: Delfter Fayence, Berlin 1929

Hunsche, F. E.: 1000 Jahre Gemarkung Lienen, Lienen 1965

Jesse, W.: Münz- und Geldgeschichte Niedersachsens, Braunschweig 1952

Jostes, F.: Westfälisches Trachtenbuch, Bielefeld 1904

Kaufmann, W.: Die Fayencefabrik in Osnabrück 1726—1728, in: Osn. Mitt., Bd. 62, Osnabrück 1947

Kennepohl, K.: Die Münzen der Grafschaften Bentheim und Tecklenburg, Frankfurt 1927 (Nachdruck Osnabrück 1972)

Kip, G.: Vom Brauchtum hüben und drüben, in: Jahrbuch d. Heimatvereins d. Grafschaft Bentheim, Bentheim 1955

Kip, G.: Jahrhundertealte Bibeln in Grafschafter Häusern, in: Jahrb. d. Heimatvereins d. Grafschaft Bentheim, Bentheim 1962

Kippenberger, A.: Die Kunst der Ofenplatten, Düsseldorf 1973

Kleeberg, W.: Niedersächsische Mühlengeschichte, 3. Aufl., Hannover 1979

Kloester, K. H.: Entstehung und Kultur des Moores, in: Der Grafschafter, Folge 158, 1966

Kobbe, W.: Lebenserinnerungen, Hannover 1885

Kohlmann, Th.: Zinngießerhandwerk und Zinngerät in Oldenburg, Ostfriesland und Osnabrück, Göttingen 1972

Kohlmann, Th.: Altes Zinn aus dem westlichen Niedersachsen, Cloppenburg 1972

Kohnhorst, A.: Kohnhorst 1149—1949, Lengerich 1949

Krajewski, P.: Der Haarannenhof, in: Heimat gestern und heute — Mitt. d. Kreisheimatbundes Bersenbrück, 14. H., Quakenbrück 1967

Lüden, C. u. W.: Holländische Fliesen in Norddeutschland, Heide 1978

Maaß, C.: Die Vererbung der Hausmarken in Ostfriesland, in: Ostfriesland-Zeitschrift der Ostfriesischen Landschaft und des Heimatvereins, 4. H., 1955

Meinz, M.: Ein Emder „Brannwinskopje" im Altonaer Museum, in: Altonaer Museum in Hamburg, Jahrbuch 1963

Meyer-Wellmann, H.: Loorper Beldertunscheere f. d. Jahr 1983, Werlte o. J.

Mielke, H. P. (Hrsgb.): Keramik an Weser, Werra und Fulda, Minden 1981

Möser, J.: Sämtliche Werke, hier: Patriotische Phantasien, Berlin 1943

Müller-Wille, W.: Westfalen — landschaftliche Ordnung und Bindung, Münster 1952

Ohde, H.: Verfassungs- und Verwaltungsgeschichte der Unterbehörden des Erbfürstentums Münster, in: Beiträge zur Geschichte Niedersachsens u. Westfalens, Bd. 25, 1910

Ostendorff, E.: Das Mergeln, seit Urzeiten die Grundlage des Ackerbaus in unserer Heimat, in: Heimat-Jahrbuch d. Osn. Landes 1981

Ottenjann, H.: Museumsdorf Cloppenburg, Oldenburg 1944

Ottenjann, H.: Wie stellt man den Altzustand eines Bauernhauses fest?, Oldenburg 1944

Ottenjann, H.: Alte Bauernhäuser zwischen Weser und Ems, Hildesheim 1982

Peters, W.: Die Heidflächen Norddeutschlands, Hannover 1862

Pichelkastner, E. u. Hölzl, E.: Bruckmann's Fayence-Lexikon, München 1981

Pluis, J.: Kinderspelen op tegels, Assen 1979

Pohlendt, H.: Der Landkreis Lingen, Bd. 11, Die Landkreise i. Niedersachsen, Bremen 1954

Poppe, R.: Das Osnabrücker Bürgerhaus, Oldenburg 1944

Requadt, P.: Lebensbaumornamentik an westfälischen Bauernmöbeln, in: Hefte für Geschichte, Kunst und Volkskunde, Bd. 54, Münster 1976

Rickelmann, H.: Die Tüötten in ihrem Handel und Wandel, Paderborn 1976

Rickelmann, H.: Mettingen im Wandel der Zeiten, Paderborn 1978

Ritz, G.: Alter bäuerlicher Schmuck, München 1978

Röttgers, H.: Die Hüvener Mühle, in: Jahrbuch d. Emsländischen Heimatbundes, Bd. 29, Sögel 1983

Rothert, H.: Heimatbuch d. Kreises Bersenbrück, 3. Auflage, Quakenbrück 1975

Rothert, H.: Die Besiedlung des Kreises Bersenbrück, Quakenbrück 1924

Rothert, H.: Die mittelalterlichen Lehnbücher der Bischöfe von Osnabrück, Bd. V, Osnabrücker Geschichtsquellen, 1932

Rothert, H.: Elting zu Vehs, Münster 1948

Rumpius, G. A.: Des Heil. Röm. Reichs uhralte hochlöbliche Graffschaft Tekelenburg, Bremen 1672

Sauermann, D.: Knechte und Mägde in Westfalen um 1900, in: Beiträge zur Volkskunde in Nordwestdeutschland, H. 1, Münster 1979

Schack, Cl.: Die Glaskunst, München 1979

Schepers, J.: Haus und Hof westfälischer Bauern, Münster 1960

Schloemann, H.: Besiedlung und Bevölkerung der Angelbecker Mark, in: Osn. Mitt., Bd. 47, Osnabrück 1925

Schmidt, L.: Werke der alten Volkskunst, Rosenheim 1979

Schmidt, R.: Möbel, Braunschweig 1974

Schulte-Herkendorf, H.: Der Schultenhof zu Herkendorf — eine Hof- und Familienchronik (Manuskript 1944)

Schwarze, W.: Alte deutsche Bauernmöbel von 1700 bis 1860 Band II: Der Norden — von der Küste bis zum Main, Wuppertal 1981

Schumann, G.: Geschichte der Stadt Lengerich, Lengerich 1981

Segschneider, E. H.: Imkerei des Osnabrücker Landes, Osnabrück 1977

Segschneider, E. H.: Das alte Töpferhandwerk im Osnabrücker Land, Bramsche 1983

Seraphim, H. J.: Das Heuerlingswesen in Nordwestdeutschland, Münster 1948

Siebels, G.: Zur Kulturgeographie der Wallhecke, Leer 1954

Specht, H.: Stadt- und Wirtschaftsgeschichte von Nordhorn, Oldenburg 1941

Sputh, H.: Die Hausmarke — Wesen und Bibliographie, Neustadt an der Aisch 1960

Stüve, J. C. B.: Geschichte des Hochstiftes Osnabrück, 3 Bde., Jena 1853—1882. Neudruck 1980

Suerbaum, A.: Sitte und Brauch unserer Heimat, Osnabrück 1951. 2. Aufl. 1982

Trimpe, G.: Der Hausfleiß, in: Mitt. Hasegau, Lingen 1895

Triphaus, H.: Das Heuerlingswesen im Nordteil des Altkreises Bersenbrück im ausgehenden 19. und 20. Jahrhundert, Quakenbrück 1981

Vincke, J.: Die Hausinschriften des Kirchspiels Belm, in: Osn. Mitt. Bd. 63, Osnabrück 1948

Vincke, J.: Die westfälischen Hausinschriften im Spiegel des Schrifttums, in: Westf. Zeitschrift, Bd. 117, 1967

Voort, H.: Eichen und Schweine auf Grafschafter Höfen im Jahre 1587, in: Bentheimer Jahrbuch 1983, Bad Bentheim 1983

Voort, H.: Gefälle, die außerordentlichen, der eigenbehörigen Höfe in der Grafschaft Bentheim, in: Jahrbuch d. Heimatvereins d. Grafschaft Bentheim und d. Bentheimer Landes, Bd. 96, 1980

Warnecke, E. F.: Die Wirtschaftslandschaft der Heidebauernzeit, in: Geographische Rundschau, 8. Jahrg., Braunschweig 1956

Warnecke, E. F.: Engter und seine Bauerschaften, Hannover 1958

Warnecke, E. F.: Das Bauernhaus, in: Landkreis Osnabrück, Osnabrück 1971

Warnecke, E. F.: Sitte und Brauchtum, in: Landkreis Osnabrück, Osnabrück 1971

Wedewen, L.: Inschriften im Kspl. Bentheim, in: Das Bentheimer Land — Bentheimer Heimatkalender 1936, Bentheim 1935

Wiemann, H.: Die Osnabrücker Stadtlegge, in: Osn. Mitt., Bd. 35, 1910

Winkler, Kl.: Landwirtschaft und Agrarverfassung im Fürstentum Osnabrück nach dem Dreißigjährigen Kriege, Stuttgart 1959

Winterberg, A.: Das Bourtanger Moor, Remagen/Rhein 1957

Wrasmann, A.: Das Heuerlingswesen im Fürstentum Osnabrück, in: Osn. Mitt., Bd. 42 (1919) und Bd. 44 (1921)

Wrede, G.: Geschichtliches Ortsverzeichnis des ehemaligen Fürstbistums Osnabrück, Hildesheim 1977

Namen und Ortsregister

Aalmink 35, 56
Absalon, Erzbischof 66
Achmer 11, 155
Albrandt 42
Aldrup 13, 42, 46, 59, 75, 96, 139, 145, 150, 164
Alfhausen 11, 43, 62, 84, 91, 92
Altdorfer 129
Altendorf 147
Altenhagen 157
Altes Land 31
Altmann 142
Alte Piccardie 139
Ammerland 88, 96, 102, 144
Amsterdam 71, 113
Angelbecker Mark 158
Ankum 64, 85, 90, 91, 145, 147, 168
Arenberg, Herzogtum 132
Arends 89, 133
Arens-Fischer 64, 91, 118, 119, 155
Arlemann 134
Artland 8, 9, 13, 23, 26, 28, 29, 30, 31, 42, 45, 49, 51, 53, 56, 58, 67, 68, 70, 72, 73, 74, 77, 85, 88, 89, 98, 113, 119, 122, 124, 128, 142, 143, 144, 147, 153, 155, 163, 165
Aschen 134
Aschendorf 51
Asien 124
Austrup 58, 148
Averesch 42
Averfehrden 64, 93, 120, 148, 163

Badbergen 11, 14, 20, 21, 27, 31, 32, 33, 42, 43, 46, 48, 52, 56, 67, 68, 69, 70, 75, 91, 96, 98, 116, 123, 138, 142, 145, 146, 147, 150, 151, 165
Bad Essen 91, 104, 105
Bad Laer 43, 47
Bad Pyrmont 83
Bad Rothenfelde 62
Bahlmann 72, 73, 88
Bahne 35
Bakelde 46, 122, 160
Baltikum 115
Barlag 148
Barvetenhus 93
Bathorn 15
Baumhöfener 36, 75, 106, 148
Becker 96, 115
Beckerode 136
Belm 20, 42, 46, 60, 87
Benker 102
Bensmann 117
Bentheim
  Stadt 49, 51, 89, 150
  Kreis, Grafschaft 12, 18, 23, 34, 35, 44, 48, 50, 51, 54, 57, 58, 59, 66, 67, 68, 71, 76, 78, 79, 81, 82, 84, 89, 90, 94, 100, 102, 106, 107, 108, 109, 110, 111, 113, 114, 116, 121, 126, 134, 143, 144, 148, 150, 154, 168, 169, 170
  Graf/Fürst 14, 57, 107, 110, 157, 160, 169
Bentheim-Tecklenburg, Gräfin 164
Berckhoff 146
Berge 22, 72, 73, 98

Berkemeyer 66
Berner 20, 21, 22, 140, 141
Berning 14
Bernte 14, 99, 100
Bersenbrück (Kreis) 44, 51, 58, 60, 106, 119, 161
Bertram 129
Beugnot, Graf 30
Biermann 99
Bimolten 160
Birgte 152
Bissendorf 24, 25, 38, 53, 115, 117, 126
Blomenkamp 46
Blondel 30
Bockhorst 98
Bodemann 42, 58
Bödeker (Böttcher) 11
Böhmen 67, 170
Bönningsmann 117
Börger 15, 67, 101
Bohmte 91, 123
Boitmann 91
Bookholt 84, 85, 143, 160
Borgloh 81
Bosmann 58
Bourtanger Moor 14, 15, 138, 139, 142
Bramborne 148
Bramsche 42, 51, 53, 87, 99, 117, 122, 130, 134, 149, 155, 160
Braunschweig 150
Breddenberg 19, 44
Bremen 50, 118
Brenninkmeyer 55
Brink 122
Brink, ten 55
Bristol 118
Brochterbeck 143
Brock 43, 95
Broking 142, 160
Brockmann (Osterholt) 61
Brockmann (Wulften) 162
Brüggemann 99
Brunswinkel 13, 31, 32
Buck, von 62
Budke 8, 9
Buer 11, 57, 74, 91
Bugenhagen 60
Burmühle 110
Bußmeyer-Elting 33

Cappeln (Westerkappeln) 139
Cappeln, Luining 158
Calenberg 150
Clasen 67
Clemens August, Kurfürst 30
Clemenswerth 30
Cloppenburg 32, 42
Codenhorst 13
Coevorden 14
Corvey 148

Dalvers 72, 73, 98
Damme 43, 56, 168
Deppe 94
Detmold 38
Deutschland 103
Dielingdorf 13
Dierkes 110
Dissen (Dissen-Erpen) 36, 117
Dollert 135
Dorfbauer 166
Dovecke 154
Drenthe 18, 52

Drees 96, 115
Drehle, zu 28, 29
Dugge 143

Egerland 67
Ehmann 66, 83
Eickholt (Eckholt) 86, 89, 90, 117, 148, 154
Eickenscheidt 147, 150
Eickmann 36
Eiderstedt 43
Ekenhorst 68, 79, 108, 109
Elberfeld 76
Ellerbruch 134
Ellinghaus 24, 25, 38
Elsaß 145
Elsten 42
Elting (Bußmeier) 14, 33, 43, 96, 122, 144, 145, 146, 151, 153, 163
Emsbüren 99, 100
Emsland 13, 18, 19, 20, 22, 34, 47, 48, 50, 59, 70, 75, 82, 89, 90, 100, 102, 114, 124, 125, 139, 170
Emsland GmbH 15
Emlichheim 17, 35, 56, 57, 108, 109
Engberding 165
Engden 94, 96
Engelbrecht 117
Enger 13
Engter 11, 42, 51, 58, 71, 88, 91, 99, 121, 123, 129, 134, 135, 156
Enneker 42
Epe 11, 53, 61, 155
Ernst August I., Bischof 158
Ernst August II., Bischof 130, 135
Ernstdorf 14
Erpen 36
Erpenbeck 13, 16, 31, 146, 148
Esche 57
Espel 150
Essen (Bad Essen) 117
Essen-Kray 147
Esterwegen 47
Evinghausen 99, 131
Exterheide 66

Fegesack (Vegesack) 58
Ferdinand, Bischof v. Münster 57
Flensberg 14, 50
Föckinghausen 146
Frahlmann 36
Frankfurt 89
Freckenhorst, Kl. 134, 148
Frehren 14
Frensdorf 160
Frenswegen 157
Friedrich der Große 161, 164
Friesland 51, 52, 77
Fürstenau 46, 50. 51, 87, 135
Fulle 93

Garbert 51, 154
Gaste 10, 62, 96, 147, 148
Geers 147
Gehrde 67, 91
Gellenbeck 33, 38, 40, 41, 61, 87, 117, 148, 164
Georg III., König 126
Georgsdorf 111, 124, 125
Georgsmarienhütte 33, 63, 64, 147
Gerden 13
Gerding 68
Gertrudenberg, Kl. 131
Geteloh 78
Giesting 118

Gildehaus (Gildehaus-Achterberg) 34, 35, 37, 49, 71, 89, 143, 150
Glandorf 64, 93, 97, 107, 120, 148, 161, 164
Glane (Glane-Visbeck) 47, 49, 58, 65, 121
Glinz 121
Göhlinghorst 61
Goethe 61
Grabow 129
Grambergen 39
Gretesch 39, 65, 70, 88, 93, 103, 117
Griechenland 107
Grönenberg 48, 49, 53, 155
Grönloh 8, 9
Groningen 52
Gr. Berßen 19
Gr. Brömstrup 10, 62, 96, 147, 148
Gr. Drehle 28, 29
Gr. Hamberg 91, 92
Große Heide 157
Gr. Mimmelage 42, 46, 48, 49, 53, 68, 75, 110, 122, 123, 131, 165
Gr. Ringe 35, 56, 57
Gr. Somberg 35
Großalmerode 88
Grothe 91
Grothus 57
Grothus, von 158
Grovern 64, 91, 118, 119, 147, 155

Haarannen 76, 118, 119
Haarlem 76
Hackmann 115
Hagen 10, 12, 33, 38, 39, 40, 41, 46, 49, 52, 61, 62, 76, 83, 85, 86, 87, 93, 98, 117, 123, 136, 137, 143, 146, 147, 148, 157, 161, 164, 166
Hahlen 110, 142, 160
Hake 38
Hall in Tyrol 170
Halle 78
Haller, von 27
Haltern 42
Hammerstein, von 160
Hannover 50, 117
  Stadt 113
  Kurfürstentum/Königreich 54, 148, 166, 167, 168
  Provinz 121, 149
Hann. Münden 88
Hannoversches Wendland 57
Hardebeck 74
Harderberg 39
Hardingen 107, 113, 122, 133
Hardinghausen 58, 164
Harlingen 76
Hartlage 61
Harz 65
Hasbergen 10, 39, 62, 147, 148
Haselünne 86, 87, 90, 112
Hasemann 123
Hasenpatt 115
Havixbecke 129
Heckmann 53
Heemann 119, 151, 166, 167
Heesterkante 68, 79, 108, 109
Hehemann 87
Heinrich IV., König 148
Hekese 22
Hekholte 148
Hellern 87
Hellige 117
Hemelgarn 121
Hensiek 57, 74, 75

175

Herbergen 27
Herigis 31
Heringhaus 49, 58, 65, 96, 121
Herkendorf 158, 163
Hesepe (Bentheim) 160
Hesepe (Bramsche) 11, 155
Hettlage 55
Heyer 113
Hildesheim 150
Hillebrand 13, 46, 75, 139, 145, 150, 164
Hillhoff 59, 145
Hilten 58
Hilter 62, 94, 95, 130
Hinterm Esch 99
Hoche 52, 88, 134, 164
Högemann 64, 93, 97, 120, 148, 163
Hölle 134
Hömmshus 19
Hörstel 26, 64, 95, 96, 123, 152, 162
Hohe Leuchte 56
Holenborne 147
Holland 50, 51, 55, 74, 76, 89, 111, 113, 124, 126, 133, 135
Hollember 147
Hollenberg 147
Hollenkamp 142
Hollenstede 76, 118
Holmar 147
Holperdorp 60
Holte 123
Holterdorf 36, 57, 83, 117
Holzhausen 36, 76, 98, 106, 148
Hoogstede 15
Hopsten 43, 55, 78
Hoya 52
Hümmling 15, 18, 19, 30, 34, 44, 50, 51, 60, 64, 67, 70, 75, 86, 89, 90, 99, 100, 101, 110, 125, 126, 128, 134, 135, 138, 145, 154, 155
Hunteburg 55, 98
Hußmann 18, 22
Hüven 110, 112
Hüvener Mühle 110, 112

Ibbenbüren 117, 126
Ibershoff 95, 119, 166
Iburg (Bad) 46, 47, 49, 58, 87, 96, 117, 126, 138, 139, 157, 163
Icker 39
Jacobs 124
Janßen 47
Jeggen 93, 96
Jeverland 144
Joachimsthal 170
Johannesmann 53
Joosberndt 34
Josina 44

Kahmann 145
Kalkriese 102, 121, 149
Kalle 15, 35
Kammlage 53
Karl der Große 106
Karl von Lothringen, Bischof 158
Kasselmann 146, 161
Kerrenkamp 162
Kirchstapel 169
Kl. Brömstrup 10
Klein-Endebrock 149
Kl. Mimmelage 42
Kl. Somberg 34, 35
Kl. Wollermann 8, 9
Klinker 13, 46, 59, 75, 139, 145, 150
Kloster Oesede 43

Knollmeyer 107
Kobbe 98, 99
Königsbrück 130, 156, 158
Konrad III., Bischof v. Osnabrück 90
Kohnhorst (Codenhorst) 13, 48, 147, 149
Koldenhof 65
Kollmeyer 36
Kosse 106
Kowert 46, 132
Krabbemeyer 147
Kray 147
Kreimer 70
Krietenstein 158
Krümberg 42, 58
Krützmann 49, 87, 136, 137, 143, 146
Kühle-Fange 22
Küingsdorf 130
Kuhlmann 61
Kyrstapel 158

Laar 17, 68, 79, 110
Ladbergen 13, 16, 48, 53, 54, 66, 83, 98, 147, 148, 149, 153, 170
Lähden 110, 112
Laer 93, 117
Lage 34, 106
Lagemann 154
Laggenbeck 115
Lansmann 37, 71, 89, 150
Lechterke 142
Leeden (Stift L.) 19, 42, 79, 81, 84, 98, 115, 119, 123, 129, 148, 150, 157, 158, 160, 161, 166
Lengerich (Altkreis Lingen) 48
Lengerich i. W. 13, 31, 42, 43, 46, 54, 59, 63, 64, 66, 74, 78, 86, 87, 96, 129, 134, 139, 145, 146, 148, 150, 154, 159, 164
Lesum 88
Leyden 71
Lienen 18, 22, 36, 38, 43, 58, 60, 76, 95, 106, 119, 124, 139, 148, 150, 151, 152, 158, 166, 167, 169
Lingen
  Stadt 50, 52, 87
  (Alt)Kreis 46, 48, 54, 132, 144, 148, 155
  Niedergrafschaft 117, 148
  Obergrafschaft 117
Lippe (Grafschaft) 117
Lippisches Bergland 36
Lippolds 74
Lößmann 143
London 118
Lorup 60, 82, 86, 90, 125, 134, 145
Lotte 117
Loxten 160
Lübbecke 110
Lübke 96
Lückenjans 44
Lüdeling 42, 46, 48, 49, 68, 75, 122, 165
Lüneburg 150
Lüneburger Heide 124
Lütke-Stockdiek 53, 153, 170
Lund 66
Luther, Martin 59
Lyra 82

Makkum 76, 77
Manecke 153
Marck 106
Marx 110
Meckelwege 18, 22, 38, 58, 152

Meckenhaus 93
Mecklenburg 159, 164
Meese 118
Melle
  Stadt 36, 57, 87, 93, 98, 117, 132, 146, 148
  (Alt)Kreis, Amt 13, 65, 81, 106, 117
Menslage 27, 117, 142, 160, 168
Mensink 84, 85
Meppen
  Stadt 50, 87, 113, 126, 146
  Amt, Kreis 14, 50, 106, 117, 132, 148
Merzen 121
Mettingen, von 107
Mettingen 51, 55, 78
Meyerhöfen 55
Meyer zu Belm 39, 83
Meyer zu Bergfeld (Brunswinkel) 13, 31, 32, 51
Meyer to Bergte 33, 38, 40, 41, 61, 143, 164
Meyer zu Brickwedde 91, 92, 93
Meyer zu Dielingdorf 13
Meyerhof Engter 93
Meyer zu Farwick 106
Meyer zu Gellenbeck 106
Meyer zu Gerden 13
Meyer zu Hage (Siebert-Meyer zu Hage) 20, 86, 87, 90, 116, 120
Meyer zu Heringdorf 156, 131, 149, 160
Meyerhof Malbergen 33, 62, 63, 64, 147, 150
Meyerhof Schledehausen 91
Meyer zu Starten 13, 26, 91, 147
Meyer zu Stockum 126
Meyerhof Tömmern 160
Meyer zu Wehdel 13, 26, 27, 31, 45, 56, 69, 70, 77, 85, 99, 147
Meyer-Wellmann 82, 125, 134, 145
Meyer Westerholte 84, 91, 92
Meyerhof zu Westram 13
Milkmann 35
Minden (Minden-Lübbecke) 110, 117, 148, 162
Mittelste Mühle 106
Möller 46
Möllmann 42, 131, 165
Möser 12, 18, 50, 70, 79, 82, 88, 113
Mons 58
Moss 124
Mündrup 39
Münster
  — Land 13, 46, 59, 82, 91, 95, 102, 116, 170
  Hochstift (Bistum) 156
  Niederstift 134, 138, 148, 168
Musenberg 49

Napoleon I. 30
Natrup (Natrup-Hagen) 10, 12, 13, 39, 52, 76, 119, 127, 157, 166
Nedermühle 106
Nehmelmann 122
Neuenhaus 34, 49, 87, 89, 122, 123, 133
Neuenheerse 155
Neuenkirchen (Altkr. Melle) 36, 46, 57, 65, 81, 83, 117, 132, 156, 158
Neuenkirchen 46, 51
Neue Piccardie 15
Neu-Gnadenfeld 15
Neue Mühle 106
Niederdalhoff 60

Niederholsten 70
Niederlande 14, 58, 67, 71, 74, 81, 111
Niedersachsen 17, 106, 111, 150
Niemann (Vogt) 46
Niemann (Glandorf) 161, 164
Niemeyer 94, 95
Niemöller 36, 106, 148
Nölker 96, 115
Nordbeck 107, 113, 122
Nordhoff 96
Nordhorn 46, 84, 85, 94, 96, 107, 122, 133, 143, 164
Normandie 110
Nortrup 106, 138
Nürnberg 132

Oberbauerschaft 110
Obersachsen 50
Oesede (Kloster Oesede) 43, 49, 86, 98
Ösing 165
Offers 91, 96, 115
Ohrbeck 54
Oldenburg
  Graf 145
  Land 18, 43, 52, 82, 170
Oldenburger Münsterland 82
Oldendorf 98, 107, 146
Oldenhof 122
Oppenwehe 107
Osnabrück
  Stadt 26, 50, 56, 65, 66, 70, 71, 87, 88, 91, 93, 96, 102, 103, 117, 118, 126, 129, 143, 149
  Land (Kreis) 11, 12, 18, 23, 26, 27, 30, 35, 36, 44, 52, 56, 57, 70, 74, 80, 81, 82, 87, 89, 90, 91, 95, 96, 98, 101, 102, 106, 107, 117, 124, 135, 138, 143, 144, 145, 147, 149, 150, 155
  Bischof 31, 106, 159
  Domkapitel 131, 160
  Bistum 34, 55, 84, 118, 124, 135, 156, 168, 169
  Hochstift 10, 20, 39, 52, 54, 57, 59, 82, 89, 91, 95, 99, 102, 117, 118, 120, 123, 125, 130, 135, 148, 149, 151, 155, 157, 158, 160, 162, 166
  Landdrostei 47, 49, 149
Ostenfelde 138
Ostenwalde 107, 146
Osterhaus 157, 166
Osterholt 61
Osterkappeln (Ostercappeln) 117
Otto I., Kaiser 13
Otto II., König, Kaiser 31, 147
Oude Pekela 14
Overbeck 48
Overijssel 52
Overkamp 130
Overmühle 106

Paderborn 155
Palsterkamp 62
Pente 11, 53, 155
Piccardie 14
Piccard 14
Piesberg 91, 96, 115, 126
Plantholt 148
Pommern 159, 164
Porta Westfalica 56
Portugal 118
Potsdam 142

Pötter 61, 148
Pottland (Oberwesergebiet) 85
Preußen 148, 149, 161, 170
Pye 91, 96, 115

Quakenbrück 14, 47, 71, 87, 88, 156, 168
Quatmannshof 42
Quendorf 44

Rahmeier 164
Ratersmann 152
Ravensberg, Graf von 155
Ravensberg (Grafschaft) 52, 155, 156
Ravensberger Land 36, 46, 57, 88, 158
Redecke 46, 132
Reineke 91, 118, 119, 155
Reinermann 61
Reins 86, 90, 134
Rheda 169, 170
Rheine 51, 163
Riesau 62
Riesenbeck 26, 64, 95, 96, 152
Rieste 99, 155
Riga 115
Ringel 13, 16, 31, 146, 148
Rittmann (Rietmann) 26, 46, 64, 95, 96, 152, 162
Rodenkamp 10
Rödinghausen 52
Röfer 57, 81
Roeßmann 147
Rohjans 19
Rost 70
Rotert 117, 131
Rott 34, 35
Rottmann 49, 147
Rotterdam 77
Rüschendorf 43
Rüsfort 42, 58, 61, 91, 92
Rüssel 31, 91, 142
Rüters 64, 67, 89, 138, 154
Rulle (Kloster) 107, 123
Ruwe 142

Samern 18, 57, 61, 68, 71, 74, 76, 93, 94, 100, 103, 113, 147, 149, 150
Salzbergen 102
Sandfort 93
Sandkuhle 46, 49
Saterland 82, 88, 125, 134, 138
Sauerland 36
Saxo Grammaticus 66
Schapen 148

Schaumburger Land 12
Scheerhorn 15
Schele, von 162, 163
Schelenburg 162, 163
Schepers 39
Schlamann 64, 78, 96
Schledehausen 10, 56, 96
Schleppenburg 167
Schleptrup 42, 61, 71, 82, 88, 99, 122, 130, 135, 149
Schmet auf der Heide 11
Schmidt-Boiting 91
Schmitte 18, 22
Schöler 96, 115
Schöneberg 91, 92
Schollbruch 64, 78, 96
Schomberg 124
Schomburg 123
Schoonebek 15
Schopeskotten 93
Schröder (= Schneider) 11
Schulte (Wechte) 66
Schulte (Erpen) 36
Schulte-Beckmann 96
Schulte Brock 14, 99, 100
Schulte Dissen 36
Schulte-Geers 91, 147
Schulte-Herkendorp (Herkendorf) 42, 129, 158, 160
Schulte-Rüssel 31, 91
Schulze-Holmer 57, 61, 68, 71, 74, 76, 93, 94, 100, 103, 113, 147, 149, 150
Schulte-Loose 148, 166
Schultes 146
Schüttorf 18, 57, 61, 68, 74, 76, 93, 94, 100, 103, 147, 149, 150
Schwagstorf 118
Settel, to 154
Siebert 149
Siebert Meyer zu Hage (Siebert-Meyer) 86, 87, 116, 120
Smoor 139
Sögel 30, 82, 87
Sögel, von 155
Sögeln 53, 134, 155
Sommer 71, 82, 149
Spanien 118
Sprengelmeyer 60
Stapenhorst 158
Stadtlohn 85
Starten-Westerholte 65
Steide 102
Stemwede 107

Stille 154
Stork 53
Stramann 12, 13, 39, 52, 76, 119
Strötker 148
Strothmann 148
Strüwe 99
Sudenfeld 43, 148
Sundermann 65, 70, 88, 103, 117
Suttorf 117
Stüve 53, 118

Talge 145
Telgte 95
Tecklenburg
    Stadt (Burg) 66, 84, 98, 106, 115, 117, 129, 131, 143, 148, 151, 166
    (Alt)Kreis, Grafschaft, Amt 47, 60, 119, 129, 132, 134, 150, 154, 168
    Land 18, 20, 35, 36, 74, 87, 96, 99, 115, 117, 119, 123, 124, 143, 159, 170
    Graf/Fürst 13, 31, 38, 107, 134, 139, 161
Temme 36
Teufelsmoor 138
Theil-Rittmann 95, 96, 152
Thiene 62
Thoben 27
Thomes 47
Tiemann 39
Timmermann 11
Tinholt 15, 35
Tirol 170
Tütingen 26
Twente 18, 56
Tymann 34

Übermühle 106
Ueffeln 123
Uelsen 113, 114, 134
Uhlmann 65
Unland 53
Uphausen 24, 25, 38, 115
Uphoff 93, 96
Utrecht 108

Vahle 63, 64
Vechta 51
Vegesack (Ort) 88
Vegesack (Hof) 42, 61, 149, 156
Vehrte 20, 86, 87, 90, 116, 120, 131, 149, 160

Vehs 14, 33, 43, 56, 68, 96, 122, 123, 138, 144, 145, 146, 151, 153, 163
Veltmann 158
Verden 52
Verwold 18
Visbeck 49, 58, 65, 96
Vörden 51, 135
Voss 39

Waldmann 10
Wallenhorst-Rulle 107
Warendorf 70
Warnefeld 145
Warning 61
Wassink 143
Wechte 63, 64, 66, 134
Wehdel 20, 21, 22, 32, 56, 61, 140, 141, 142, 145, 147, 162
Wehlburg 22, 32, 52
Wehmhoff 61
Wehrendorf 55, 117
Wehrriede 42
Wellingholzhausen 91
Wendland 57
Werpeloh 64, 67, 89, 138, 154
Wersche 53
Wersen 139
Weßmann zu Synen 158
Westbevern (Westbevern-Brock) 11, 43
Westenberg 148
Westerkappeln 139
Westerholte 26, 91
Westerwiede 134
Westfalen 12, 17, 79, 149, 166, 170
Westram 13
Wetter 155
Wibbelsmann 38, 39, 76
Wienecke 38, 58
Wietmarschen, Kloster 14, 157
Wilckins (Wilckinus, Wilken) 159
Wilsum 34, 35, 51, 114, 154
Windberg 101
Wittlage 135
Wolter 164
Woltrup 118
Wonunger 20, 21, 22
Worpenberg 154
Wulften 147, 162

Zur Mühlen 88
Zur Wähde 72, 73, 98

177